中國學術思想

研究輯刊

三九編

林慶彰 主編

第 **21** 冊

敦煌本《六祖壇經》心性思想研究

王慧儀 著

花木蘭文化事業有限公司

國家圖書館出版品預行編目資料

敦煌本《六祖壇經》心性思想研究／王慧儀 著 -- 初版 -- 新
北市：花木蘭文化事業有限公司，2024〔民 113〕
目 2+204 面；19×26 公分
（中國學術思想研究輯刊 三九編；第 21 冊）
ISBN 978-626-344-593-2（精裝）
1.CST：六祖壇經 2.CST：禪宗
030.8   112022481

ISBN-978-626-344-593-2

9 786263 445932

中國學術思想研究輯刊
三九編 第二一冊   ISBN：978-626-344-593-2

敦煌本《六祖壇經》心性思想研究

作　　者　王慧儀
主　　編　林慶彰
總 編 輯　杜潔祥
副總編輯　楊嘉樂
編輯主任　許郁翎
編　　輯　潘玟靜、蔡正宣　美術編輯　陳逸婷
出　　版　花木蘭文化事業有限公司
發 行 人　高小娟
聯絡地址　235 新北市中和區中安街七二號十三樓
　　　　　電話：02-2923-1455／傳真：02-2923-1452
網　　址　http://www.huamulan.tw 信箱 service@huamulans.com
印　　刷　普羅文化出版廣告事業
封面設計　劉開工作室
初　　版　2024 年 3 月
定　　價　三九編 23 冊（精裝）新台幣 62,000 元　　　版權所有・請勿翻印

敦煌本《六祖壇經》心性思想研究

王慧儀　著

作者簡介

王慧儀，籍貫廣東順德，香港樹仁大學中文系畢業，在新亞研究所完成碩士、博士學位。主要研習中國文化及思想史，以禪宗《六祖壇經》作為研究入路，〈敦煌本《六祖壇經》心性思想研究〉、〈中國禪宗思想邅變研究──以《六祖壇經》為中心〉分別為碩、博士論文。

提　要

　　敦煌本《南宗頓教最上大乘摩訶般若波羅蜜經六祖惠能大師於韶州大梵寺施法壇經》一卷為現存世最古的《六祖壇經》版本，而中國禪宗思想發展與《六祖壇經》存在著極大關係。《六祖壇經》是六祖惠能說法時，由弟子法海記錄下來的筆記。《六祖壇經》的思想，就是代表著六祖惠能的思想。「見性成佛」為六祖惠能說法的宗教目的。從哲學角度來說，「心性」就是六祖惠能思想的核心所在，都記載於敦煌本《六祖壇經》之中。因此，本論文研究目的在於解構「心」「性」思想來了解六祖惠能思想的全貌。本論文以現存世最古的敦煌本《六祖壇經》中的「心」「性」思想作為研究範圍，研究方法是以文獻學為基礎，並以圖表作為輔助分析相關的內容。

　　本論文的內容，主要分為八章：第一章「緒論」；第二章為「生命現象及心性存在的展現」；第三章為「敦煌本《六祖壇經》心智思想的剖析」；第四章為「敦煌本《六祖壇經》自性思想的剖析」；第五章為「敦煌本《六祖壇經》心性思想的關係」；第六章為「敦煌本《六祖壇經》生命境界之提升與心性體證的實踐方法」；第七章為「敦煌本《六祖壇經》之心性思想的特質及貢獻」；第八章為「結論」。

　　本論文以「心性」作為研究入路，從中了解禪宗以「禪機」作為「承傳」的教育方法及六祖惠能如何全面地運用「般若自性」貫穿整部《壇經》，創新地詮釋佛教傳統的概念。從探索「心」「性」如何扣緊著生命的現象，進而分析「心」「性」的具體內容後而立論「心性為一」的關係。從實踐中提升生命境界而體證「心性」的關係，而見六祖惠能「無念、無住、無相」的般若精神特質及貢獻。

目次

第一章 緒 論

第一節 研究範圍

　　本論文研究範圍為敦煌古本《六祖壇經》，選用《大正藏》中第四十八卷 NO.2007 全名為《南宗頓教最上大乘摩訶般若波羅蜜經六祖惠能大師於韶州大梵寺施法壇經》一卷〔註1〕。此版本全文大約一萬二千多字。在決定用此版本作論文時，會發現一些問題如「敦煌本雖古，但不必佳。現行本或是根據敦煌本而修改者。」〔註2〕對於此問題，由於已有很多學者如郭朋的《壇經對勘》〔註3〕、《壇經導讀》〔註4〕、《壇經校釋》〔註5〕；潘重規的《敦煌壇經新書及

〔註1〕見於藍吉富主編：「No.2007《南宗頓教最上大乘摩訶般若波羅蜜經六祖惠能大師於韶州大梵寺施法壇經》一卷，唐法海集，通稱為《六祖壇經》或《壇經》，在眾多異本中，此本為現存最古之敦煌本。原本為史坦因所得之大英圖書館藏之 S5475，為長 27cm，寬 10.5cm 之長方形袖珍本，標題甚長，尾題為「南宗頓教最上乘壇經法一卷」。此為矢吹慶輝氏前往倫敦作第二次敦煌文獻調查時所發現，收錄於此《大正藏經》48 卷之同時，將其影印於《鳴沙餘韻》，其解說於《鳴沙餘韻解說》發表，因而其內容為人所知。其內容如標題所示，禪宗第六祖惠能大師（638～713），因韶州刺史韋據之請，於大梵寺之戒壇舉行授戒說法，由弟子法海將其說法集錄而成，但書中不僅是惠能本身之說法，亦含有後人附加之部分。其特色是相對於北宗禪，而主張根據金剛般若經之摩訶般若波羅蜜法——頓悟見性，並宣言最上大乘之南宗禪的立場，此書為南宗禪之根本資料故被重視。」《大正大藏經解題》（下），臺北，華宇出版社，1984 年，頁 145～146。

〔註2〕參閱牟宗三：《佛性與般若》下冊，臺北，臺灣學生書局，2004 年，頁 1064。

〔註3〕參閱郭朋：《壇經對勘》，濟南，齊魯書社，1981 年。

〔註4〕參閱郭朋：《壇經導讀》，成都，巴蜀書社，1987 年。

〔註5〕參閱郭朋：《壇經校釋》，北京，中華書局，1983 年。

附冊》〔註6〕及周紹良的《敦煌寫本《壇經》原本》〔註7〕等付出了不少心力整理校勘敦煌本《六祖壇經》，解決了這版本上出現的錯漏問題。為了方便讀者及增加行文的暢順，本論文採用周紹良的《敦煌寫本《壇經》原本》校正版的內容作為引文的依據，並在註釋中註明原文出處，方便讀者查閱。

第二節　研究目的

　　綜合來看，回顧相關的學術研究，多數以宗寶本《六祖壇經》作為研究範圍及引用有關的經文作為論述。如羅時憲在《壇經管見》一文中，以宗寶本《六祖壇經》中的「自性」列出五十五條的涵意，分別是「真如」或是「阿賴耶」，或是兩者俱全。這方面的觀點，在處理本論文的第四章「自性」思想的內容時，具有重要的參考價值。其中亦有不少學者將「宗寶本」與「敦煌本」的相關內容作為相互對照的研究。如李潤生先生在他的《佛家論文集》〔註8〕中對神秀及惠能所寫的兩首偈作了詳細的解釋，當中分三方面處理了相關的問題，又回應了郭朋對敦煌本《六祖壇經》中對惠能的第二首偈的觀點。又如霍韜晦在《六祖壇經》一書內，回應了陳寅恪對敦煌本《六祖壇經》中，惠能所作的「菩提本無樹」及「心是菩提樹」偈中的「心」與「身」的見解。〔註9〕相對來說，以現存最古的敦煌本《六祖壇經》作為學術專題研究比較少。至於集中研究敦煌本《六祖壇經》的心性思想專題論文，亦不多見。

　　因此，本論文題目為〈敦煌本《六祖壇經》之心性思想研究〉，主要以「心性」為思想入路，解構禪宗第六代祖惠能的思想全貌為研究的目的。

第三節　研究方法

　　本論文的研究方法主要以文獻作為基礎，並以圖表分析敦煌本《六祖壇經》的內容。從文獻上，選用現存世最古的敦煌本《六祖壇經》第一手資料作為研究的對象。再以不同的圖表全面地分析「心」與「性」的相關內容來了解六祖惠能的思想。

〔註6〕參閱潘重規：《敦煌壇經新書及附冊》，臺北，佛陀教育基金會，2005年。
〔註7〕參閱周紹良：《敦煌寫本《壇經》原本》，北京，文物出版社，1997年。
〔註8〕參閱李潤生：〈神秀、惠能偈頌辨解〉，《佛學論文集》Ontario，Canada：加拿大安省，佛教法相學會，2001年，頁067～095。
〔註9〕參閱霍韜晦：《六祖壇經》，香港，法住出版社，2003年。

第四節　研究回顧與參考資料的考察

　　此節的內容，主要為回顧禪宗與《六祖壇經》過往研究的成果，並考察與本研究有密切關係的參考資料，重點在於相關內容對本研究有提示作用及參考價值的論著；又嘗試從回顧及考察中，確立本研究的取向。

一、禪宗與《六祖壇經》過往研究成果的回顧

（一）《現代佛教學術叢刊》中專題討論禪宗及《六祖壇經》的論文〔註10〕

　　張曼濤（1933～1981）主編的《現代佛教學術叢刊》中，有六本收集了專題研究禪宗的論文。現分別說明如下：

　　第一本《六祖壇經研究論集》〔註11〕，集中以《六祖壇經》為研究對象，全書共有二十五篇論文，大致分為三部分。第一部分是研究《壇經》的歷史、版本以及神會和尚生平之考辨共十篇。第二部分是集中在六祖惠能思想與《壇經》的真偽辯論合共九篇。第三部分為《壇經》禪宗教義之研究共六篇。

　　第一部分的十篇，包括：1922 年有大圓（1885～1941）的〈論能秀兩大師〉；胡適分別在 1929 至 1930 年所寫的〈壇經考之一 ──（跋〈曹溪大師別傳〉）〉、〈壇經考之二──記北宋本的《六祖壇經》〉及〈荷澤大師神會傳〉共三篇。胡適的論著，以不同版本的《壇經》作為考據校勘，掀動了對《壇經》深入研究的學術思潮。1935 年有李嘉言（1911～1967）的〈《六祖壇經》德異刊本之發現〉；在 1945 年錢穆先生的〈神會與《壇經》〉及 1969 年〈讀《六祖壇經》〉二篇；在 1959 年有乃光（1906～1992）的〈讀六祖《法寶壇經》〉。1961年有彭楚珩（1908～1983）的〈關於神會和尚生卒年代的改定〉；在 1971 年印順（1906～2005）的〈神會與《壇經》──評胡適禪宗史的一個重要問題〉，這些論文，對本研究提供《壇經》的重要資料。

　　第二部分的九篇，包括：1969 年錢穆先生的〈《六祖壇經》大義──惠能真修真悟的故事〉，此文包含王禮卿（1908～1997）的〈六祖之偈〉來函與錢穆先生對其來函的回應。此部分中以錢先生討論《壇經》的真偽問題最為重要，了解他的看法，可確立本研究的信心。還有，1969 年楊鴻飛（1918～？）

〔註10〕張曼濤主編：《現代佛教學術叢刊》，臺北，大乘文化出版社，1976 年至 1980年。

〔註11〕參閱張曼濤主編：《六祖壇經研究論集》(1)（禪學專集之一），《現代佛教學術叢刊》，臺北，大乘文化出版社，1976 年。

的〈關於《六祖壇經》〉、〈「《壇經》之真偽問題」讀後〉、〈再論《壇經》問題」讀後〉三篇；同年亦有澹思〔註12〕（1933～1981）的〈惠能與《壇經》〉及蔡念生（1901～1992）的〈談《六祖壇經》真偽問題〉和華嚴關主〔註13〕（1922～1997）的〈禪史禪學與參禪——結束討論禪宗史學的爭論〉，他們的論文在同年發表，並多集中在《壇經》真偽問題上的學術討論，這些論文是當代第一批討論《壇經》的學人，從中有助了解討論的問題所在，有啟發思考的作用。

第三部分的六篇，包括：1932 年陳寅恪（1890～1969）的〈禪宗六祖傳法偈之分析〉，直接涉及本論文的「敦煌本」與《六祖壇經》部分，這是非常重要的參考資料；1959 年羅時憲（1914～1993）的〈《六祖壇經》管見〉，對《壇經》中的「自性」有詳細分析，甚具參考價值。其他作者有 1962 年許兆理（1941～？）〈從《六祖壇經》以論禪門人物之人生智慧及其生活境界〉及 1968 年高永霄（1924～？）的〈《六祖壇經》研究略見〉二文，涉及禪宗教義的討論可參考。

第二本《禪學論文集》〔註14〕的第一冊中，有呂澂（1896～1989）在 1954 年所發表的〈唐代禪宗學說略述〉，包含了「禪宗思想的源流」、「幾種禪宗要典的思想」、「禪和生活」三方面，以禪宗歷史扣緊當代歷史背景來考察兩者關連，直接與本研究有相關。1961 年呂澂的〈談談有關初期禪宗思想的幾個問題〉，他討論禪宗思想，思想的變化和神秀（606～706）的「漸法」這些問題，正是禪宗的核心問題，亦是本研究關注的範圍，甚具啟發性。在 1970 年太虛（1889～1947）的〈唐代禪宗與現代思潮〉，則以哲學思想把唐代禪宗與現代的思潮相互比較，有助本研究不停滯於某一思維中。1974 年有太虛講（由光宗、性覺、弘悲記）的〈中國佛學特質在禪〉，並附錄心源的〈中國佛學特質在禪〉，太虛所討論的「禪學」不是單獨指「禪宗」的「禪」，而是全面將中國佛教中的禪學綜合說明，建立太虛「人生佛教」的理想。這篇論文能助本研究全面理解中國佛學的特質在「禪」的原因。除了上述論文，還有 1975 年〔日〕鈴木大拙著、孟祥森（1937～2009）譯的〈禪：答胡適博士〉，這篇是兩位學者研究禪宗的心得，值得參考；1976 年鈴木大拙著、劉大悲（1894～1984）譯

〔註12〕 張曼濤的筆名。

〔註13〕 妙然法師的筆名。

〔註14〕 參閱張曼濤主編：《禪學論文集》（2）（禪學專集之二），《現代佛教學術叢刊》，臺北，大乘文化出版社，1976 年。

的〈存在主義、實用主義與禪〉，這是鈴木大拙以西方的哲學思想來研究禪學，可使本研究從另一角度思考問題。

第三本《禪學論文集》〔註15〕第二冊，分為四編。首二編為「達摩禪系」與「惠能禪系」，正是本研究必要的參考資料。第一編為「初期禪宗祖師及其宗風」收錄：1957 年船庵發表了〈中土禪宗五祖略述〉、〈初祖菩提達磨禪師〉、〈二祖慧可禪師〉、〈三祖僧璨禪師〉、〈四祖道信禪師〉、〈五祖弘忍禪師〉在《現代佛學》中及 1959 年慧風的〈牛頭法融與牛頭禪〉小於《現代佛學》中發表。第二編為「盛期禪宗人物與派別」：有 1958 年陳真如（1889～1965）的〈論慧能六祖禪〉；在 1959、60 年有乃光的〈石頭禪要〉、〈馬祖禪要〉、〈百丈禪要〉、〈潙仰宗禪要〉、〈臨濟禪初探〉、乃光與船庵的〈漫談趙州禪〉。這些論文有助了解從初祖至「五家七宗」的禪宗史。其餘的第三編「禪門人物的風姿」，全部由程兆熊（1906～2001）在 1953 年至 1970 年所撰寫關於禪宗人物的文章；第四編「宋代禪宗血脈考」，收錄了 1950 年至 1951 年曾普信（1902～1977）所發表的文章及附錄了融熙（1888～1959）的〈蘇東坡肚子裏的禪宗骨董〉。

第四本《禪宗史實考辨》〔註16〕一書，將論文分為三類。第一類為禪學古史，這是達摩初祖（382～535 或 483～540）以前的禪學及禪法的研究；第二類則與達摩初祖有關的禪法研究；第三類則為達摩初祖以後，漸轉入以六祖惠能為中心的禪史問題。全書對研究禪宗史甚為重要，收錄了在 1924 年蒙文通（1894～1968）的〈中國禪學考〉；1935 年何格恩（生卒年不詳）的〈慧能傳質疑〉對慧能生平的研究；忽滑谷快天（1867～1934）在 1935 至 1936 年發表的〈達摩以前中土之禪學〉，亦有 1943 年呂澂的〈禪學考原〉提及初期禪學慧可至惠能，其中有三變。這些「變」「各有本源，各成系統，而悉與印度大乘瑜伽之說相關」〔註17〕。1951 年有許丹（1891～1953）的〈中土禪宗之導源與發展〉；1953 年有胡適的〈禪學古史考〉及 1959 年羅香林（1906～1978）發表在《新亞學報》的〈南朝至唐光孝寺與禪宗之關係〉，提及光孝寺與《涅槃經論》關係，亦是本研究關注的方向。至於巴宙（1918～？）、黃懺華（1890

〔註15〕參閱張曼濤主編：《禪學論文集》（3）（禪學專集之三），《現代佛教學術叢刊》，臺北，大乘文化出版社，1977 年。

〔註16〕參閱張曼濤主編：《禪宗史實考辨》（4）（禪學專集之四），《現代佛教學術叢刊》，臺北，大乘文化出版社，1977 年。

〔註17〕參閱呂澂：〈禪學考原〉，《禪宗史實考辨》（4）（禪學專集之四），《現代佛教學術叢刊》，臺北，大乘文化出版社，1977 年，頁 23。

～1977）、湯用彤（1893～1964）、胡適等的菩提達摩研究及印順對達摩禪，亦收入此書中。

第五本《禪宗典籍研究》〔註18〕共有十篇論文，其中最重要的是胡適在1958年發表在《中研院歷史語言研究所集刊》的〈新校定的敦煌寫本神會和尚遺書著兩種〉一文，文中胡氏詳細記述關於《南宗定是非論》及《南陽和上頓教解脫禪門直了性壇語》的研究考察，引導讀者關注其他禪宗重要文獻資料。還有印順在1958年發表的〈宋譯楞伽與達摩禪〉；1968年南亭（1900～1982）的〈永嘉禪師證道歌述解〉；錢穆先生在1969年刊於《大陸雜誌》的〈讀寶誌十四科頌與少室逸書〉；1970年王進瑞（1913～？）的〈碧巖錄題解〉等相關禪宗的典籍研究，也有參考的價值。

第六本《禪宗思想與歷史》〔註19〕合共十七篇論文，分為思想類十篇及歷史類和典籍類合共七篇。在思想類中，1976年牟宗三先生發表於《鵝湖月刊》的〈如來禪與祖師禪〉一文最具哲學思考的進路。在歷史類和典籍類中，合共七篇，包括了1930年胡適的〈神會的「顯宗記」及語錄〉及1935年的〈「中國禪學之發展」〉及1936至1937年東初（1908～1977）發表於《海潮音》的〈中國禪宗歷史之演變〉，這些論文對研究禪宗的歷史發展，同樣具有參考的價值。

（二）其他學者專題研究禪宗及《六祖壇經》的重要著作

除了以上所列《現代佛教學術叢刊》對《六祖壇經》與禪宗的研究成果之外，還有其他學者們的學術研究成果，現摘要述論如下：

1. 對於《六祖壇經》研究

對《六祖壇經》版本全面整理，在70～80年代起，郭朋（1920～2004）是國內最早的學者對《壇經》版本進行研究，他在1981年出版《壇經對勘》〔註20〕。在書中，他採用對勘方法，將「敦煌寫本」的「法海本」（中唐時代）、「惠昕本」（晚唐時代）〔註21〕、「契嵩本」（北宋時代）、「宗寶本」（元代）的

〔註18〕 參閱張曼濤主編：《禪宗典籍研究》（12）（禪學專集之五），《現代佛教學術叢刊》，臺北，大乘文化出版社，1977年。

〔註19〕 參閱張曼濤主編：《禪宗思想與歷史》（52）（禪學專集之六），《現代佛教學術叢刊》，臺北，大乘文化出版社，1978年。

〔註20〕 參閱郭朋：《壇經對勘》，濟南，齊魯書社，1981年。

〔註21〕 郭氏註云：「胡適和日本鈴木大拙認為，惠昕改編本《壇經》，係在宋初。」參閱郭朋，《壇經對勘》，濟南，齊魯書社，1981年，頁1。

《壇經》來相互對勘研究，從中考察出各版本的差異。在此，他認為不同版本的《壇經》情況是，「相間相去幾百年，愈是晚出，竄改愈多」〔註22〕。1983年郭朋的《壇經校釋》〔註23〕將《壇經》內容加以註釋。當經文有不暢通時，便以其他版本進行校讀以通其理。1987年郭朋的《壇經導讀》〔註24〕，他以之前的《壇經校釋》作為底本，再加上〈導言〉〔註25〕，對佛教及禪宗的理路作出詳細解說，可以視之為他對《壇經》與中國佛教及禪宗的關係作一總結。

除了郭朋之外，潘重規先生（1907～2003）〈敦煌六祖壇經讀後管見〉一文，分別收錄在《中國文化》〔註26〕及《敦煌壇經新書及附冊》的〈緒言〉內〔註27〕。值得注意的是，潘先生對別的學者視敦煌本《壇經》為「惡本」有不同的看法。潘先生指出將敦煌本《壇經》視為「惡本」的學者，是不了解文字的應用法是以「約定俗成」為原則，而敦煌本正是基於此原則下抄寫完成。因此，按他的說法，每個版本都各有研究的價值，更明顯的是它們均具獨立性，並且互具參考性。

1993年楊曾文的《敦煌新本六祖壇經》，對「敦博本」進行考察，其後再版此書時，改名為《新版敦煌新本六祖壇經》〔註28〕。關於「敦博本」，楊曾文與很多學者一樣認為：「原敦煌寫本字迹混亂，錯訛太多，致使現在各種校本都有缺欠，某些字句仍難以讀通」〔註29〕。因此，在此書附二〈《壇經》敦博本的學術價值和關於《壇經》諸本演變、禪法思想的探討〉〔註30〕一文中，強調「敦博本」的特殊價值。

〔註22〕 參閱郭朋：《壇經對勘》，濟南，齊魯書社，1981年，頁1。
〔註23〕 參閱郭朋：《壇經校釋》，北京，中華書局，1983年。
〔註24〕 參閱郭朋：《壇經導讀》，成都，巴蜀書社，1987年。
〔註25〕 參閱郭朋：《壇經導讀》，成都，巴蜀書社，1987年，頁1～56。
〔註26〕 參閱潘重規：〈敦煌六祖壇經讀後管見〉《中國文化》第7期，1992年，頁48～55；亦見於《敦煌壇經新書及附冊》，臺北，財團法人佛陀育基金會，2005年，頁11～48。
〔註27〕 參閱潘重規：《敦煌壇經新書及附冊》，臺北，財團法人佛陀育基金會，2005年，頁5～44。
〔註28〕 參閱楊曾文：《新版敦煌新本六祖壇經》，北京，宗教文化出版社，2001年。
〔註29〕 語見楊曾文：《新版敦煌新本六祖壇經‧自序》，北京，宗教文化出版社，2001年，頁7。
〔註30〕 參閱楊曾文：《新版敦煌新本六祖壇經‧白序》，北京，宗教文化出版社，2001年，頁197～347。

1997 年周紹良（1917～2005）的《敦煌寫本壇經原本》〔註31〕，是以「敦博本」為底本，與其他四個敦煌寫本互相校勘審定《壇經》相關內容，亦同時展示各寫本的相片以作參考。全書最後以〈敦煌寫本《壇經》之考定〉〔註32〕，說明其他學者如郭朋、楊曾文、潘重規先生對《壇經》的貢獻，亦同時為「敦博本」《壇經》作一全面性定位。2006 年，黃連忠的《敦博本六祖壇經校釋》〔註33〕一書，則對「敦博本」《壇經》進行較全面研究。

對《六祖壇經》內容述釋的，有：丁福保（1874～1952）箋註的《六祖壇經箋註》〔註34〕，楊惠南編撰的《六祖壇經：佛學的革命》〔註35〕；霍韜晦（1940～2018）講《六祖壇經》〔註36〕，內容以宗寶本的《六祖壇經》為主幹，並且引用不少敦煌本的《六祖壇經》經文作為相互分析，又以佛教的重要觀念作為資料補充佐證；此外，還有許鶴齡編著的《六祖壇經導讀》〔註37〕；演培（1917～1996）的《六祖壇經講記》〔註38〕等等。

2. 對於禪宗歷史及思想史研究

對禪宗歷史研究方面，有胡適編著《神會和尚遺集／胡適校敦煌唐寫本》〔註39〕，內容是對神會在禪宗重新定位。印順的《中國禪宗史》〔註40〕，在第八章第三節中有討論「南宗頓教的中心問題」〔註41〕，並提及「《壇經》（燉煌本）的中心思想所說，可以用「見性成佛」，「無相為體，無住為本，無念為宗」兩句話來說明〔註42〕；同時，也談及《壇經》的組成內容。

1987 年，何國銓的《中國禪學思想研究：宗密禪教一致理論與判攝問題之探討》〔註43〕，以宗密（784～841）的《禪源諸詮集都序》來考察禪宗的荷

〔註31〕參閱周紹良：《敦煌寫本壇經原本》，北京，文化出版社，1997 年。

〔註32〕參閱周紹良：《敦煌寫本壇經原本》，北京，文化出版社，1997 年，頁 175～192。

〔註33〕參閱黃連忠：《敦博本六祖壇經校釋》，臺北，萬卷樓圖書有限公司，2006 年。

〔註34〕參閱法海錄；丁福保箋註：《六祖壇經箋註》，臺北，文津出版社，1993 年。

〔註35〕參閱楊惠南：《六祖壇經：佛學的革命》，臺北，時報文化出版公司，1996 年。

〔註36〕參閱霍韜晦講（袁尚華記錄）：《六祖壇經》，香港，法住出版社，2003 年。

〔註37〕參閱許鶴齡：《六祖壇經導讀》，宜蘭縣礁溪鄉，佛光人文社會學院，2003 年。

〔註38〕參閱演培：《六祖壇經講記》，臺北，財團法人佛陀教育基金會，2005 年。

〔註39〕參閱胡適：《神會和尚遺集／胡適校敦煌唐寫本》，臺北，胡適紀念館，1970 年。

〔註40〕參閱印順：《中國禪宗史》，臺北，正聞出版社，1994 年。

〔註41〕語見印順：《中國禪宗史》，臺北，正聞出版社，1994 年，頁 351。

〔註42〕語見印順：《中國禪宗史》，臺北，正聞出版社，1994 年，頁 352。

〔註43〕參閱何國銓：《中國禪學思想研究：宗密禪教一致理論與判攝問題之探討》，臺北，文津出版社，1987 年。

澤及洪州二系、南禪與北禪等的定位等內容豐富，甚具參考性；1994 年洪修平的《中國禪學思想史》〔註44〕，認為「惠能南宗的禪學思想大致由三個部分組成，一是以空融有、空有相攝的禪學理論基礎，二是即心即佛、自在解脫的解脫論，三是識心見性、頓悟成佛的修行觀」〔註45〕。洪氏又指出：「在惠能的禪法體系中，識心、見性與開悟、解脫具有相同的意義。『識心見性』既是修行法也是解脫境，同時，它又不離現實生活。惠能把心與性的統一落實在人們當下的宗教體悟之中。『識心見性』並不是一個理論問題，而是一個實踐問題。……這樣，修行法與解脫境也就合而為一了」〔註46〕。他還有《禪宗思想的形成與發展》〔註47〕一書，也是其重要著作之一。

還有在 1997 年起，董群有一系列《祖師禪》〔註48〕、《禪宗倫理》〔註49〕、《慧能與中國文化》〔註50〕、《禪與創新》〔註51〕及《佛教倫理與中國禪學》〔註52〕論著；都是討論禪宗思想與中國文化的相互融合的問題。1999 年有楊曾文的《唐五代禪宗史》〔註53〕對唐代及五代年間的禪宗史研究；2000 年有蔡日新的《中國禪宗的形成》〔註54〕，解構中國禪宗形成的經過；2004 年張國一著《唐代禪宗心性思想》〔註55〕；2007 年麻天祥的《中國禪宗思想史略》〔註56〕及《禪宗文化大學講稿》〔註57〕書，皆以述論禪宗思想為主。同年，亦有杜繼文，與魏道儒（1916～2009）合著的《中國禪宗通史》〔註58〕，則是以通史形式來研究禪宗。

其他以禪宗思想為主導作實踐修行研究，1992 年有邢東風的《禪悟之道：

〔註44〕 參閱洪修平：《中國禪學思想史》，臺北，文津出版社，1994 年。

〔註45〕 語見洪修平：《中國禪學思想史》，臺北，文津出版社，1994 年，頁 161。

〔註46〕 語見洪修平：《中國禪學思想史》，臺北，文津出版社，1994 年，頁 188。

〔註47〕 參閱洪修平：《禪宗思想的形成與發展》，南京，江蘇古籍出版社，2000 年。

〔註48〕 參閱董群：《祖師禪》，杭州，浙江人民出版社，1997 年。

〔註49〕 參閱董群：《禪宗倫理》，杭州，浙江人民出版社，2000 年。

〔註50〕 參閱董群：《慧能與中國文化》，貴陽，貴州人民出版社，2001 年。

〔註51〕 參閱董群：《禪與創新》，臺北，東大圖書股份有限公司，2007 年。

〔註52〕 參閱董群：《佛教倫理與中國禪學》，北京，宗教文化出版社，2007 年。

〔註53〕 參閱楊曾文：《唐五代禪宗史》，北京，中國社會科學出版社，1999 年。

〔註54〕 參閱蔡日新：《中國禪宗的形成》，臺北，雲龍出版社，2000 年。

〔註55〕 參閱張國一：《唐代禪宗心性思想》，臺北，法鼓文化事業股份有限公司，2004 年。

〔註56〕 參閱麻天祥：《中國禪宗思想史略》，北京，中國人民大學出版社，2007 年。

〔註57〕 參閱麻天祥：《禪宗文化大學講稿》，北京，中國人民大學出版社，2007 年。

〔註58〕 參閱杜繼文，魏道儒：《中國禪宗通史》，南京，江蘇人民出版社，2007 年。

南宗禪學研究》〔註59〕；1993 年有吳汝鈞的《游戲三昧：禪的實踐與終極關懷》〔註60〕；2002 年有黃連忠的《禪宗公案體相用思想之研究》〔註61〕等重要著作。

（三）其他學者專題研究禪宗及《六祖壇經》的重要論文

1. 對於《六祖壇經》研究

2007 年黃連忠的〈敦博本《六祖壇經》文字校正與白話方法論〉〔註62〕，對「敦博本」《壇經》進行研究。

2. 對於禪宗歷史及思想史研究

牟宗三先生在 1976 年發表了〈如來禪及祖師禪〉（上）及（下）〔註63〕一文對研究禪宗為一重要參考論文，其後這兩篇文章輯錄在《佛性與般若》下冊〔註64〕中。

《六祖慧能思想研究》〔註65〕一書（「慧能與嶺南文化」國際學術研討會論文集），在 1997 年出版，合共收錄 40 篇文章，其中多以敦煌本的《六祖壇經》作為研究對象，以「心性」作為專題研究的只有楊曾文的〈論慧能的識心見性思想〉的一篇。其餘的學者以敦煌本《六祖壇經》作為其文章的內容，分別有：劉斯翰的〈頓悟說和六祖〉；蔣述卓的〈略論慧能的「即心即佛」思想〉；業露華的〈六祖慧能的佛性論思想〉；馮煥珍的〈試論傳統禪學與慧能禪學境界思想的差異〉；孫昌武的〈「心鏡」考〉；周紹良的〈原本《壇經》之考定〉；姜伯勤的〈敦煌本《壇經》所見慧能在新州的說法〉；湛如的〈簡論《六祖壇經》的無相懺悔——兼談唐代禪宗懺法體系的形成〉；韓昇的〈《壇經》管窺〉；張勇的〈敦煌寫本《六祖壇經》校讀瑣記〉；〔日〕伊吹敦的〈敦煌本《壇經》

〔註59〕參閱邢東風：《禪悟之道——南宗禪學研究》，北京，中國人民大學出版社，1992 年。

〔註60〕參閱吳汝鈞：《游戲三昧：禪的實踐與終極關懷》，臺北，臺灣學生書局，1993 年。

〔註61〕參閱黃連忠：《禪宗公案體相用思想之研究》，臺北，臺灣學生書局，2002 年。

〔註62〕參閱黃連忠：〈敦博本《六祖壇經》文字校正與白話方法論〉，蘭州，《敦煌學輯刊》2007 年第 4 期，頁 97～113。

〔註63〕參閱牟宗三：〈如來禪與祖師禪〉（上），臺北，《鵝湖月刊》，1976 年 2 月第 8 期，頁 3～6 及〈如來禪與祖師禪〉（下），1976 年 3 月第 9 期，頁 3～10。

〔註64〕參閱牟宗三：《佛性與般若》下冊，臺北，臺灣學生書局，2004 年，頁 1039～1070。

〔註65〕參閱《六祖慧能思想研究：「慧能與嶺南文化」國際學術研討會論文集》，廣州，學術研究雜誌社，1997 年。

是否為傳授本〉；向群的〈敦煌本《壇經》中若干名相試探〉；李玉群的〈壇經
與現象學〉……等文章。

第二章　生命現象與心性存在的展現

第一節　佛教的生命現象觀

　　從大乘佛教〔註1〕的教義，看眾生的生命現象，分為「迷」和「悟」兩種。「迷人」陷於「迷」的情況時，其生命現象被妄念覆蓋本來清淨的本質，佛教所謂因一念「無明」而使現有的生命，失去了本來具有的光彩，進入一「無明」的生命狀態之中。「迷人」以此被染著的生命來看此現象世界時，出現了不真實的假象，但「迷人」卻以為此是真實的現象，出現「迷」上加「迷」的「執迷」狀況。換言之，這是「以假為真」的現象世界，「迷人」因處於「無明」之中而不自知自己為「迷人」。大乘佛教的精神是以「性淨論」作為核心思想，開展出不同的宗派如唯識宗、天台宗、華嚴宗及禪宗等。這好像儒家的孟子（前372～前289）從「仁義」開展「心性」中「性善」的內容，並以「性善論」〔註2〕作為立論。在佛教來說，探討生命的本質及開展「心性」存在的問題上，目的在於讓眾生由「迷」轉「悟」，最後達至「見性成佛」的宗教目的。

　　在敦煌本《六祖壇經》中描述「迷人」與「悟人」的分別，在於「自性迷，

〔註1〕參閱唐君毅：「然要在言能深觀世間與出世間之不二者，即為大乘。此依于佛之原有道諦為世間與出世間二者間之過渡與連接之故。通過此『道』以觀世間與出世間之關係，即必不可只視為二也。故大乘佛教亦由原始佛教發展而出。」，《中國哲學原論 原道篇（三）》，臺北，臺灣學生書局，1991年，頁9。

〔註2〕參閱朱熹：《四書章句集注》，《孟子‧滕文公章句上》，上海，商務印書館發行，1935年，頁61。孟子曰：「滕文公為世子，將之楚，過宋而見孟子。孟子道性善，言必稱堯舜。」

佛即眾生；自性悟，眾生即是佛。」〔註3〕，「故知不悟，即是佛是眾生」，「一念若悟，即眾生〔不〕是佛。」〔註4〕「迷人」的「迷」就是「自性迷」，被困於「我法二執」〔註5〕的一念「無明」之中而不自知。世人的生命一旦處於「若諍先後」〔註6〕的「執迷」情況，就如六祖惠能所言的「執迷諍法門，自性入生死。」〔註7〕此「諍」與「般若智」的呈現正是互相違背。換言之，「般若智」就是「無諍法」〔註8〕。最終，眾生的生命不斷地在生死的輪迴之中無法超脫，而根本不自知「以假為真」及「我法二執」問題的所在，因此「不見」究竟的解決方法。

至於「悟人」的生命現象，就是把生命的本質中的光明性、清淨性、自主性全部盡顯於有限性的生命之中，再而進至無限性「佛」的境界。當「悟人」見「迷人」的生命現象與道背離時，即以其所悟的「心法」作為引導其他未悟的眾生，使他們自悟生命中本來具有的清淨本質。「悟人」了悟生命的本性是清淨無染時，這本性是具有先驗性、普遍性、平等性。相反地，「迷人」執其所知，而失其所不知生命中本有的清淨性。因此，世人的生命現象就分為「迷人」與「悟人」。

在這現象世界的世人，即是佛教所說的欲界的眾生。如果這些眾生不以「見性成佛」作為其人生的目標，卻以尋找生命中最美滿的生活狀況作為其

〔註3〕 參閱《南宗頓教最上大乘摩訶般若波羅蜜經六祖惠能大師於韶州大梵寺施法壇經》，《大正新修大藏經》第48卷，T48，NO.2007，日本大正一切經刊行會，1922～1934年，頁341中。

〔註4〕 參閱《南宗頓教最上大乘摩訶般若波羅蜜經六祖惠能大師於韶州大梵寺施法壇經》，《大正新修大藏經》第48卷，T48，NO.2007，日本大正一切經刊行會，1922～1934年，頁340中。

〔註5〕 參閱牟宗三：「佛教最重要是把『我法二執』去掉。『我法二執』就是人我、法我這兩種執著。先空『人我』，然後空『法我』。『人我』就人類（human being）講的自我，每個人肯定有一個自己，有一個自我，每一個人有每一個人的自身同一，這個佛教叫做『人我』。『法我』就是除『人我』以外一切東西自身的自我。」，《四因說演講錄》，上海，上海古籍出版社，1998年，頁121。

〔註6〕 參閱《南宗頓教最上大乘摩訶般若波羅蜜經六祖惠能大師於韶州大梵寺施法壇經》，《大正新修大藏經》第48卷，T48，NO.2007，日本大正一切經刊行會，1922～1934年，頁338中。

〔註7〕 參閱《南宗頓教最上大乘摩訶般若波羅蜜經六祖惠能大師於韶州大梵寺施法壇經》，《大正新修大藏經》第48卷，T48，NO.2007，日本大正一切經刊行會，1922～1934年，頁344上。

〔註8〕 參閱牟宗三：「般若是無諍法。」，《佛性與般若》上冊，臺北，臺灣學生書局，2004年，頁3。

存在的目的。同時,他們又對於自己迷失的生命作出修正的行為,這亦可說是他們在現實的生活中展示出其所「悟」的一面,開展出截然不同的生命現象,這樣的生命是從自覺中而呈現一「福慧雙修的人生,而一切幸福皆從德慧來。」〔註9〕從這角度來看人生,亦不失為佛教的「見性」開悟,離苦得樂的本意。

無論為了「見性成佛」或是尋找理想的「德慧雙修」人生作為最終的目標,都必須先了解何以生命會出現「迷」和「悟」的生命現象,「迷」使生命處於不圓滿而被染污的狀態,這就是與「悟」的圓滿清淨生命現象出現相對的原因所在。在這「迷」的生命現象上要尋找突破性的進路,解決這困惑的問題。從人乘禪宗來說,要了解生命的本質,按六祖惠能頓法門中所說,就是以「直指人心」及「識心見性」作為修行方法,才能明白如何是「見性成佛」的內容。又如只求「德慧雙修」的人生,亦可以從六祖惠能開示眾生的「何謂功德」與「何謂福德」兩者的分別,了解「福」與「德」皆從自性而來,一旦了解後,亦同時明白人生的真正智慧所在,這真正的智慧亦是不離自性。

在生命中,眾生能自見「心地」必能「見性」。因為六祖惠能曰說:「心即是地,性即是王。性在王在,性去王無。性在身心存,性去身壞。佛是自性作,莫向身〔外〕求。」〔註10〕因此,從敦煌本《六祖壇經》中了解佛教「見性成佛」的宗教意義之外,亦同時從中找尋出一條開悟「德慧雙修」的人生道路,使生命的本質得以全顯全用,此時亦是「心性」全幅開展及真實生命的全面呈現。

佛教思想具「積極性」及「消極性」二方面〔註11〕的性質。從消極性方面,

〔註 9〕 參閱唐君毅:「我理想的世界,我不名之為聯合國的世界……而名之為以德性為中心而人文全幅開展的世界;不名之為一大同的世界,而名之為一太和的世界。我的理想的世界中之人生,不只名之為人人能各盡所能各取所需的人生,人人都能滿足其欲望,不斷的享幸福的人生,而名之為德慧雙修的人生,福慧雙修的人生,而一切幸福皆從德慧來。」〈以德性為中心而全幅開展之人文世界〉,《唐君毅全集卷五——人文精神之重建》,臺北,臺灣學生書局,1984 年,頁 45。

〔註10〕 參閱《南宗頓教最上大乘摩訶般若波羅蜜經六祖惠能大師於韶州大梵寺施法壇經》,《大正新修大藏經》第 48 卷,T48,NO.2007,日本大正一切經刊行會,1922~1934 年,頁 341 中。

〔註11〕 參閱李潤生:「佛家思想對現實的人生和宇宙是消極的,但對其理想的人生和宇宙卻是積極的」及「佛家諸宗各派,雖然或多或少、或深或淺受到原始佛學對現實人生和宇宙的『消極性的固定形態』之所束縛,但從佛家思想演變之流

解構這「迷」與「悟」的生命現象的成因，而使眾生由「迷」轉「悟」。從積極性中建構理想的圓滿人生，最終「見性成佛」。

這種看法說明了具有佛教精神的人生是積極的，並且以積極的精神來破除眾生「我法二執」的迷執問題。在處理這迷執的問題上，面對著這現象世界中的一切法時，就是以「消極性」的思想來破一切的執取而活在當下。此為，牟宗三所說的「佛教自覺地為『非有』而奮鬥」〔註12〕的箇中真諦。要透徹圓融地實踐佛家思想中的積極性與消極性於現實生活之中，必須將「心性」中的般若智呈現，才能完全掌握佛教的精神及其教理的詮釋。

第二節　佛教禪宗思想以「禪機」展現的「心性論」

甚麼是禪宗的思想？從李潤生的〈禪宗與如來藏〉〔註13〕一文中，說明了禪宗思想中具有三大特質：

> 一者、於凡夫自身之中，具足一切如來法身功德的體用；二者、凡夫修行實踐，不假外求，本身具足；三者、修行實踐沒有階漸，唯是頓悟成佛，此禪宗思想之三大特質，與印度『如來藏』有根本密切的關係。〔註14〕

由此而知，「頓悟成佛」與「如來藏」的思想有著必然的關係。

「頓悟成佛」一詞，在佛教的教義來說，認為「成佛」在於「悟」，而「悟」

觀之，卻可以無疑地看見其『對現實人生和宇宙的態度之由消極精神趨向於積極精神』的痕跡。」〈佛家思想的積極性與消極性〉，《佛學論文集》（上），Ontario，Canada：加拿大安省，佛教法相學會，2001年，頁23及33。

〔註12〕參閱牟宗三：「首先說自身同一，自身同一就是說在變化的過程中有一個同一性在貫徹……因此，我們才可以說任何東西的自己，說我自己的『自我』（ego）。照佛教看，這是世間哲學，世間哲學為這『我』而奮鬥，為這個『同一性』而奮鬥，為這個實有或存有而奮鬥。佛教正相反，佛教自覺地為『非有』而奮鬥，『非有』就是把那個『我』拉掉，把自身同一那個同一拉掉。因為這個東西是一切執著的根源，你有這個『我』，所以才有執著，有內外彼此的分別，佛教就把這個拉掉，這個是自覺的，這正好顯出佛教的特色。」《四因說演講錄》，上海，上海古籍出版社，1998年，頁120～121。

〔註13〕參閱李潤生：附錄〈禪宗與如來藏〉，《佛學論文集》（下），Ontario，Canada：加拿大安省，佛教法相學會，2001年，頁809～814。

〔註14〕見於李潤生：附錄〈禪宗與如來藏〉，《佛學論文集》（下），Ontario，Canada：加拿大安省，佛教法相學會，2001年，頁810。

分為兩種方式：一是「漸悟」，一是「頓悟」〔註15〕。至於「頓悟成佛」的前提，就是在於我們本來具有「佛性」，這是內在本有的。換言之，「頓悟成佛」即是表明我們本具有成佛的可能性。

　　至於成佛的可能又以甚麼作為內在的根據，這根據又何以成立呢？首先，先了解何謂「如來藏」〔註16〕？這是從印度佛教思想發展至中國大乘佛教的教義〔註17〕，在《勝鬘經》、《楞伽經》、《如來藏經》〔註18〕《不增不減

〔註15〕　參閱唐君毅：「一應即應為頓，漸說漸修，而能應，應而悟處，亦是頓。故禪宗不必有偏圓權實之判教論，而要必有頓然之一悟。悟之大小深淺不必論。機感之相應處，如兩鋒相加，只在一點。前此之各自輪刀上陣，固可持刀，次第而行，然交處則只在一點。此一點即前無所自來，後亦可更無自往，即只是靈光一閃，而為一頓也。未有此頓，而有說者，聞者機感相應之言說，即禪宗之所以教人明心見性之言說方式也。」，〈論中國哲學中說性之方式〉，《哲學論集》，臺北，臺灣學生書局，1991 年，頁 830。

〔註16〕　參閱牟宗三：「所謂『如來藏』，即指如來之藏，亦即是指一切眾生貪嗔煩惱中所隱覆的清淨如來法身而言。如《大方等如來藏經》所說的：『我以佛眼觀一切眾生貪欲恚痴諸煩惱中，有如來智如來眼如來身，結加趺坐，儼然不動。善男子，一切眾生，雖在諸趣煩惱身中，有如來藏常無染污，德相備足，如我無異。』又如《大般涅槃經第七》亦曾謂：『佛言，善男子！我者即是如來藏義。一切眾生悉有佛性，即是我義。』而《勝鬘夫人經・法身章》亦謂：『如是如來法身，不離煩惱藏，名如來藏。』」，《中國哲學十九講》，臺北，臺灣學生書局，1997 年，頁 309。

〔註17〕　參閱李潤生：「印度『如來藏』思想早在原始佛教已找到淵源，譬如在《南傳大藏經》中的《增支部》便有「比丘眾，此心極光淨，為客隨煩惱所雜染，而不如實解」的主張。這種說法跟《楞伽經》所言『如來藏自性清淨心，客塵所染，未能證得』，其含義極為相似，只不過把『心極光淨』轉成『如來藏自性清淨心』而已；此心是一切比丘、一切凡夫具備無餘者。這話在《壇經》轉成『凡夫即佛，煩惱即菩提』，只因『邪見障重，煩惱根深，猶如大雲覆蓋於日，不得風吹，日光不現』而已，其意趣未曾有異。後來大乘經教日漸流行，有《華嚴經・如來性起品》說：『無眾生如來智慧不具足者，但眾生顛倒，不知（本具的）如來智（慧）。』又說：『奇哉！奇哉，云何如來具足智慧，在於身中而不知見！我當教彼眾生覺悟聖道，悉令永離妄想顛倒垢縛，具見如來智慧在其身內，與佛無異。』由此可知慧能《六祖壇經》所言『凡夫即佛』，可找到它的經教依據。此與『一切眾生皆有佛性』、『一切眾生皆有如來智慧德性』、『一切眾生皆有如來藏』等等都是同義語，彼此無異無別。」，附錄〈禪宗與如來藏〉，《佛學論文集》（下），Ontario，Canada：加拿大安省，佛教法相學會，2001 年，頁 807。

〔註18〕　參閱李潤生：「到了《如來藏經》出現，『眾生即佛』的思想更為明確，如彼經言：『一切眾生（於）貪欲、（瞋）恚、（愚）癡諸煩惱中，有如來智、如來眼、如來身，結加趺坐，儼然不動……（一切眾生）有如來藏，常無染污，德相備足，如我無異。』因此可以具體得見：每一眾生具足如來藏，其內容包括：一

經》〔註19〕及《寶性論》〔註20〕等經都分別記述如來藏的內容，這是成佛的內在根據。「如來藏」在「法身」未顯之時，為「如來」的「胎藏」處於隱藏狀態之中，此「藏」字亦解作「藏庫」為佛種子寄存在此藏庫之內，當如來「法身」起現時，就是「頓悟成佛」之時。這顯示「如來藏」與「頓悟成佛」兩者之間存在著必然關係，亦同時作為「頓悟成佛」的內在根據及此根據具先驗性及普遍性。換言之，「人人皆可以成佛」的內在及超越的根據，亦在於「如來藏」的思想得以確立而成立。

　　禪宗思想透過在「一機」之中，啟發眾生內在本具有的智慧，使其自證「頓悟成佛」的道理所在及其內在成佛的根據。因此，禪宗所有提出的理論及實踐修行的內容都是由內而發的，目的只為了使眾生「頓悟成佛」。在「一機」之中的「一機」中，就是只對於某一眾生而言的「一機」，這「一機」就是在一次的機緣之中以不同的手段，在當下啟發這一眾生的內在智慧。何以是「這一眾生」而不是「所有眾生」呢？原因在於不同的眾生根器各有差別，因此開示

者，清淨色身（即所言如來身），二者，清淨智慧（即所言如來智、如來眼），三者，清淨德相（即如來德相）。此如來藏的三類內涵，與佛無異無別，雖與凡夫剎那現起的煩惱并存，而能恆常清淨，不為煩惱所染污，所以禪宗依此而能合理地提出『凡夫即佛』、『煩惱即菩提』與『一悟即至佛地』之說，因為在凡夫的身、心之中，佛身、佛智、佛德具足常在，未曾有毫釐缺減之故。」附錄〈禪宗與如來藏〉，《佛學論文集》（下），Ontario，Canada：加拿大安省，佛教法相學會，2001年，頁808。

〔註19〕參閱李潤生：「再到大乘《不增不減經》，提出『眾生界者，即如來藏；如來藏者，即是法身』之說。」附錄〈禪宗與如來藏〉，《佛學論文集》（下），Ontario，Canada：加拿大安省，佛教法相學會，2001年，頁808。

〔註20〕參閱李潤生：「後來彌勒《寶性論》則說：『法身遍無差，皆實有佛性，是故說眾生，常有如來藏。』如是得知眾生本具的如來藏，實包涵三類內容：其一，是真如實體，即一切眾生平等本具的無差別共有的永恆諸法實相，即本論所言『一切諸眾生，平等如來藏；真如清淨法，各為如來藏。』其二，是如來法身，即一切眾生本具的『圓滿佛果』，包括『菩提』、『涅槃』、『如來智德』、『如來身』、『如來眼』等，故彼論云：『如是眾生身，不離諸佛智，以如是義故，說一切眾生皆有如來藏。』其三，如來種性，即一切眾生本具『成佛之因』，故能成就『圓滿佛果』的『如來法身』，入如來家族，如彼論云：『以依自體性，如來之性諸眾生藏，是故說言：一切眾生有如來藏。』及『故《寶性論》卷四亦言：『如來藏不離煩惱藏所纏，（但）以遠離諸煩惱，轉身得清淨，是名為（轉依之）實體。』如是『如來藏轉依』亦是本身功德具足，不假外求，故《勝鬘經》以『如來藏』是一切眾生之『生死所依』及『涅槃依止』」，附錄〈禪宗與如來藏〉，《佛學論文集》（下），Ontario，Canada：加拿大安省，佛教法相學會，2001年，頁808～810。

的手段亦相對「每一眾生」來說，以不同的形式來對應而已。禪宗的「公案」，就是製造不同的機遇以破其所執〔註21〕，讓「這一眾生」在這一「機遇」之中，啟發其生命中被隱藏於佛性之中的「如來法身」起現，這就是由體起用，從用中而顯其體的存在。

換言之，這亦是「心性」從「禪機」中展現出體用關係，這是處理「般若」與「成佛」的關鍵問題〔註22〕。從體用關係而言，就是以「性」為「體」，以「心」為「用」。在主體上而言，「心」即是「體」具主觀性；而在客觀上而言，「性」即是「體」具有普遍性及先驗性。

「禪機」既然為個別的眾生製造條件，讓眾生自己向內反省而「頓悟成佛」。總言之，禪宗的理論及其實踐的工夫若不向內反省，就永遠不了解其中所說的「大意」。禪宗所謂「明心見性，直了成佛」就是運用不同的手段，目的只在於使眾生覺悟。因此，這「覺悟」的意義與禪宗所謂「明心見性」的意義是相同的。原因在於兩者的內涵都在於引導個人作自我反省。眾生未能在一念回轉於「心性」之上作自我反省而頓悟前念之非，這就是代表這眾生未能契應這一「機遇」而作出的表現，結果「這一眾生」在這「機遇」之中未能使般若智呈現，故未悟如何能達至「頓悟成佛」的境界。

從敦煌本《六祖壇經》所提到「福德」與「功德」之別〔註23〕的「梁武帝

〔註21〕　參閱唐君毅：「心之通流，即吾於中國先哲對言與默之運用一文中所謂心意之交通。……禪宗欲人悟道，亦可謂一求人格完成之事。唯在儒家之問答中，問者恆為主動；而在禪宗之對語中，則因教者必須針對學者之迷執而破斥之，而教者乃更居主動之地位。此又其不同也。」《中國哲學原論·原性篇》，臺北，臺灣學生書局，1991，頁319。

〔註22〕　參閱唐君毅：「惠能所開之禪宗，乃順般若宗之精神而至於其極，以表現一自由運用語言，以使人見此般若之施教方式；而此方式即一頓教法門，以使人自明其心自見其性之超於染淨之上，而知此自性即般若者。故惠能之教，乃以即般若之自性，攝般若經論中所謂空性法性之義。由是而進一步，即為將佛家諸宗所傳之法界、八識、三身、四智，及一切修行之工夫，皆就學者之所問，而隨機以答，以作人當下明其本心見其自性之用。在此隨機之答中，對此諸名之義，亦即必將收攝之於吾人之本心自性之內而說之。此則即就《六祖壇經》之內容，而略加分析而即可見者。然此亦非謂惠能之意，在將一切佛家諸宗所傳之名相，皆一一以本心自性之概念為之說明，以見其皆不離此自性本心，無溢出於其外者之謂。」《中國哲學原論·原性篇》，臺北，臺灣學生書局，1991年，頁309～310。

〔註23〕　參閱《大正新修大藏經》第48卷，T48，NO.2007《南宗頓教最上大乘摩訶般若波羅蜜經六祖惠能大師於韶州大梵寺施法壇經》，日本大正一切經刊行會，1922～1934年，頁341上至中。

初遇達摩祖師」公案之中，說明了不契應「機遇」的情況。當日梁武帝初遇禪宗初祖達摩，他未能契應達摩初祖的開示，沒有一念回轉的自我反省的工夫。最後，他終生不知道人生所得的「功德」，就是在於「見性成佛」，而誤解「造寺」、「布施」、「供養」為「功德」，卻不知這些善的行為實為「福德」而已。由此而知，眾生即使面對「機遇」之時亦會當面錯過，而不能掌握，最終亦是不能「見性成佛」。至於「契機」，就是在這一「機遇」之中一念回轉而作的內在反省。反省就是破其「執迷」的一念，而回復自性本有的清淨性。般若智慧亦在此一念回轉之中而如如呈現。

　　禪宗的思想不能只以文字或言語概念來與其一一相應，這就是指出當中要透過「心性」的開悟才能領受箇中蘊涵。從禪宗的公案中，透視出禪宗的精神貫徹地使眾生自證自悟自明「心性」中具足一切法，連這自悟的「悟」都是自發的，「說法者」不能完全告知其答案，只能作啟導形式的稍作開示，這樣才能使眾生運用其本有的智慧來「明心見性」。當「說法者」與「求法者」在思想上不相應時，只能「合掌令勸善」〔註24〕，除了避免這「求法者」於迷上再執迷，使他從煩惱中轉正念而起般若智，因為般若智只與善念相應，所以「勸善」。

　　「禪機」對於未悟的眾生來說是「一機」而「見性」，但在「悟者」來說，就是對眾生說明人人本具如來德性及讓眾生自證「人人皆有佛性」的一個機會。所以禪宗的思想，是借「禪機」來開展及處理眾生「見性成佛」的核心問題。從這角度而言，沒有「禪機」在剎那之間存在，眾生的智慧亦無從啟發，或許世人以為必定要找大德高僧來開示，即是六祖惠能所說的「頓覓大善知識亦道見性」〔註25〕的「大善知識」來幫助自己「頓悟」，或在深山潛心修行等等來巧遇「禪機」。從表面上看，禪宗以「禪機」來開示眾生，但其實是眾生自己的「獨覺」而成就自己成佛，這就是說明沒有老師或善知識在旁或開示，眾生皆能以「一花」、「一葉」、「風動」或「幡動」於日常生活中來開悟的原因所在〔註26〕。這就是眾生從所見現象世界之中的各種假象，當下從一念的回轉

〔註24〕參閱《大正新修大藏經》第 48 卷，T48，NO.2007《南宗頓教最上大乘摩訶般若波羅蜜經六祖惠能大師於韶州大梵寺施法壇經》，日本大正一切經刊行會，1922～1934 年，頁 344 上。

〔註25〕參閱《大正新修大藏經》第 48 卷，T48，NO.2007《南宗頓教最上大乘摩訶般若波羅蜜經六祖惠能大師於韶州大梵寺施法壇經》，日本大正一切經刊行會，1922～1934 年，頁 340 下。

〔註26〕參閱唐君毅：「中國哲學原有心性本善之說，孔子曰：『我欲仁，斯仁至矣。』孟子曰：『子歸而求之餘師』。此即禪宗信心及頓悟之精神，孔孟言下學即所以

而自覺真實的實相，從「迷」的生命現象，即時轉入「悟」的生命現象之中。這就是敦煌本《六祖壇經》中六祖惠能所說的「忽遇惠風吹散，卷盡雲霧，萬像（象）參羅，一時皆現。」〔註27〕眾生巧遇「禪機」之中而自除迷妄及自悟正法，生命即時豁然開朗，內外明徹，萬法顯現不離自性的開悟情況，這正是禪宗實踐的智慧論。

第三節　小結

　　本章第一節主要論述佛教的生命現象觀，在「緣起性空」的教義中，如何看眾生的生命現象，從此現象中將眾生分為「迷」和「悟」兩種。「迷人」因一念「無明」而自迷於現象世界所存在的一切法「以假為真」之中，不信自性中本有真佛。至於「悟人」的生命現象與「迷人」不同之處，在於前者能夠將生命本質中的光明性、清淨性、自主性全部盡顯於有限的生命之上進至無限性。因此，從敦煌本《六祖壇經》中能了解佛教「見性成佛」的宗教意義之外，亦同時找尋出一條開悟的「德慧雙修」人生道路，使生命的本質得以全顯全用，就是「心性」在全幅開展時的真實生命呈現。

　　本章第二節為佛教禪宗思想以「禪機」展現的「心性論」。甚麼是禪宗的思想？從李潤生先生的〈禪宗與如來藏〉一文中，說明了禪宗思想中具有三大特質而知，「頓悟成佛」與「如來藏」有著必然的關係。

　　禪宗的思想就是透過在「一機」之中，而啟發眾生內在本具有的智慧，眾生在「一機」之中自證自悟，這成為「頓悟成佛」的關鍵所在。因此，禪宗所有提出的理論及實踐修行的內容都是由內而發的。換言之，禪宗的思想是對應「心性」而言的，離開「心性」，就不是禪宗的精神。因為禪宗的宗教目的，就是使眾生「頓悟成佛」。

　　從「心性」存在的理論中，禪宗以「禪機」的教育方式開展出截然不同的「心性論」。禪宗對於「心性」的開展及呈現，與它的宗教目的「頓悟成佛」存在著必然的關係。

　　　上達，此即禪宗於日用尋常中悟道之精神。」，〈略說中國佛教教理之發展〉，《哲學論集》，臺北，臺灣學生書局，1991 年，頁 334。

〔註27〕參閱《大正新修大藏經》第 48 卷，T48，NO.2007《南宗頓教最上大乘摩訶般若波羅蜜經六祖惠能大師於韶州大梵寺施法壇經》，日本大正一切經刊行會，1922～1934 年，頁 339 上。

第三章 敦煌本《六祖壇經》
心智思想的剖析

第一節 「心智思想前題」:「真常唯心」〔註1〕——「如來藏自性清淨心」〔註2〕

在大乘佛教的教義中,對「心」這個概念作出不同內容的開展,亦呈現出不同心的內容。從哲學的角度來看,佛教的「心論」可以分為「四派五家」〔註3〕。現分述如下:

1. 般若智心:具有「蕩相遣執」〔註4〕及「消融」的作用,這就是空宗。

〔註1〕 參閱牟宗三:「所以就佛教內部教義的發展,順著問題之逼迫,必須往前推進,肯定有一超越的真常心,作為眾生成佛的超越根據。因為一旦肯定有超越的真常心作為成佛的根據,則我們的生命中,先天地即蘊含一種超脫的力量,能夠自然發動,而非完全靠後天經驗的熏習。如果必須完全靠後天經驗的熏習,則遇見佛時,可能成佛,若未遇見佛,豈非永無證道成佛之日?」,《中國哲學十九講》,臺北,臺灣學生書局,1997年,頁285。

〔註2〕 參閱牟宗三:「至於《大乘起信論》所提出之如來藏系統,則是講『如來藏自性清淨心』;自性既是清淨,則非虛妄染污,所以是屬真常心。真是真實不虛,常是恒常不變。依佛教而言,此即是『智心』。而『智心』乃是由『識心』對翻而來的,所以由唯識宗的阿賴耶系統推進至《大乘起信論》的真常心系統,這種推進乃是佛教內部教義的發展中,必然要出現的一種推進。因為順著阿賴耶識系統中問題的展現,自然會逼顯出『如來藏自性清淨心』的思想系統。」,《中國哲學十九講》,臺北,臺灣學生書局,1997年,頁283~284。

〔註3〕 業師陳沛然在2008年8月在香港旺角「甘露鼓」講堂中,教授「敦煌古本《六祖壇經》」一課時,口述有關佛教的「心論」內容。

〔註4〕 參閱牟宗三:《佛性與般若》上冊,臺北,臺灣學生書局,1997年,頁3。

2. 妄心：以虛妄唯識的系統作依據，這就是唯識宗。

3. 真常唯心（真常心）分二派：

（1）如來藏自性清淨心（從因地而言，為成佛根據）〔註5〕；

（2）圓覺心——真心起現狀態——（從果地而言，為成佛的形態），就是華嚴宗。

4. 一念無明法性心：真心與妄心相即，就是天台宗。

以上所列「四家五派」，對「心」這個概念有不同的描述和各有不同的系統。它們分別為空宗的「般若智心」、唯識宗所說的「妄心」、真常唯心（真常心）分二派的「如來藏自性清淨心」或是華嚴宗所說的「圓覺心——真心起現」及天台宗的「一念無明法性心」。至於敦煌本《六祖壇經》中的「心」究竟是怎樣的一個「心」呢？此「心」究竟在佛教的教義中，是屬於那一個系統下的「心」呢？

為了條分理清地展現敦煌本《六祖壇經》中「心」的內容。本論文預設將禪宗所說的「心」為真常唯心（真常心）二派其中的一派為「如來藏自性清淨心」。「如來藏自性清淨心」的「心智思想」的前提下，以敦煌本《六祖壇經》的經文中作出論證，從而證明《六祖壇經》所說的心，就是「如來藏自性清淨心」。「如來藏自性清淨心」的重要性，就是在於此心為「成佛的根據」〔註6〕。在「如來藏自性清淨心」的「一心」，不只是成佛的內在根據，亦是「一切法的根源所在」〔註7〕。

〔註5〕參閱牟宗三：「如來藏自性清淨心就是真心，不是煩惱心。真心就是超越的心，不是感性的心。拿真心作最高的根源，一切法，不管是染污法或者是清淨法，都是從真心開出來，這個就是《大乘起信論》說的「一心開二門」。《大乘起信論》是講如來藏緣起的唯一的一部論，如來藏緣起就是從如來藏那個地方說明一切法，清淨法，不清淨法統統包括在內。這個叫做真心系統。」，《四因說演講錄》，上海，上海古籍出版社，1998年，頁221。

〔註6〕參閱陳沛然：「若要成佛之根據顯得主動有力，具先天之必然保證，則必須超越地肯定清淨無染之真心，以自性清淨之心為主，以虛妄有染之識心為客。順此理路發展的便是真常心系統，以『如來藏自性清淨心』為核心。」，《佛家哲理通析》，臺北，東大圖書有限公司，1999年，頁162。

〔註7〕參閱陳沛然：「真常心系統之得以確立，全建基於《大乘起信論》所建立之「一心開二門」之觀念。通過「一心」開出「心真如門」「心生滅門」，二門各總攝一切法：心真如門總攝一切清淨無漏之佛法，是為成佛之根據；心生滅門總攝一切煩惱有漏之染法，是為現實之根源。」，《佛家哲理通析》，臺北，東大圖書有限公司，1999年，頁162。

第二節 敦煌本《六祖壇經》心智思想的內容

一、心論

（一）「心之存在論」：心之體

何謂「心」？敦煌本《六祖壇經》對「心」的概念是，「心即是地。」〔註8〕，「心」是「地」，「地」代表世間一切法存在的根基，這為「心之體」。由於「地」是一相，所以「地」亦可說是「心之相」。《壇經》又說：「心元是妄，妄如幻故，無所看也。」〔註9〕「心」之相就在於心起活動之時，出現一些虛妄不實之相，故言「起心即是妄」〔註10〕。這「起心」的活動中而現出一些虛「妄」不真實的心識現象。這「妄」就是不真實的意思，故言「妄如幻」。經文當中又有「心如明鏡臺」〔註11〕「心是菩提樹」〔註12〕而言這「心」是「明鏡臺」，但亦是「菩提樹」。綜合來說，「地」、「妄」、「明鏡臺」、「菩提樹」這些文字概念，都是「心之相」。

除了「心」是「地」，描述「心之存在」之外。「心」的內容，就是「體」、「相」、「用」三方面。在敦煌本《六祖壇經》中，此「心」之「體」和「心」之「用」是有著怎樣的關係呢？在敦煌本《六祖壇經》中，「以心傳心」〔註13〕的「心」具有「傳法」的作用，「法」之所以能夠傳承，不在於口說，而是在

〔註8〕 參閱《南宗頓教最上大乘摩訶般若波羅蜜經六祖惠能大師於韶州大梵寺施法壇經》，《大正新修大藏經》第48卷，T48，NO.2007，日本大正一切經刊行會，1922～1934年，頁341中。

〔註9〕 參閱《南宗頓教最上大乘摩訶般若波羅蜜經六祖惠能大師於韶州大梵寺施法壇經》，《大正新修大藏經》第48卷，T48，NO.2007，日本大正一切經刊行會，1922～1934年，頁338下。

〔註10〕 參閱《南宗頓教最上大乘摩訶般若波羅蜜經六祖惠能大師於韶州大梵寺施法壇經》，《大正新修大藏經》第48卷，T48，NO.2007，日本大正一切經刊行會，1922～1934年，頁341下。

〔註11〕 參閱《南宗頓教最上大乘摩訶般若波羅蜜經六祖惠能大師於韶州大梵寺施法壇經》，《大正新修大藏經》第48卷，T48，NO.2007，日本大正一切經刊行會，1922～1934年，頁337下。

〔註12〕 參閱《南宗頓教最上大乘摩訶般若波羅蜜經六祖惠能大師於韶州大梵寺施法壇經》，《大正新修大藏經》第48卷，T48，NO.2007，日本大正一切經刊行會，1922～1934年，頁338上。

〔註13〕 參閱《南宗頓教最上大乘摩訶般若波羅蜜經六祖惠能大師於韶州大梵寺施法壇經》，《大正新修大藏經》第48卷，T48，NO.2007，日本大正一切經刊行會，1922～1934年，頁338上。

於「心傳」。「以心傳心」就成為禪宗「心論」的重點,「禪機」中所傳的「頓法」就靠這「心識」活動而使般若智呈現,這就是「心的作用」。這是關乎「覺性」的內容。從此重點,開展出「心」、「性」、「身」三者的關係,「直指人心,見性成佛」就不能離開此「心」,從「心法」至「一切萬法」的存在,都離不開此「心」而起現,「故知一切萬法,盡在自身心中。」〔註14〕

「故知一切萬法,盡在自身心中。」的「知」就是「能知」,顯示出心中具有「覺知」的作用。「故知」的「知」就是心中的覺性而自覺自知「一切萬法盡在自身心中」,這「盡」說明了這「心」具足「一切」的「萬法」,在自知自覺之中而頓悟此心是「體」,這「覺知」是從「心」的活動來說,以「心」之「用」而顯「心」之「體」。此「心體」是從主觀上而言,顯明了這是生命現象、宇宙萬有的生滅、心識的一切活動、成佛的根據及最後成佛的形態等內容,都離不開這「心」而獨立地存在。

「迷」與「悟」的生命現象,其中「迷人」的「迷」,在於執取外境的「相」而生起「虛妄不實」的假象,「迷人」所作的行為,「自性」皆是「邪用」,「迷人」的「心之用」與「邪智」相應,因此不能顯「心之體」的實相。「悟者」的「心之用」與「正智」相應,而「心之相」如實地呈現,「心之體」亦在正用中而顯其體的存在。

(二)「心之迷悟論」:心之相

1.「迷者」為眾生與「悟者」成佛

在敦煌本《六祖壇經》中,六祖惠能開示眾生「心迷」的原因,在於「緣邪見障重,煩惱根深,猶如大雲蓋覆於日,不得風吹,日無能現。」〔註15〕當心悟時,自性所呈現出清淨光明性的一面,六祖惠能說:「自姓(性)常清淨,日月常名(明)。只為雲覆蓋,上名(明)下暗。不能了見日月西(星)辰。忽遇惠(慧)風吹散,卷盡雲霧。萬像(象)參羅。一時皆現。」〔註16〕

〔註14〕 參閱《南宗頓教最上大乘摩訶般若波羅蜜經六祖惠能大師於韶州大梵寺施法壇經》,《大正新修大藏經》第48卷,T48,NO.2007,日本大正一切經刊行會,1922～1934年,頁340中至下。

〔註15〕 參閱《南宗頓教最上大乘摩訶般若波羅蜜經六祖惠能大師於韶州大梵寺施法壇經》,《大正新修大藏經》第48卷,T48,NO.2007,日本大正一切經刊行會,1922～1934年,頁340中。

〔註16〕 參閱《南宗頓教最上大乘摩訶般若波羅蜜經六祖惠能大師於韶州大梵寺施法壇經》,《大正新修大藏經》第48卷,T48,NO.2007,日本大正一切經刊行會,1922～1934年,頁339上。

　　六祖惠能對「自性迷」的「眾生」與「自悟本性」的「佛」,「佛」即「覺者」,兩者之間所呈現「心之相」有何分別呢?現以圖表分析如下:

> 自性迷,佛即是眾生。自性悟,眾生即是佛。慈悲即是觀音,喜捨名為勢至,能淨是釋迦,平直即是彌勒,人我是須彌,邪心是海水,煩惱是波浪,毒心是惡龍,塵勞是魚鱉,虛妄即是神鬼,三毒即是地獄。愚癡即是畜生,十善是天堂。我無人,須彌自倒;除邪心,海水竭;煩惱無,波浪滅;毒害除,魚龍絕。[註17]

自性迷,佛即眾生		自性悟,眾生即是佛	
心迷的狀態	顯化的現象	心悟的狀態	顯化的現象
人我	須彌	慈悲	觀音
邪心	大海	喜捨	勢至
煩惱	波浪	能淨	釋迦
毒心	惡龍	平真	彌勒
塵勞	魚鱉	十善	天堂
虛妄	神鬼		
三毒	地獄		

　　六祖言:「汝聽:後代迷人,但識眾生,即能見佛;若不識眾生覓佛,萬劫不可得見也。五(吾)今教汝,識眾生見佛,更留《見真佛解脫頌》,迷即不見佛,悟者即見。」

　　法海願聞,代代流傳。世世不絕。

　　六祖言:「汝聽,吾汝與說。後代世人,若欲覓佛,但識佛心,眾生即能識佛。即像有眾,離眾生無佛心。

　　迷即佛眾生,悟即眾生佛;

　　愚癡佛眾生,智惠(慧)眾生佛。

　　心劍佛眾生,平等眾生佛。

　　一生心若劍,佛在眾生心。

　　一念吾(悟)若平,即眾生自佛。

[註17] 見於《南宗頓教最上大乘摩訶般若波羅蜜經六祖惠能大師於韶州大梵寺施法壇經》,《大正新修大藏經》第48卷,T48,NO.2007,日本大正一切經刊行會,1922～1934年,頁341中至下。

我心自有佛，自佛是真佛，

自若無佛心，向何處求佛？」〔註18〕

迷即佛眾生	悟即眾生佛
愚癡	智惠
心劍	平等
佛在眾生心	即眾生自佛
	我心自有佛
自若無佛心，向何處求佛？	自佛是真佛

將二段經文的「心迷」與「心悟」狀態合併表來看：

自性迷，佛即眾生 迷即眾生		自性悟，眾生即是佛 悟即眾生佛	
心迷的狀態	顯化的現象	心悟的狀態	顯化的現象
人我	須彌	慈悲	觀音
邪心	大海	喜捨	勢至
煩惱	波浪	能淨	釋迦
毒心	惡龍	平真	彌勒
塵勞	魚鱉	十善	天堂
虛妄	神鬼		
三毒	地獄		
心劍		智慧	
愚癡		平等	

　　從以上圖表分析來看，眾生在迷的狀態時所顯化出來的生命現象，「心」與「自性」都是處於迷的狀態，兩者為同一關係。心迷的狀態下，眾生所起的心識都是邪智，生命並且出現種種的障礙。眾生心識所顯化出來的現象，則處於「無明」黑暗之中及成為「邪惡」的代表。由迷轉悟時，覺者的生命現象，「心性」皆具光明性、智慧性、清淨性、平等性、具足性，「心」與「自性」亦同時處於「悟」的狀態，兩者亦出現同一的關係，而覺者心識所顯化出來的現象具積極性及為「光明善良」的代表。

〔註18〕見於《南宗頓教最上大乘摩訶般若波羅蜜經六祖惠能大師於韶州大梵寺施法壇經》，《大正新修大藏經》第48卷，T48，NO.2007，日本大正一切經刊行會，1922～1934年，頁344下。

由此而知，不論在「迷」或是在「悟」時，佛與眾生的「心性」都具有著同一關係。「自性迷」即「心迷」而說「迷」，「自性悟」即「心悟」而說「悟」，此時「心性」在於合而為「一」的情況下，這即是在說「如來藏自性清淨心」是在於「隱」或是在於「顯」的狀態之中，這「如來藏自性清淨心」是成佛的根據。在生命現象而言，這即是在「迷」或在「悟」的生命狀態之中所出現的「別異性」。前者為「眾生」而後者為「佛」。

從顯化的現象中分析，「佛」的顯現必是在「自性悟」及「心悟」時呈現。「自性」是處於「迷」的狀態或是「自性」是在「悟」的狀態，這是「心性」所出現的種種相而言。從相上而言，就出現了「心」「性」的「別異性」。因此，在「如來藏自性清淨心」成佛的根據上說明了眾生具有「成佛」或是為「眾生」的自主性及可能性。

在此而言，眾生的「心性」不論在「迷」與「悟」來說都具同一性。「心性」在「同一性」的關係與「別異關係」之中，說明了為何眾生可以「成佛」或是仍然是「眾生」的原因。從這樣的關係中，反映出「眾生」雖然為「眾生」但仍具主體性但不具圓滿性；至於「成佛」則具有圓滿的主體性及具足一切法而「成佛」。

既然人的生命現象分為「迷」和「悟」，從這現象而知此「心」的表相，亦出現了「心迷」和「心悟」的分別之相。在「迷者」來說，不自知自迷，反而自以為是而為「迷人」。「悟者」自知自覺而不迷，而知「迷者」因何而迷，於是不迷而為「悟者」。「迷」與「悟」兩者之間，就不存在任何之「間」的虛位，「迷」就是「迷」，「悟」就是「悟」。

如果自以為自己站在「迷」與「悟」之間，就不是「迷」，而只是「未悟」的另一表述，這亦是「迷者」，因其執所知而失其所不知，才分不清自己站在那一層次上而言。在「悟者」而言，其中不存在任何相對的事與物，「迷」與「悟」兩者就是相對，這是站在相對層上而言。如站在實相層上而言，就變成「亦悟；亦不悟」超越地分別說「迷」與「悟」這兩個概念。這「亦悟；亦不悟」不是在於模稜兩可中間為一種句式，這正是般若智的顯現所在。

換言之，人的生命現象一旦出現了「無明」〔註19〕，就是沒有真正智慧的

〔註19〕參閱牟宗三：「《維摩詰經》有這麼一句話：『去病不去法』。這句話很重要，這是佛教的一個基本原則。盡管開始說明法的來源是從『無明』來，但來了以後，我們要修行成佛的時候，要去無明，不去無明，不能說修行。不能說修行，不能成佛。所以成佛一定要去無明。去掉無明，不是去掉法，到這個地方，無

時候，這時生命現象就是「迷」，「迷人」的心識所起的「相」與「用」，兩者
都是「心迷」之相及「心迷」之用。人的生命現象就進入一個「無明」自困的
世界中，而不自覺地做出各種不正當及黑暗的行為。六祖惠能為了使眾生「頓
悟成佛」而說出「迷人」的「心迷」之相及「心迷」之用，使眾生自覺而成為
「悟者」。

　　從敦煌本《六祖壇經》的「心」內容來看，可以分為「心迷」、「心悟」、
「念迷」、「念悟」的各種心識活動，「心迷」與「心悟」為「心之相」，而「念
迷」與「念悟」為「心之用」。從「心」與「念」之間的不同現象，顯示出「眾
生」與「覺者」的分別的生命現象。

2.「一念」住而「心迷」

(1)「信」與「福報」

> 五祖忽於一日喚門人盡來，門人集記，五祖曰：「吾向與說：世人生
> 死事大。汝等門人終日供養，只求福田，不求出離生死苦海。汝等
> 自姓（性）迷，福門何可救汝。……」〔註20〕

> 使君聞法：「可不不是西國第一祖達磨祖師宗旨？」

> 大師言：「是。」

> 弟子見說，達磨大師代（化）梁武帝。諦問達磨：「朕一生未（已）
> 來，造寺、布施、供養，（有）有功德否？」達磨答言：「並無功德。」
> 武帝惆悵，遂遣達磨出境。

> 「未審此言，請和尚說。」

> 六祖言：「實無功德，使君（朕）勿疑，達摩大師言。武帝著邪道，
> 不識正法。」

明跟法分開了，開始的時候是合在一起的，分不開的。分不開，你就可以問，
既然法從無明來，去掉無明，法還有沒有呢？到成佛時候，法跟無明分開了，
這個時候就可以說『去病不去法』，『法』就可以保得住。佛教的解答也很合邏
輯，因為無明緣行，有一切法，這只是說有了無明，就有一切法，但這並未說：
沒有了無明，就沒有一切法。所以，佛說法要一層一層說，業感緣起是最基本
的，最開頭的。到可以解答『去病不去法』這個問題時，『法』若必然保得住，
永遠保得住，這樣才可以講佛教式的存有論（buddhistic ontology）。」，《四因
說演講錄》，上海，上海古籍出版社 1998 年，頁 125。

〔註20〕 見於《南宗頓教最上大乘摩訶般若波羅蜜經六祖惠能大師於韶州大梵寺施法
　　　　壇經》，《大正新修大藏經》第 48 卷，T48，NO.2007，日本大正一切經刊行會，
　　　　1922～1934 年，頁 337 中。

使君問：「何以無功德？」

和尚言：「造寺、布施、供養，只是修福，不可將福以為功德。（功德）在法身，非在於福田。自法性有功德，平直是德。佛性外行恭敬，若輕一切人，悟（吾）我不斷，即自無功德，自性虛妄，法身無功德。念念德行，平等真心。德即不輕，常行於敬。自修身即功，自修心即德，功德自心作，福與功德別。武帝不識正理，非祖大師有過。」〔註21〕

　　「心迷」的眾生，為了求「福報」而起「信」念，而「不求出離生死苦海」，這樣的「信」與「福報」的關係而引申出「正信」與「迷信」的問題。兩者的分別為「迷人」為「福報」而「信」身外的佛，而不信真佛在心性之中，這是「迷信」。為了「頓悟成佛」而「信」成佛的真理，這是「正信」。敦煌本《六祖壇經》中「功德」與「福德」就是處理「正信」與「迷信」的問題，六祖惠能說「自法性有功德」，「功德」不假外求於「造寺、布施、供養」等一切的善行，而是眾生所作的行為與「自性」相應，能證入「自性」之中，這才是「功德」。否則，沒有「正信」以「頓悟成佛」為求法的目的，一切眾生所作的「善」的行為皆為種「福田」而不能「見性」。六祖惠能指出，這只是「福德」而已。

　　六祖惠能認為達摩初祖所指梁武帝的「造寺、布施、供養」等善行，沒有「功德」的論點完全是對的。因為「無功德」的行為中，包括「輕人」及只求「福德」的果報，這不能「明心見性」。求「福德」是生死之因，有生即有死；這樣的修行，不能了生脫死之因，「明心見性」才是「功德」。由於成佛的佛種子不在身外，而在於心上，一切善的行為能使自己覺悟成佛，才稱為「功德」。「自性」、「法身」、「自法性」、「佛性」的內涵是相同的，但引申出來就以不同的假名來與法一一相應。由於它們都具一切功德而圓滿無礙。因此，心中的般若無分別智呈現，就能呈現出平等性、正定性等德相，而對外所實踐出來的行為，就能恭敬一切眾生實踐平等性，不偏不倚正定性而不著於一切的境上，這樣的行為稱為「德行」，有「德行」才有「功」，於是合稱為「功德」。

〔註21〕見於《南宗頓教最上大乘摩訶般若波羅蜜經六祖惠能大師於韶州大梵寺施法壇經》，《大正新修大藏經》第 48 卷，T48，NO.2007，日本大正一切經刊行會，1922～1934 年，頁 341 上至中。

　　至於「福田」，這是世間上的眾生，迷於「善有善報」的因果概念之中，誤以為「造寺、布施、供養」就是成佛的手段，其最終目的就只「求善報」，眾生住於「心之相」的一層未至「心之體」的境界，而與「惡」的行為相對，這樣向身外求福報的行為，就造成不同的偏見或邊見，因而出現種種眾生相。眾生只看到「善報」的一面，不見心中種種為「眾生」的虛妄心念，而做出各種的惡行，除了「善報」之外，這樣亦會出現「惡有惡報」的業報。有這樣的偏見或邊見的眾生，不論眾生處於「做善做惡」、「做善不做惡」、「不做善做惡」、「不做善不做惡」的各種情況下，這都是關於「善受報」及「惡受報」的問題〔註22〕，執「我」這個色身以為是真實。求「福田」，即「求福受善報」，就是為了得回報，不論在今生或來生得享「業果」。眾生從「造業」、「受報」、「業果」因果串系中，未能得以解脫。

　　換言之，眾生造業只因一念住於「無明」之中而迷痴，此時般若智無法呈現，使「自性」本有「功德」亦未能如實地顯現。六祖惠能說：「自性虛妄，法身無功德」，就說明了「自性」、「法身」與「功德」三者的關係。當存有偏見或邊見的眾生，即使做了很多或很大的善行，但內心中沒有反省，就無法使般若智起現，而體現「法身」的存在。六祖惠能指出這些所謂「善行」，都只是「無功德」的行為，而梁武帝就是「不識正法」的眾生中一位代表人物而已。或有人說，既然做善行被視為「無功德」，那做惡行是不是也無妨？這種想法，是偏見或邊見，並且起「三毒」之心，與道違背，這一念仍住於「無明」之中。由於般若智的呈現只與正智相應，不與邪智相應。因此，此等眾生亦未得正理，「正法」即是「正理」，亦視為「不識正法」的眾生之一。

　　「正理」就是不偏不倚的道理，即不落於任何偏見或邊見之中的真理。由於眾生只執取不正的道理，卻自視為「正理」。又以這不正的道理而實踐一切的行為，這樣也是「無功德」的行為。「有功德」的行為，就是自性圓滿能體證法身的行為，六祖說：「自修身即功。自修心即德。功德自心作。」

　　同樣地，「在法身非在於福田」一句中，六祖惠能說明「法身」、「自性」、「自法性」及「佛性」不落入因果串連的關係中，「法身」、「自性」、「自法性」及「佛性」都是同一的關係，只是分際不同而名稱不同。因此，「自法性有功德」而「在法身非在福田」，「平直」、「平等」、「真心」全是內心的德性，實踐

〔註22〕參閱陳沛然「善不受報」問題上引申出一連串的因果關係的觀點。《竺道生》，臺北，東大圖書股份有限公司，1988 年，頁 131～138。

出來的行為都是「恭敬」、「不輕視別人」。「念念行平等真（直）心，德即不輕，常行於敬」的「念念」與「行」之間的關係在於「德」，「念念（德）行」從自性真心而起，「常行於敬」就是從「自性起念」即「真如起念」所實踐出來的行為。這樣，「德」就是「自性起念」。

「自修身即功，自修心即德，功德自心作」與「自性」、「真心」、「身」三者的關係以「一德」來貫通，離開「自性」與「真心」所作的行為，不能稱為「功德」，此「色身」只是一實踐「心性起念」的工具，這工具所做的行為依「心性起念」而做的，都稱為「功」。而此「色身」與「心」、「性」的關係相連時，即「三」而為「一」，稱之為「德」。當「外功」與「內德」合併一起看時，就是「功德自心作」，即是功德不離「自性」而說，一離開「自性」而說，就不是「功德」。

「福與功德別」在於「求福」在外而不在內，而「功德」在內而不在外。眾生以求「福田」的妄念，而做出的行為，不論其布施的形式是有形的如「造寺、布施、供養」或是無形的如「法施」，所享的「福報」，都是人天的「福報」。眾生只為「色身」作打算，思量計較，這些行為都是「有為法」，亦同時是「有相」的布施。這種以「求福」作為目標，帶領自己所做的一切行為，都不能與「功德」並稱，「福德」有別於「功德」。「功德」與「求福」之別，就是前者為「無相」的布施以般若無分別智作總指導的原則，實踐心性中的德性是功，能體證自性中具有的德性而言「自法身有功德」。後者就是「有相」的布施，兩者是有分別的，不純粹而心存受福報的布施，無般若智的呈現，心存有分別執著而落入於偏見或邊見之中而「不識正法」，因此「福德與功德別」亦就在於此。

（2）心迷《法華》轉」

又有一僧名法達，常誦《法華經》七年，心迷不知正法之處。經上有疑，大師智惠廣大，願為時疑。

大師言：「法達，法即甚達，汝心不達，經上無癡（疑），汝心自邪，而求正法；吾心正定，即是持經。吾一生已來，不識文字。汝將《法華經》來，對吾讀一遍，吾問（聞）即知。」

法達取經到，對大師讀一遍。六祖問（聞）已，即識佛意，便汝法達說《法華經》。

六祖言：「法達，《法華經》無多語，七卷盡是譬喻內（因）緣。如來廣說三乘，只為世人根鈍；經聞（文）公（分）明，無有餘乘，唯一佛乘。」

大師〔言〕：「法達，汝聽一佛乘，莫求二佛乘，迷卻汝聖（性）。經中何處是一佛乘？汝與說。經云：『諸佛世尊，唯汝（以）一大事因緣故，出現於世。』（已上十六家（字）是正法）。法如何解？此法如何修？汝聽吾說。人心不思，本源空寂，離卻邪見，即一大事因緣。內外不迷，即離兩邊。外迷看相，內迷著空，於相離相，於空離空，即是不空。迷吾（悟）此法，一念心開。出現於世，心開何物？開佛知見。佛猶覺也，分為四門，開覺知見，示覺知見，悟覺知見，入覺知見。開、示、悟、入，上一處入，即覺知見。見自本性，即得出世。……」

大師言：「法達，此是《法達（華）經》一乘法。向下分三。為名（迷）人故，汝但於一佛乘。」

大師言：「法達，心行轉《法華》，不行《法華》轉；心正轉《法華》。心耶（邪）《法華》轉；開佛智（知）見轉《法華》，開眾生智（知）見被《法華》轉。」

大師言：「努力依法修行，即是轉經。」

法達一聞，言下大悟，涕淚悲泣自言：「和尚，實未曾轉《法華》，七年彼《法華》轉。已後轉《法華》，念念修行佛行。」

大師言：「即佛行是佛」其時聽入無不悟者。〔註23〕

六祖惠能以《法華經》〔註24〕中「會三歸一」〔註25〕的內容開示法達和尚。從「心」、「性」兩者的別異關係中，分析為何法達和尚被《法華經》所轉

〔註23〕 見於《南宗頓教最上大乘摩訶般若波羅蜜經六祖惠能大師於韶州大梵寺施法壇經》，《大正新修大藏經》第 48 卷，T48，NO.2007，日本大正一切經刊行會，1922～1934 年，頁 342 下至 343 上。

〔註24〕《妙法蓮華經》，簡稱《法華經》七卷二十八品，六萬九千餘字，收錄於《大正藏》第 9 冊，NO.262，日本大正一切經刊行會，1922～1934 年。

〔註25〕 在《法華經》第三品的〈譬喻品〉中，佛將三界譬喻為火宅，又將「三乘人」即聲聞、緣覺及菩薩比喻為「羊、鹿、牛三車」，而將「一佛乘」喻為「大白牛車」。故以「火宅喻」和「三車一車」來顯示「於一佛乘，分別說三」及「唯有一乘法，無二亦無三」。

的原因，就在於他並未了解「心性」為一的同一關係，亦未能了解《法華經》中會「三乘人」而歸於「一佛乘」的道理。六祖惠能說法此為「一乘法」而「向下分三」的理由，就是把「一」的內容，分別地說為「三」而反映出「心性」的同一關係與別異關係的分別所在。

「心行轉《法華》」的「心行」就是「心性」為同一關係。「不行《法華》轉」的「不行」就是「心」不行而顯示出「心性」的別異關係。何以而知？從以下的句式中，可以分析其「主」「客」對列的格局如下，而了解此「轉」字為一關鍵概念的重要性：

經文內容	主客對列的格局	心與性關係
1.「心行轉《法華》」	具主體性及自主性	心性同一關係
2.「不行《法華》轉」	喪失主體性及自主性	心性別異關係
3.「心正轉《法華》」	以正智發揮其主體性	心性同一關係
4.「心邪《法華》轉」	以邪智遮蔽其主體性	心性別異關係
5.「開佛知見轉《法華》」	「全知之知」以全顯主體性〔註26〕	心性同一關係
6.「開眾生知見《法華》轉」	無「全知之知」而未顯主體性〔註27〕	心性別異關係

「心性」在同一關係時，主體性全幅顯現。當「心」與「性」在別異的關係時，就是喪失主體性而被動於客體之上。自性中所具有的堅定性、清淨性、創造性、自主性、價值性的性質，在此時未能全顯其本質之性，所以「被轉」於客體，這客體就如經文中的《法華經》一樣。法達和尚因「一念」住於《法華》之上，而被「轉」。由於「心」中的「一念」與「邪智」相應而起「妄念」，故主體即被客體所「轉」。此「妄念」就是使主體未能全顯現自主性，就是「妄念覆蓋真如」之時，亦在此時「心」與「性」就存在著別異的關係。

「心」「性」出現別異關係時，要借用「心性」的同一關係，從對比之中分析出來「心性」的別異關係。現從上圖表中，分析出「心」、「性」的別異關係。又顯出「心行轉《法華》」能顯其主體性及自主性，這就是「心性」同一的關係。心「不行《法華》轉」就是心的作用未能完全發揮，因而喪失主體性及自主性，隨客體而轉，這就是「心」「性」的別異關係。

〔註26〕參閱陳沛然《佛家哲理通析》中分析「般若」乃「無知之知」。臺北：東大圖書股份有限公司，1999 年，頁 91。
〔註27〕參閱陳沛然《佛家哲理通析》中分析「般若」乃「無知之知」。臺北：東大圖書股份有限公司，1999 年，頁 91。

從「心」中的「心識」活動中，以「智」的「正」與「邪」所出對列時，亦同時可以分析出「心性」同一關係與「心」「性」的別異關係。「心正轉《法華》」是以心之正智發揮心的作用，關鍵就在於一念「轉」之中，心念從客體而回轉於主體之上，以顯其主體性，而不著於客體的相境上，這就是「心性」同一關係。相反地，「心邪《法華》轉」就是心中的邪智起現時，心生起分別相，而起「妄念」遮蔽其主體性，這就是出現了「心」「性」的別異關係。

唯有突破「以客為主」的被動性，重現「以主為主」的局面，全面掌握生命中的自主性，發揮生命中自性中本有的各項性質，以一顯全顯的格局，以主體為主來面對客體世界，而可以超越主客對列的格局，以見一切法的實相。這突破性的方法，六祖惠能以「開佛知見」的「開」作為「顯」的意義，將「佛知見」的般若智，從主體中發揮出來。因此，「開佛知見轉《法華》」。

「開佛知見轉《法華》」，就是分別以「開示悟入」來顯示「佛知見」具全面性、完整性及圓滿性，這所以為「全知之知」而為「佛智」。「佛」是覺者，具有圓滿性，從圓滿性上言而為「全知」，這是佛的智慧，就是「佛知見」。以「全知之知」的「佛知見」來全顯主體性，就是所謂「以主為主」的情況，這時「心性」為同一關係。

至於「開眾生知見《法華》轉」，就是眾生知見為生命本質上的局部內容，這亦即是說明眾生心性其中一部分的內容，未具全面性、完整性及圓滿性的功用。「眾生」的「知見」為世俗的智慧，原因在於其未全顯其心性中的全部內容，仍為眾生而未能成佛，此為「心」「性」的別異關係。

由此而知，眾生未知其本有「全知之知」而未顯其全面的主體性。反而，以為客體能具有引發起智慧的功能，而未知其本有的生命本質中具有全面的智慧性，客體能奪其主體性，出現「以客為主」的局面。這種所謂以客體所引發起的智慧是外在的，是「有為法」；而「全知之知」是「無為法」，是內在的。

六祖惠能認為要突破這「以客為主」的局面，主體性的位置，「以主為主」的全顯主體性才能重現。這是以「轉」的方法入路，將主客的位置重回正確的位置上。這「轉」就是從「一念」轉而「心開佛知見」。這「轉」就是將「前念」住於「一境」的「一念無明」，在當下中將此念回「轉」而重回於主體之中。沒有這「一轉」，真正的智慧無從啟發而得以開展。

「心迷《法華》轉」、「心悟轉《法華》」的分別在於「心迷」與「心悟」時，主體性被客體所奪，喪失其主體性而說「《法華》轉」。而「心悟」時，主

體重奪其位置，以發揮其主體性，故說「轉《法華》」，就是「以主為主」的精神狀態。由此而明白《法華經》所說的「一佛乘」的真諦。何以「三車為一車」作為「會三乘歸一佛乘」的道理所在？

　　「三乘人」皆以客體的相為主，而忘失其全面的主體性，出現「反客為主」的「心迷」狀態。故此，佛陀以「三車」作為客體的比喻以引導「三乘人」轉念而顯其全面的主體性。「三乘人」全為「一」主體，但對外境各有所執而起分別相而分成「三」，「三車」亦相應分別相而分為「三」。除去一切的分別相，而客體歸主體，即「反客為主」。「會三歸一」在「以主為主」的格局下，得以圓滿地展現，就是頓悟成佛的「一佛乘」，六祖惠能開示法達和尚《法華經》的主旨，亦在於此。

（3）「心不量四等法」〔註28〕

　　　時有一僧名智常，來漕溪山。禮拜和尚，聞（問）四乘法義。智常
　　　聞（問）和尚曰：「佛說三乘，又言最上乘。弟子不解。望為敬（教）
　　　示」。惠能大師曰：「汝自身心見，莫著外法相，元無四乘法。人心
　　　不量四等〔法〕，法有四乘：見聞讀誦是小乘，悟解義是中乘，衣（依）
　　　法修行是大乘，萬法盡通、萬幸（行）俱備。一切無離〔性〕。但離

〔註28〕按語：以「心不量四等法」為小標題，分析佛教的「三乘法」與「人心」的關係，參閱《南宗頓教最上大乘摩訶般若波羅蜜經六祖惠能大師於韶州大梵寺施法壇經》，《大正新修大藏經》第48卷，T48，NO.2007，日本大正一切經刊行會，1922～1934年，頁343上。再以周紹良的《敦煌寫本〈壇經〉原本》校正本作為引文，方便讀者閱讀，但在此段的校正文本上，因其選用敦煌博物館○七七號冊子，（其書影印原文見於頁95），即此書校正本的頁155，「元無四乘法，人心量四等。法有四乘...」與以《大正藏》T48，NO.2007，頁343上，出現差異，原文為「元無四乘法，人心不量四等法有四乘。...」（此經文亦見於頁50）。再參閱郭朋分別在《壇經對勘》、《壇經校釋》、《壇經導讀》三書中作對照，在《壇經對勘》頁115，法海本（四三）中引文「時有一僧名智常，來曹溪山，禮拜和尚，聞（問）四乘教義。」應為「四乘法義」，在其後在《壇經校釋》、《壇經導讀》中已修正為「四乘法義」。在「人心不量四等法」或是「人心量四等，法有四乘」上，郭朋所校正為「元無四乘法，人心不量四，等法有四乘...」（分別見於《壇經對勘》頁115、《壇經校釋》頁88、《壇經導讀》頁164，在後二者的註釋中，郭朋加以註明，各《壇經》的版本上的差異。）在前賢們校對的成果上，再對照經中文理，而綜合為一「心不量四等法」為小標題，而在此部分的引文在則引用郭朋的《壇經校釋》頁87～88的校正部分，此校正部分與本論文有相合之處所以引用之並在引文中加了「法」、「性」及「義」字，以括弧以作識別，再加以論述，以便讀者參考及加以指正。

法相、作無所德（得），是最上乘，乘是最上行。義不在口諍，汝須
自修，莫問悟（吾）也。」〔註29〕

智常和尚問「四乘法義」的內容，所指就是「見聞讀誦」為小乘人，即是
「聲聞乘」。「悟解義」為中乘人，即是「緣覺乘」。「依法修行」是大乘人，即
「菩薩乘」。問題是在於「最上乘」的「法」上而言。六祖惠能開示說，佛說
「三乘法」，開示「小」、「中」、「大」三乘根器的眾生。「三乘法」與「四乘法」
兩者之別在於「如何處理最上乘」的問題。其實，問題在於「汝自身心見，莫
著外法相，元無四乘法。人心不量四等，法有四乘」的所執法相之上。

「汝自身心見」與「莫著外法相」，就是「三乘人」不能自見身心中的本
性而「外著」於「法相」。世上只有「三乘人」配上「三乘法」。無「四乘人」
與「四乘法」相配量，即所謂「元無四乘法」，只因「人心不量四等法」而無
「有四乘」法作為對等。

這「三乘法」與「最上乘法」的關係在於「一切無離（性）」，「但離法相」，
就能了解自悟「三乘法」與「最上乘法」的關係，皆不離本心自性之上。一旦
離「性」，就出現分別心而呈現了種種的分別相，這些分別相為「法相」。「但
離法相」，即「一切法無離性」。「但離法相」就無分別相，一切法相皆回歸於
自性之中。心起「法相」的種種分別相時，以「三乘法」的「法相」為「三」，
或是以「四乘法」的「法相」為「四」，但修行的目標在於「見性」。因而，世
人只有「三乘人」，以「三乘法」收攝於「心性」上而言為「一」，這「一」就
是「最上乘」的法。換言之，佛所言的「三乘」以「心性」攝之而為「一」，
就是「會三歸一」而並沒有「四乘法義」。六祖惠能說：「元無四乘法義」的原
意，就在了悟「會三歸一」之理後，而能自通此意。

最後，「三乘法」的法相就是性相而「作無所得，是最上乘。最上乘是最
上行。」「三乘人」以為「有所得」在於「外著法相」，「悟者」自證「無所得」
就是「汝自身心見」之「開佛知見」，這就是「見性」。「見性」之後而知「無
所得」。「見性」為一切修行的「最上乘」法，就是「一佛乘」。這「最上乘」
亦即是「最上行」，以此為最無上的修行法門。

〔註29〕見於《南宗頓教最上大乘摩訶般若波羅蜜經六祖惠能大師於韶州大梵寺施法
壇經》，《大正新修大藏經》第 48 卷，T48，NO.2007，日本大正一切經刊行會，
1922～1934 年，頁 343 上。

（4）「法即付了，汝不須問」

眾僧既聞，識大師意，更不敢諍，依法修行。一時禮拜，即之（知）
大師不求住世。上座法海向前言：「大師，大師去後，衣法當付何
人？」

大師言：「法即付了，汝不須問。吾滅後二十餘年，邪法遼亂，惑我
宗旨。有人出來。不惜身命，弟（定）佛教是非，豎立宗旨，即是吾
正法。衣不合轉。汝不信，吾與誦先代《五祖傳衣付法誦（頌）》。」
〔註30〕

法海為六祖惠能的十大弟子，每次六祖惠能說法都在旁聽法，並且筆錄記
下六祖惠能說法的內容，才有現存的敦煌本《六祖壇經》，這就是法海所筆錄
下來的課堂筆記，法海問六祖惠能「衣法當付何人？」六祖惠能說：「法即付
了」而不言「衣」。這裡所處理的問題為以「心」傳「法」而不是「傳位」的
問題。「心迷」的眾生以為「傳法」有一定的「相」來傳授，而不知道「法即
付了」與「從上已來默然而付於法」〔註31〕，就是五祖弘忍當日所說的「法以
心傳心」的關鍵所在。「悟者」以「心」傳「法」，所以六祖惠能說：「法即付
了」，而「迷人」不悟，一問就表明他是不悟的「迷人」。因此，法海亦是「心
迷」而不知「法」應如可得，〔註32〕才問六祖惠能「衣法當付何人？」

〔註30〕見於《南宗頓教最上大乘摩訶般若波羅蜜經六祖惠能大師於韶州大梵寺施法
壇經》，《大正新修大藏經》第48卷，T48，NO.2007，日本大正一切經刊行會，
1922～1934年，頁344上。

〔註31〕參閱《南宗頓教最上大乘摩訶般若波羅蜜經六祖惠能大師於韶州大梵寺施法
壇經》，《大正新修大藏經》第48卷，T48，NO.2007，日本大正一切經刊行會，
1922～1934年，頁340下至341上。

〔註32〕參閱唐君毅對禪宗「傳法」的「以心傳心」看法為「各自之默證」，「所謂『兩
個泥牛鬥入海，直到而今無消息』。此則應說為中國後之禪宗之所獨。依此以
言禪宗之悟道之道，當說不在說者，亦不在聞者，不在師，亦不在徒；亦不在
說者聞者、或師徒相對時所共在之情境，或山河大地；而在三者之通流之際。
此則賴于說者、聞者，皆不住於所說所聞之義理或法，而恆將此所說所聞，收
歸各自之默證，而亦互證其所默證，于互不見更有轉念擬議之處。此蓋即惠能
壇經所謂『心不住法，道即通流』之旨。此通流，蓋尚非只如吾于原性篇所言
之通流于聞者或說者之心間，亦通流于此心與其身所在之情境或山河大地間，
然後可說為以心傳心，而亦『無心為道』，以上契迦葉于靈山會上之默然無語，
而自拈花微笑之旨也。默然無語，自證『即心是佛』之事。花則猶山河大地，
笑則對佛而笑。道通流于其間，則亦『不是心、不是佛、不是物』（南泉語）
也。」，《中國哲學原論·原道篇（三）》，臺北：臺灣學生書局，1991年，頁
364。

這是說，「心」與「法」的關係，在於「心迷」就「不悟」正法，「心悟」而「不迷」就能悟「法」。「心」代表主體，而「衣」為客體，「法」只在「主體」與「主體」兩者之間而互相啟動心中的般若智，即所謂「以心傳心」。此「法」在於一轉念而得，而不在於「衣」這客體之上。六祖惠能只以「法」回應法海之提問，而不回應這「衣」此身外之物，就顯明「法」是「心」傳，禪宗的「傳承」亦在於此，故六祖惠能以後，「衣」亦不傳，並以初祖至六祖的偈文作為引證，望「求法者」莫錯用心神。

3.「一念」轉而「心悟」

以「一念」轉而使般若智顯現的竅門，在於「心開悟入」，而自證真如自性。在敦煌本《六祖壇經》中把這竅門，分為四個層序，以四為一，此一為「心開」。唐君毅先生認為禪宗所說的「一念相應」而「正覺」，這不可以在思維概念上完全理解箇中的理論，他說：「禪者言匹夫頓登輔，一念相應，便成正覺，此不可思議之事。」〔註33〕唐先生言下之意，按佛教中有八萬四千法門，不論修任何宗派，以禪宗而言，「一念相應」證入自性真如為最重要頓悟法門。「心開悟入」的內文如下：

> 能得衣法，三更發去。五祖自送能於九江驛，登時便〔別〕。悟（五）
> 祖處分：「汝去努力！將法向南，三年勿弘此法。難去在後，弘化善
> 誘迷人。若得心開，與悟無別。」辭違已了，便發向南。〔註34〕
>
> 兩月中間，至大庚（庾）嶺。不知向後有數百人來，欲擬頭（捉）惠
> 能，奪於法。來至半路，盡總卻迴。唯有一僧，姓陳名惠順，先是
> 三品將軍，性行麁惡，直至嶺上，來趁犯著。惠能即還法衣。又不
> 肯取。「我故遠來求法，不要其衣。」能於嶺上便傳法惠順。惠順得
> 聞，言下心開。能使惠順即卻向北化人。〔註35〕
>
> 若大乘者，聞說《金剛經》，心開悟解。故知本性自有般若之智，自

〔註33〕參閱唐君毅，《中國哲學原論·導論篇》，臺北，臺灣學生書局，1991年，頁240。

〔註34〕見於《南宗頓教最上大乘摩訶般若波羅蜜經六祖惠能大師於韶州大梵寺施法壇經》，《大正新修大藏經》第48卷，T48，NO.2007，日本大正一切經刊行會，1922～1934年，頁338上。

〔註35〕見於《南宗頓教最上大乘摩訶般若波羅蜜經六祖惠能大師於韶州大梵寺施法壇經》，《大正新修大藏經》第48卷，T48，NO.2007，日本大正一切經刊行會，1922～1934年，頁338上。

　　用知（智）惠觀照，不假文字。譬如其雨水，不從無有，元是龍王
　　於江海中，將身引此水，令一切眾生，一切草木，一切有情無情，
　　悉皆像（蒙）潤。諸水眾流，卻入大海，海納眾水，合為一體。眾生
　　本性般若之智，亦復如是。〔註36〕

　　問迷人於智者，智人與愚人說法，令使愚者悟解心開，迷人若悟心
　　開，與大智人無別。〔註37〕

　　從上而知，「一念」與「心開」的關係在於「若得心開」、「言下心開」、
「迷人若悟心開」、「迷人悟解心開」的「心開」後，就出現頓悟的境界，這
境界「與悟無別」、「與大智人無別」、「即是大智人」，並且可以「向北化人」
作為「法以心傳心」的證明。「一念心開」使「迷人」成為「大智人」，領悟
此方法論之後，亦可以即時化導未悟的眾生。

　　此「心開」是指甚麼呢？為何「心開」能使「迷人」使成「大智人」呢？

　　六祖惠能曰：「……迷吾（悟）此法，一念心開。出現於世，心開何
　　物？開佛知見。佛猶如覺也，分為四門，開覺知見，示覺知見，悟
　　覺知見，入覺知見。開、示、悟、入，上一處入，即覺知見。見自本
　　性，即得出世。」〔註38〕

　　六祖惠能所說「心開」，「開」就是提起本有覺性而言「開佛知見」。佛的
本性，可從四個層序而內證入，就是「開」、「示」、「悟」、「入」，分為四而實
歸一而攝於本心之上，只是將向外的心，全回歸於一念之中，而在自心中自證
真如本性。

　　換言之，即是將向外的心，反歸向內，此為「開」的第一步，用牟宗三先
生的常用語，就是以漫畫式的語言而表述之〔註39〕，這第一步「開」等同於當

〔註36〕見於《南宗頓教最上大乘摩訶般若波羅蜜經六祖惠能大師於韶州大梵寺施法
　　　　壇經》，《大正新修大藏經》第48卷，T48，NO.2007，日本大正一切經刊行會，
　　　　1922～1934年，頁340中。
〔註37〕見於《南宗頓教最上大乘摩訶般若波羅蜜經六祖惠能大師於韶州大梵寺施法
　　　　壇經》，《大正新修大藏經》第48卷，T48，NO.2007，日本大正一切經刊行會，
　　　　1922～1934年，頁340中。
〔註38〕見於《南宗頓教最上大乘摩訶般若波羅蜜經六祖惠能大師於韶州大梵寺施法
　　　　壇經》，《大正新修大藏經》第48卷，T48，NO.2007，日本大正一切經刊行會，
　　　　1922～1934年，頁342下。
〔註39〕參閱牟宗三：「然則如可了解『何期自性能生萬法』？此語不可看成是直述的
　　　　指謂語，乃是本『以有空義故，一切法得成』而來的漫畫式的方便語。」《佛
　　　　性與般若》下冊，臺北，臺灣學生書局，2004年，頁1051。

下一念回轉之剎那,此心門頓時打開即迎而入之,而把此回轉的一念從內融攝之,即是所謂「示悟」以表述之,其中沒有任何形相及任何概念,但六祖惠能以「上一處入」「即覺知見」作出提示,從左右相對而超越相對而言,即是向上一翻。由此而知,即「上一處」而「入」,即是從下面的一層經驗層向上一翻,而消融一切相對的分別相,而從「上一處」即是從「經驗層」翻上「實相層」即「覺知見」,從實相層上而「見自本性」,即得出世。此出世就是在實相層上而言,而相對於經驗層來說的出世。入世、出世之別只在於一念而回轉之別,而實際上不是言有形相的出家修行或是在家修行的方式。

> 大師言:「善知識,若欲修行,在家亦得,不由在寺。在寺不修,如西方心惡之人;在家若修行,如東方人修善。但願自家修清淨,即是惡(西)方。」〔註40〕

> 六祖言:「惠能與使君移西方剎那,問曰:『前便見,使君願見否?』」

> 使君禮拜:「若此得見,何須往生。願和尚慈悲,為現西方,大善!」

> 大師言:「唐(當)見西方無疑,即散。」

> 大眾愕然,莫知何是〔事〕。〔註41〕

從「覺知見」的論點而言,六祖惠能說:「在家修行」即世間修行與「在寺修行」即在出間修行,兩者皆無分別,而凡夫以為有別在於未起「覺知見」。再而推論之,六祖惠能所謂「西方」即在於當下的一念回轉,而不在於任何地域及形式上的限制,自性如如的呈現。

六祖惠能所謂「目前便見」,「西方剎那」即在「目前」的當下,這便是「西方淨土」,即是在世間而見「佛土」。於當下的一念回轉,而從「開示悟入」的四個層序上,亦可簡化之為「開上入」的三層序而「覺知見」。從「覺知見」的實相層上而見「西方淨土」,即在世間而言,亦即在「目前」之意。

總括言之,從一門而入而收攝「四門」於心地上,以「四門」為一,此一覺而「道即通流」。一門深入而圓通各門,無分別而顯整全為一。覺性在心地

〔註40〕 見於《南宗頓教最上大乘摩訶般若波羅蜜經六祖惠能大師於韶州大梵寺施法壇經》,《大正新修大藏經》第48卷,T48,NO.2007,日本大正一切經刊行會,1922～1934年,頁341下。

〔註41〕 見於《南宗頓教最上大乘摩訶般若波羅蜜經六祖惠能大師於韶州大梵寺施法壇經》,《大正新修大藏經》第48卷,T48,NO.2007,日本大正一切經刊行會,1922～1934年,頁341中。

上開顯，離開心地，無從顯示此覺性。因此，六祖惠能曰：「法達，吾常願一切世人，心地常自開佛知見，莫開眾生知見。」〔註42〕

據上而言，「眾生知見」亦是在心地上出現，但其性質不同，這「眾生知見」是虛妄不實，不與般若智相應，只開邪見，沒有般若智呈現。原因般若智只與正智相應，而邪智即是邊見，這是單邊的，而不是四面圓通的「佛知見」。相對「眾生知見」而言，「佛知見」是實而不虛，空而不空，圓通無礙的「覺知見」，能證入真如本性之中。

何以知道「一念心開」回轉於自性與「開佛知見」即等同於「心悟」呢？在於「開佛知見轉《法華》」〔註43〕，這「轉」字就一念回轉主體收攝於心性之上，不以客體《法華》為主，反客為主的格局，在此即是「開佛知見」，與此同時，亦知道「心正」即是「開佛知見」，因為「心正轉《法華》」〔註44〕與「開佛知見轉《法華》」具相同的意思及相同的性質。簡言之，從「心正」的「一念」證入必能「開佛知見」。

由此而知，「心正」才能使「四門」的開示悟入的方向及內容相同，不偏不倚，為之中道，而平等無分別心為般若智。這樣就更容易了解，「眾生知見」只是邊見的原因，由於眾生常存分別心，心邪執著，而佛無分別一切法而圓融一切法而「道即通流」。在心地上，皆能開「眾生知見」與「佛知見」，但兩者的性質上是相異的。

至於「心悟」與「心開」具有相同性及有相同的內容，何以得知？或可從以下的文字而推證：

善知識！遇悟成智。〔註45〕

〔註42〕參閱《南宗頓教最上大乘摩訶般若波羅蜜經六祖惠能大師於韶州大梵寺施法壇經》，《大正新修大藏經》第 48 卷，T48，NO.2007，日本大正一切經刊行會，1922～1934 年，頁 342 下。

〔註43〕參閱《南宗頓教最上大乘摩訶般若波羅蜜經六祖惠能大師於韶州大梵寺施法壇經》，《大正新修大藏經》第 48 卷，T48，NO.2007，日本大正一切經刊行會，1922～1934 年，頁 343 上。

〔註44〕參閱《南宗頓教最上大乘摩訶般若波羅蜜經六祖惠能大師於韶州大梵寺施法壇經》，《大正新修大藏經》第 48 卷，T48，NO.2007，日本大正一切經刊行會，1922～1934 年，頁 343 上。

〔註45〕見於《南宗頓教最上大乘摩訶般若波羅蜜經六祖惠能大師於韶州大梵寺施法壇經》，《大正新修大藏經》第 48 卷，T48，NO.2007，日本大正一切經刊行會，1922～1934 年，頁 338 中。

以心悟自見，依法修行。〔註46〕

悟者即見。〔註47〕

從上而知，「心悟」之「悟」與「開示悟入」的「所悟」的內容相同，而當中亦與「心正」存在著相同的性質。換言之，這「悟」亦是「開佛知見」的意思。「悟者即見（佛）」，而「佛」與「覺」的意思等同。所以，「心悟自見」即是「自見佛」、「自見覺性」，就以此「佛性」、「覺性」作為修行的依據。同時，「遇悟成智」，即表明「悟」、「覺」、「佛」及「智」在性質上亦具一致性。

惠能大師於大梵寺講堂中，昇高座，說《摩訶般若波羅蜜法》，受（授）無相戒。其時座下僧尼道俗一萬餘人，韶州刺史等據及諸官寮三十餘人、儒士餘人，同請大師說《摩訶般若波羅蜜法》。刺史遂令門人僧法海集記，流行後代，與學道者承此宗旨，遞相傳授，有所於約，以為稟承，說此《壇經》。

能大師言：「善知識，淨心念《摩訶般若波羅蜜法》。大師不語，自淨心神良久乃言：『善知識淨聽……』」〔註48〕

大師遂喚門人法海、志誠、法達、智常、志通、志徹、志道、法珍、法如、神會。大師言：「汝等拾弟子近前。汝等不同餘人。吾滅度後，汝各為一方頭。

吾教汝說法，不失本宗。舉〔三〕科法門，動三十六對，出沒即離兩邊。說一切法，莫離於性相。若有人問法，出語盡雙，皆取法對，來去相因。究竟二法盡除，更無去處。〔註49〕

眾僧既聞，識大師意，更不敢諍。依法修行。一時禮拜，即之（知）

〔註46〕見於《南宗頓教最上大乘摩訶般若波羅蜜經六祖惠能大師於韶州大梵寺施法壇經》，《大正新修大藏經》第48卷，T48，NO.2007，日本大正一切經刊行會，1922～1934年，頁343上。

〔註47〕見於《南宗頓教最上大乘摩訶般若波羅蜜經六祖惠能大師於韶州大梵寺施法壇經》，《大正新修大藏經》第48卷，T48，NO.2007，日本大正一切經刊行會，1922～1934年，頁344下。

〔註48〕見於《南宗頓教最上大乘摩訶般若波羅蜜經六祖惠能大師於韶州大梵寺施法壇經》，《大正新修大藏經》第48卷，T48，NO.2007，日本大正一切經刊行會，1922～1934年，頁337上。

〔註49〕見於《南宗頓教最上大乘摩訶般若波羅蜜經六祖惠能大師於韶州大梵寺施法壇經》，《大正新修大藏經》第48卷，T48，NO.2007，日本大正一切經刊行會，1922～1934年，頁343中。

大師不求住世。上座法海向前言：「大師，大師去後，衣法當付何
人？」

大師言：「法即付了，汝不須問。吾滅後二十餘年，邪法遼（繚）
亂，惑我宗旨。有人出來，不惜身命，弟（定）佛教是非，豎立宗
旨，即是吾正法。衣不合轉。汝不信，吾與誦先代《五祖傳衣付法
誦（頌）》。」〔註50〕

法海又白：「大師今去，留付何法？今後代人如何見佛？」

六祖言：「汝聽，後代迷人但識眾生，即能見佛；若不識眾生覓佛，
萬劫不得見也。五（吾）今教汝識眾生見佛，更留《見真佛解脫
頌》……」〔註51〕

法海願聞，代代流傳，世世不絕。

六祖言：「汝聽，吾汝與說。後代世人，若欲覓佛，但識佛心，眾生
即能識佛。即像有眾，離眾生無佛心。」〔註52〕

此《壇經》，法海上座集。上座無常，付同學道漈；道漈無常，付門
人悟真；悟真在嶺南溪漕山法興寺，見（現）今傳受此法。如付此
法，須德（得）上恨（根）知心信佛法，立大悲持此經，以為衣承，
於今不絕。〔註53〕

「迷」與「悟」不在於修行時間上的長短，亦不在於大善知識住世與否，
或是身處的空間「在家」或是「出家」，而是在一心是否能證入真如。「迷悟」
的關係只在於剎那一念而具轉變性。法海作為六祖惠能的弟子，他記錄六祖惠
能在大梵寺所說的《摩訶般若波羅蜜法》，已經在六祖惠能身旁，直至六祖惠

〔註50〕見於《南宗頓教最上大乘摩訶般若波羅蜜經六祖惠能大師於韶州大梵寺施法
壇經》，《大正新修大藏經》第 48 卷，T48，NO.2007，日本大正一切經刊行會，
1922～1934 年，頁 344 上。

〔註51〕見於《南宗頓教最上大乘摩訶般若波羅蜜經六祖惠能大師於韶州大梵寺施法
壇經》，《大正新修大藏經》第 48 卷，T48，NO.2007，日本大正一切經刊行會，
1922～1934 年，頁 344 下。

〔註52〕見於《南宗頓教最上大乘摩訶般若波羅蜜經六祖惠能大師於韶州大梵寺施法
壇經》，《大正新修大藏經》第 48 卷，T48，NO.2007，日本大正一切經刊行會，
1922～1934 年，頁 344 下。

〔註53〕見於《南宗頓教最上大乘摩訶般若波羅蜜經六祖惠能大師於韶州大梵寺施法
壇經》，《大正新修大藏經》第 48 卷，T48，NO.2007，日本大正一切經刊行會，
1922～1934 年，頁 345 中。

能圓寂前，仍然不離左右。可是，這不等於他能盡得六祖惠能的真傳，原因「法」只是「以心傳心」，只在口傳而心自印證，在「覺佛知見」上才能頓悟「以心傳心」的法門。

何以得知？原因在於法海問「大師今去，留付何法？今後代人如何見佛？」而六祖惠能回應是「但識眾生，即能見佛」，言下之意，就是要透過眾生「開佛知見」來見佛，並且六祖惠能說：《摩訶般若波羅蜜法》已經留給世人最上乘的方法論，如明白此方法論，即能自證真如。六祖惠能再說：「法即付了，汝不須問」，既然已經講了，而心不相應此法，不須多問，正好引證了六祖惠能當日呈心偈時而說的「呈自本心。不識本心，學法無益；識心見性，即吾大意。」〔註54〕，此為悟法的關鍵，不容忽視，此為「心法」的方法論。

六祖惠能是「覺者」，當然明白「迷者」的「迷」在於執取外相，而心被外相所困擾，因此「內亂」而不自見本性。由於法海當時還「未悟」，六祖明白他不相信「法即付了」，更不相信「衣不合傳」的道理何在。世人只看外相以為「取衣」即「得法」。因此，五祖弘忍傳法於六祖惠能時，了解眾生不明一大事因緣的道理，亦不明白「法」是「以心傳心」，不假外求而得。可是，眾生未悟箇中道理而「開眾生知見」，六祖惠能得「衣」、「法」之後，即時「命如懸絲」，眾生以為「法」是可以爭奪而得，這「諍」不論「身諍」、「心諍」或是「口諍」，都是未悟如何「開佛知見」的眾生，這些眾生皆不見自性具有般若智而起分別相。

二、智論

（一）「菩提般若本有論」

1. 何謂「般若」〔註55〕？

〔註54〕 參閱《南宗頓教最上大乘摩訶般若波羅蜜經六祖惠能大師於韶州大梵寺施法壇經》，《大正新修大藏經》第 48 卷，T48，NO.2007，日本大正一切經刊行會，1922～1934 年，頁 338 上。

〔註55〕 參閱牟宗三：「般若本來是一種呈現，是無法用概念來說明的，所以佛用非分別的方式，將般若智慧呈現出來，此與莊子所用的方式差不多。假定我們問：什麼是般若？佛在般若經中並不從『是什麼』（what）的立場來回答，他是用辯證的詭辭方式來表示，所以經云：『佛說般若波羅蜜，即非波若波羅蜜，是名般若波羅蜜。』，這個方式，不是分解的方式，而是一種否定的展示。這種表示法，即是辯證的詭辭；而這種詭辭即指示我們，般若是我們真實生命中的智慧，它必須從主體方面，通過存在的實感而被呈現或被展示，這是不能用語言或概念加以分析的。因為，假定告訴我們什麼是般若，那麼般若只是一個概

敦煌本《六祖壇經》中對於「般若」這一概念，有以下的經文作為解釋，現分列及分析如下。

「大善知識」就是心中的「般若智」，而「開佛知見」成就一大事因緣。而此「般若智」又是怎樣的呢？此「般若智」與「見性成佛」有甚麼關係？這兩者的關係所處理的，又是甚麼的問題呢？

> 何名般若？般若是智惠（慧），一〔切〕時中念念不愚，常行智惠（慧）
> 即名般若行。〔註56〕
>
> 我修般若無形相，智惠（慧），性即是。〔註57〕
>
> 一切經書及文字，小大二乘十二部經，皆因〔人〕置，因智惠（慧），
> 性故，故然能建立我。〔註58〕
>
> 般若之智，亦無大小。為一切眾生自有。〔註59〕
>
> 悟此法者。悟般若法。修般若行。〔註60〕

念，而順著這個概念，我們很容易的就會執著這個概念，而想入非非。一旦落入執著、妄想，般若智慧就永遠無法展現。」，《中國哲學十九講》，臺北，臺灣學生書局 1997 年，頁 356。

又參閱牟宗三：「佛教說般若有種種名詞：實相般若、文字般若、還有觀照般若，這都是一個般若。般若代表佛教說的智慧，所以說般若智。佛教說般若智，道家說玄智，道家玄智的意思跟佛教般若智意思不一樣，盡管智表現的模式一樣，因為般若的意思是要見空，把自性空掉，道家沒有這個意思，道家的智慧從有、無顯，有、無是道的雙重性。儒家也講智，智的表現模式一樣，上帝表現智即神智，也當該是這樣，但是內容不一樣，教路不同。」，《四因說演講錄》，上海，上海古籍出版社，1998 年，頁 150。

〔註56〕見於《南宗頓教最上大乘摩訶般若波羅蜜經六祖惠能大師於韶州大梵寺施法壇經》，《大正新修大藏經》第 48 卷，T48，NO.2007，日本大正一切經刊行會，1922～1934 年，頁 340 上。

〔註57〕見於《南宗頓教最上大乘摩訶般若波羅蜜經六祖惠能大師於韶州大梵寺施法壇經》，《大正新修大藏經》第 48 卷，T48，NO.2007，日本大正一切經刊行會，1922～1934 年，頁 340 上。

〔註58〕見於《南宗頓教最上大乘摩訶般若波羅蜜經六祖惠能大師於韶州大梵寺施法壇經》，《大正新修大藏經》第 48 卷，T48，NO.2007，日本大正一切經刊行會，1922～1934 年，頁 340 中。

〔註59〕見於《南宗頓教最上大乘摩訶般若波羅蜜經六祖惠能大師於韶州大梵寺施法壇經》，《大正新修大藏經》第 48 卷，T48，NO.2007，日本大正一切經刊行會，1922～1934 年，頁 340 中。

〔註60〕見於《南宗頓教最上大乘摩訶般若波羅蜜經六祖惠能大師於韶州大梵寺施法壇經》，《大正新修大藏經》第 48 卷，T48，NO.2007，日本大正一切經刊行會，1922～1934 年，頁 340 上。

悟此法者。即是無念無億（憶）無著。〔註61〕

「般若」是甚麼意思？敦煌本《六祖壇經》云：「般若」即是「智惠（慧）」。「智惠（慧）」即是「性」。「般若行」〔註62〕即是般若智慧的呈現，而其功用在於「蕩相遣執」〔註63〕之妙用與具「融通淘汰」〔註64〕的精神。因此，「修般若行」即是「無念、無億（憶）、無著」〔註65〕與南禪的精神「無念為宗」、「無相為體」、「無住為本」〔註66〕貫通了整本敦煌本《六祖壇經》。「般若智」是無分別的，不起二相，即是一相，亦即是「無相」，這就是本性中所具的智慧。

「無念」於念而無念而不住於一切法之上。當中運用般若智的方法，即是以「不取不捨」一切法而具足一切法。因此，般若智與南禪的精神圓融相即，並且實踐於修行的工夫之上。唐君毅先生引用《大智度論》中的「般若」是「諸佛母」，而「般若」之母，為大悲心，他因而認為「般若」與「大悲心」是「佛之立根不可拔者」，是成佛的關鍵。〔註67〕

〔註61〕見於《南宗頓教最上大乘摩訶般若波羅蜜經六祖惠能大師於韶州大梵寺施法壇經》，《大正新修大藏經》第 48 卷，T48，NO.2007，日本大正一切經刊行會，1922～1934 年，頁 340 上。

〔註62〕參閱霍韜晦：「『般若行』的鍛鍊工夫如何進行？六祖根據自己的開悟經驗，教大家持誦《金剛經》。若善持誦《金剛經》，即是見性。」，《六祖壇經》，香港，法住出版社，2003 年，頁 180～181。

〔註63〕參閱牟宗三：《佛性與般若》上冊，臺北，臺灣學生書局，2004 年，頁 3。

〔註64〕參閱牟宗三：《佛性與般若》上冊，臺北，臺灣學生書局，2004 年，頁 11。

〔註65〕參閱《南宗頓教最上大乘摩訶般若波羅蜜經六祖惠能大師於韶州大梵寺施法壇經》，《大正新修大藏經》第 48 卷，T48，NO.2007，日本大正一切經刊行會，1922～1934 年，頁 340 上。

〔註66〕參閱《南宗頓教最上大乘摩訶般若波羅蜜經六祖惠能大師於韶州大梵寺施法壇經》，《大正新修大藏經》第 48 卷，T48，NO.2007，日本大正一切經刊行會，1922～1934 年，頁 338 下。

〔註67〕參閱唐君毅：「吾意佛家之根本精神，在對有情之生命心靈中之苦痛、染污、迷妄、罪惡等，一切負價值之事物，原于生命心靈之自覺或不自覺之執著，封閉者，最能認識真切，而于此動大悲願，求加以超化解脫之道。佛家以般若證空，是為成就此超化解脫。龍樹《大智度論》卷二十，謂般若為諸佛母，大悲為般若母，諸佛之祖母。歐陽竟無先生定悲為支那內學院校訓。其旨最弘深，世莫能及。又佛家深信生命心靈之存在與活動，不限于當生，而有無盡之前程，在凡則業力不失，在聖則功德無盡。……此即佛之立根處不可拔者也。」，《中國哲學原論‧原道篇（三）》，臺北，臺灣學生書局，1991 年，頁 419。又曰：「般若波羅密，譬如大火炎，四邊不可取」（智論十八）是也。然此般若正為諸佛母。至於人之學般若，則其初步，當於其次第知之──一一法，一一順之

> 善知識！我此法門從八萬四千智惠（慧）。何以故？為世有八萬四千
> 塵勞。若無塵勞，般若常在，不離自性。〔註68〕

「智慧」與「塵勞」兩者的關係，修般若智作為法門，能消除一切煩惱執取。「八萬四千智惠（慧）」與「八萬四千塵勞」相對來說，由於般若智無分別相，不起塵勞相，不染一切相而「無塵勞」。當般若智呈現時，證入真如本性，而自證「般若常在而不離自性」。自性中本具般若智，當般若智呈現，而證本性清淨無染，兩者關係為「體一不二」。換言之，此「般若智」與「見性成佛」兩者具有必然的關係。由此而知，兩者的關係所處理的問題，就是如何自證自悟本性中具有「成佛的內在根據」。

2.「菩提般若本有論」

世人在未悟之時，無法自證體悟本有「成佛的內在根據」，使成佛的可能性、先驗性、平等性未能得以確立。由於眾生「自性邪迷」，亦未悟「自性」中具有的生命智慧，這智慧名之為「般若」。若能了解「般若」為生命的智慧，亦相信本性具有菩提般若之智，「頓悟成佛」的說法，才可能成立。現將敦煌本《六祖壇經》中對「菩提般若本有論」的經文，引述如下，並加以分析：

> 五祖忽於一日喚門人盡來。門人集記（已），五祖曰：「吾向汝說，
> 世人生死事大。汝等門人終日供養，只求福田，不求出離生死苦海。
> 汝等自姓（性）迷，福門何可求汝，汝惣且歸房，自看有知（智）惠
> （慧）者，自取本姓（性）般若知（智）之，各作一偈呈吾。吾看汝
> 偈，若吾（悟）大意者，付汝衣法，稟為六代。火急急！」〔註69〕
>
> 惠能大師喚言：「善知識，菩提般若之知（智），世人本自有之，即
> 緣心迷，不能自悟。」〔註70〕

而觀其緣生相、空亦空相、無自性相等。」，《中國哲學原論·原性篇》，臺北，臺灣學生書局，1991年，頁206。

〔註68〕見於《南宗頓教最上大乘摩訶般若波羅蜜經六祖惠能大師於韶州大梵寺施法壇經》，《大正新修大藏經》第48卷，T48，NO.2007，日本大正一切經刊行會，1922～1934年，頁340上。

〔註69〕見於《南宗頓教最上大乘摩訶般若波羅蜜經六祖惠能大師於韶州大梵寺施法壇經》，《大正新修大藏經》第48卷，T48，NO.2007，日本大正一切經刊行會，1922～1934年，頁337中。

〔註70〕見於《南宗頓教最上大乘摩訶般若波羅蜜經六祖惠能大師於韶州大梵寺施法壇經》，《大正新修大藏經》第48卷，T48，NO.2007，日本大正一切經刊行會，1922～1934年，頁338中。

若大乘者，聞說《金剛經》，心開悟解。故知本性自有般若之智，自用知（智）惠（慧）觀照，不假文字。譬如其雨水，不從無有。元是龍王於江海中，將身引此水，令一切眾生，一切草木，一切有情無情，悉皆像（蒙）潤。諸水眾流，卻入大海，海納眾水，合為一體。眾生本性般若之智，亦復如是。〔註71〕

「內善知識」、「外善知識」及「大善知識」都是為眾生說法而安立的「假名」，作為一個方便法門。由於般若之智是沒有形相的，所以亦無「大」「小」的分別，而成「大般若智」與「小般若智」，也即是沒有分為「大善知識」或是「小善知識」之相。世人心中本具有般若智，只因為「心迷」而無法呈現，「覺者」們以經典或是「善知識」作為啟導者，使眾生自悟本有的般若智。如果眾生本性沒有般若之智，成佛的力量就變成外在的，而不是內在的。沒有「本性自有般若之智」，一切要待因緣成熟，禪宗所謂「直指人心，頓悟成佛」的自證自悟的能力，就變成空談。從以上所引述的經文中，五祖弘忍與六祖惠能在自證自悟「心性」中具有一股向上向內的成佛力量。「本性自有般若之智」、「有智慧者自取般若之知（智）」、「菩提般若之智，世人本自有之」，這都是體證這無相無分別的「般若智」後，所表述「心性」具有不假外求成佛的能力。敦煌本《六祖壇經》中確立了「菩提般若本有論」，這亦是成佛的關鍵。

（二）「般若活智實踐論」：心之用

1. 單面否定法：「三十六對」：破除對偏見的執著

大師遂喚門人法海、志誠、法達、智常、志通、志徹、志道、法珍、法如、神會。大師言：「汝等拾弟子近前，汝等不同餘人。吾滅度後，汝各為一方頭。吾教汝說法，不失本宗。舉〔三〕科法門，動三十六對，出沒即離兩邊。說一切法，莫離於性相。若有人問法，出語盡雙，皆取法對，來去相因。究竟二法盡除，更無去處。」〔註72〕

〔註71〕見於《南宗頓教最上大乘摩訶般若波羅蜜經六祖惠能大師於韶州大梵寺施法壇經》，《大正新修大藏經》第48卷，T48，NO.2007，日本大正一切經刊行會，1922～1934年，頁340中。

〔註72〕見於《南宗頓教最上大乘摩訶般若波羅蜜經六祖惠能大師於韶州大梵寺施法壇經》，《大正新修大藏經》第48卷，T48，NO.2007，日本大正一切經刊行會，1922～1934年，頁343中。

對外境無情對有五：天與地對，日與月對，暗與明對，陰與陽對，水與火對，語與言對，法與相對有十二對：有為無為〔對〕，有色無色對，有相無相對，有漏無漏對，色與空對，動與淨（靜）對，清與濁對，凡與性（聖）對，僧與俗對，老與少對。大大與少少（小小）對，長與短對，高與下對。自性居起用對有十九對：邪與正對，癡與惠（慧）對，愚與智對，亂與定對，戒與非對，直與曲對，實與虛對，嶮與平對，煩惱與菩提對，慈與空（害）對，喜與順（嗔）對，捨與慳對，進與退對，生與滅對，常與無常對，法身與色身對，化身與報身對，體與用對，性與相〔對〕，有清（情）與無親對。語言與法相有十二對，內外境有無五對，三身有三對，都合成三十六對法也。〔註73〕

現試將上述內容，表列如下：

	內外境無情有五對		語言與法相有十二對		自性居起用十九對		其他	
1	天	地	有為	無為	邪	正	有情	無親
2	日	月	有色	無色	癡	惠（慧）		
3	暗	明	有相	無相	愚	智		
4	陰	陽	有漏	無漏	亂	定		
5	水	火	色	空	戒	非		
6			動	淨（靜）	直	曲		
7			清	濁	實	虛		
8			凡	聖	嶮	平		
9			僧	俗	煩惱	菩提		
10			老	少	慈	害		
11			大大	小小	喜	嗔		
12			長	短	捨	慳		
13			高	下	進	退		
14					生	滅		
15					常	無常		

〔註73〕見於《南宗頓教最上大乘摩訶般若波羅蜜經六祖惠能大師於韶州大梵寺施法壇經》，《大正新修大藏經》第48卷，T48，NO.2007，日本大正一切經刊行會，1922～1934年，頁343中至下。

16			法身	色身		
17			化身	報身		
18			體	用		
19			性	相		
	內外境有無：五對	語言與法相對：十三對	自性（居）起用：（包括三身三對）十九對	合共：三十六（七）對法	其他：一對	

　　六祖惠能開示十大弟子，如何說法來開示眾生，他以「舉三科法門，動三十六對」。〔註74〕何謂「三十六對」？從上圖表為三組：「內外境有無」為五對、「語言與法相對」為十三對、「自性居起用」有十九對，其他一對合共三十八對。以「三十六對法」來說一切法，「說一切法莫離於性相」，「性相」就是「性空」，這是「法」之「中道空」的意義來說法，說一切法的存在都是「性空」，般若智在此所處理的問題是「蕩相遣執」而使眾生莫執取於外相，破除偏見的執著，目的是為了使其「頓悟見性」。因此，「若有人問法，出語盡雙」，這「出語盡雙」的「盡雙」實為「X」與「非X」的相對關係，就是從相對之中而顯絕對的「中道義」。〔註75〕

　　從哲學的觀點來看佛教的智慧論，就是所謂的「單面否定法」，亦即是「單遣法」。有「X」時，就有一個「非X」與之相對。「皆取法對，來去相因」的「皆取」，就是指在說一切法時，以「法對」來顯「來去相因」的「性相」「中

〔註74〕 參閱唐君毅：「然人之偏執，要不外偏在二相對者之一；則能知相對者，即可知學者之所偏執，而因機發藥。」，《中國哲學原論‧原性篇》，臺北，臺灣學生書局，1991年，頁316。

又曰：「『三十六對……』等。實則世間相對之語言，固亦不限於此之所舉。……其根本義，則是『出沒即離兩邊，說一切法，……」此即見惠能之教法，乃要在教者之心，恆運於一切相對之兩邊之中，以此顯彼，以彼顯此，於相對見其乃相因而出沒者；出此沒彼，沒彼出此；更遠離二邊，以引學者入中道。」，《中國哲學原論‧原性篇》，臺北，臺灣學生書局，1991年，頁316～317。

〔註75〕 參閱唐君毅：「此中道即在『教者當學者染此成執時，即出之；出此而成執時，即更沒之；而常出常沒，以不出不沒』中見之。故教者之因機施教之言，要在足以與學者之所執，相銷而互泯；乃可以表為遮，或以遮為表，即即遮即表，或非遮非表；只照兩邊，以不落兩邊；非四句百非之所能盡，復非離四句、絕百非之所能盡；而一切言說遂皆唯有當機活用。心若不滯，道即通流，是能道貫一切經法。此亦即所以使一切經法之言，皆成活句，而非死句，而問答之無窮無盡，乃皆為自性之動用矣。」，《中國哲學原論‧原性篇》》，臺北，臺灣學生書局，1991年，頁317。

道義」，以「法對」的方式，一一與之相對，以破其所執。「究竟二法盡除，更無去處。」這是說法的目的，在於探究「究竟」處，就是如何成佛的問題。在這「究竟」的問題上，不在「二法」之上，「二法」不是「佛法」，「佛法」是「不二法門」。在「二法」之上，找不到「究竟」的答案，因而「更無去處」。從「更無去處」而迫使「求法者」的思想翻上一層，從「二法」相對的「經驗層」翻上「實相層」，以顯「實相」，此為「頓悟成佛」的方法，就是在「一念回轉」而成就成佛的「究竟之法」。

2. 對偶否定法：突破相對的虛妄

（1）六祖惠能與神會「見與不見」公案

又有一僧名神會，南陽人也，至漕溪山禮拜，問言：「和尚座（坐）禪，見亦不見？」

大師起，把打神會三下，卻問神會：「吾打汝，痛不痛？」

神會答言：「亦痛，亦不痛。」

六祖言曰：「吾亦見，亦不見。」

神會又問：「大師何以亦見，亦不見？」

大師言：「吾亦見，常見自過患故，云亦見亦不見者。不見天地人過罪，所以亦見亦不〔見〕也。汝亦痛亦不痛如何？」

神會答曰：「若不痛，即同無情木石。若痛，即同凡〔夫〕，即起於恨。」

大師言：「神會向前，見不見是兩邊。痛是生滅。汝自性旦（且）不見，敢來弄人！」

〔神會〕禮拜，禮拜更不言。

大師言：「汝心迷不見，問善知識覓路。以心悟自見，依法修行。汝自名（迷）不見自心，卻來問惠能見否。吾不自知，代汝迷不得。汝若自見，代得吾迷？何不自修，問吾見否！」

神會作禮，便為門人，不離漕溪山中。常在左右。〔註76〕

〔註76〕見於《南宗頓教最上大乘摩訶般若波羅蜜經六祖惠能大師於韶州大梵寺施法壇經》，《大正新修大藏經》第 48 卷，T48，NO.2007，日本大正一切經刊行會，1922～1934 年，頁 343 上至中。

「和尚坐禪，見亦不見？」神會問六祖惠能「見」「亦不見」的問題，這本是針對「見」「自性」來問，但神會所問的「見」「亦不見」即時落於兩邊的相對問題，但是見「自性」是離言而無相，了悟此「見性」的方法，才能「見性」。因此，六祖惠能明白神會所問的問題，目的在考察老師是否已經「見性」。可是，一問就知他不是過來人，因為「見」與「不見」是相對的問題。六祖惠能無論答「見」或「不見」都會使神會起執，就變成起「見」之執或是起「不見」之執。六祖惠能以「把打神會三下」，再問神會：「吾打汝，痛不痛？」作為回應。

六祖惠能「把打神會三下」就是「反客為主」。目的就是開示神會，因為他所問的問題，顯示出他的思想落入了邊見之中，有所執取。同時，六祖惠能反問神會「吾打汝，痛不痛？」六祖惠能問神會「痛」或是「不痛」，是運用了「出語盡雙」單遣法，而破其所執，使其「轉念」。神會回應為「亦痛，亦不痛。」表面上神會由「X」與「非X」的第一與第二句的邏輯句式中，翻上第三句式的「亦X；亦非X」的句式之中，這就表示其思想境界在相對之中已經有所提升。

六祖言曰：「吾亦見，亦不見。」六祖惠能以「亦見；亦不見」的同一句式回應神會的「亦痛，亦不痛」，就是「對機」。「對機」就是隨緣在於每一次的機緣之下，授法者作出不同的對應，為「求法者」作出「見性」的開示。六祖惠能在邏輯句式的第三層的境界上，再作進一步開示神會。

神會又問惠能：「何以亦見，亦不見？」神會這樣的一問，六祖惠能依機而開示「亦見，亦不見」的真正意思。「未見性」的神會反過來問老師是否「見性」，六祖惠能回應他，「亦見者」就是「常見自過患」，而「亦不見者」就是「不見天地人過罪」。前者的「亦見」中「常見自過患」的「常」就是自性中的「不生不滅」的性質。「見性」才能體證其「常」。「見性」才自知前念皆「過患」，「見性」之後而能自「見」自性中的超越性及先驗性，此為之「常」。針對「見性」時的解說，此「常」不以一般的「時常」作解，否則就會出現「有時不常」的情況出現。因此，「常見自過患」的意思，可分為三層意義。

第一，這表述六祖惠能已經「見性」，這是老師給學生一個答案，神會是否心領神會，就不得而知。第二，除了說明六祖惠能已經「見性」之外，為了使神會「明心見性」，以「直指人心」的手段而說「常見自過患」，提醒神會要一念回轉於自心中，才能「見性」。所謂「見性」就是離開一切語言概念於無

相境界而自見真如本性。第三，神會體證「見性」之後，才真正明白六祖惠能所說的「常見自過患」的真正意思，這時才「頓悟」老師所言不虛，只是當時境界未到而已。

「亦不見者」就是「不見天地人過患」。「不見者」所「不見」的內容為「天」、「地」、「人」的「過患」，而著重於自見其本性而為「見」。換言之，六祖惠能是超越相對層而站在實相層上言「見性」的。學法者不重「內觀」而對「外境」起心，因而「念住」於一境一相之上，這亦為之「見」，此「見」於外而不在內，執取地認為「天」、「地」、「人」皆有「過患」，這些「過患」都是「外相」，一旦以這些「過患」為「見」，就是「有相」。「不見」就是以「無念」於一切法之上，亦「無住」一念或一法之上，就是「無相」。「見性」就是以「無相」來「見性」。「亦見，亦不見」都是針對「見性」來說，亦同時處理了神會所問的問題，因此，六祖惠能說「所以亦見，亦不見也」的原因，就在於此。

六祖惠能回答完「亦見，亦不見」的問題，然後再問神會說：「汝亦痛亦不痛如何？」這就是針對神會的所執而破其執，「亦痛，亦不痛」的內容是怎樣的呢？神會回答「不痛」的內容就是指「若不痛，即同無情木石。」至於「痛」的內容，就是「若痛，即同凡〔夫〕，即起於恨。」從經文內容來說，「不痛」就等同「無情」的「木石」，但是神會是「有情」的「眾生」，不是「木石」，而不能說「不痛」。另一方面來說，「痛」就是「凡夫」的境界，因為被打而心起執恨的念頭。可是，所恨的對象又是老師，故不能說「痛」。因此，神會只能回答「亦痛，亦不痛」作為答案。

待神會回答完其「亦痛，亦不痛」的內容，六祖惠能直言開示神會：「見不見是兩邊。」「見」與「不見」是兩邊的問題，兩者皆是「邊見」。當執「見」時，就是「邊見」就有「不見」之處而「不見」亦是「邊見」。「主體」可以同時見兩邊所見的「客體」，從經驗層上而言，「見不見」就是「兩邊」的問題。

至於「痛不痛是生滅」，「痛」與「不痛」就是「生滅」之法。「生滅」之法是剎那生滅的，隨緣而生滅的，沒有一個「常」。「見性」是不能用「生滅法」來說，因為「生滅法」是「無常」的。由此而知，一個「主體」只能在剎那生滅之中，感受一個「痛」或「不痛」的感覺，在經驗界上不能同時是痛又是不痛，這裡出現一個矛盾的情況。可是，其中有一種可能性，就是身「痛」，但口說「不痛」的「心口不一」情況，這與六祖惠能所說「定惠不等」的「口善

心不善」，情況完全一樣。在此推論之下，神會被「打」是痛，但不敢言「痛」，因為「痛」就是「凡夫」，而且打他的是老師而不可「起恨」。於是以「亦痛，亦不痛」作為回應六祖惠能的答案。在「定惠不等」的情況中，心的正智與自性不相應而未能「見性」。換言之，一旦「頓悟見性」，「心性」為同一關係，亦即是所謂「定惠體一不二」的狀態。

「汝自性且不見，敢來弄人！」六祖惠能再一次「反客為主」。「不見」就是「不見」自性，即是代表神會未「見性」。神會自知犯錯而「禮拜，更不言」，「不言」而只「禮拜」以顯其知錯而求師開示。當中神會的「默言」，就是有所領略，「心意互契」的一種行為〔註77〕。因此，六祖惠能說：「汝心迷不見。」六祖言下之意，就是說神會的問題在於其自己「心迷」而「不見」自性，但卻問老師是否「見性」。

六祖惠能以「心迷」而不見「自性」的問題上，再進一步開示神會，勸導他「問善知識覓路」作為「明心見性」的手段，目的在於「以心悟自見」，一旦找到「善知識」而「覓路」，就是尋覓到正確的修行方法，應「依法修行」，才能「見性」。

「汝自迷不見自心」而見神會「心迷」，但神會不自見「心迷」，此為沒有覺性，智慧未顯的情況。在未「見性」之時，念頭仍在兩邊的「邊見」與「生滅法」之中而不明白「性空」之理，但是「卻來問惠能見否」。「見性」的內容為「一」，不是在「見」與「不見」的「邊見」「二法」之中。

另一方面，六祖惠能提問神會「吾不自知」，假若「吾」惠能「不自知」，即是未「見性」，即使「代汝迷不得」。「吾」惠能即使願意「代汝迷」，替代神會「心迷」，但事實上神會，依然是「不得」見性，因為「吾」惠能亦「未見性」。最後，兩者皆不得「見性」。一旦「汝若自見」，神會能「自見」其本性，即是「見性」，這亦不能「代得吾迷」。換言之，這亦不能替代惠能由於「心迷」而不能「見性」的事實。總言之，只有「自性自度」，即使在「外的善知識」，亦不能使「迷者」自悟。最終「何不自修」。這就是六祖惠能給神

〔註77〕參閱唐君毅：「由惠能所開禪宗之對語，乃重出沒即離兩邊，外於相離相，內於空離空，吾人即知禪宗之言，必不能組成一套教理，亦不能如一般宗教有一定之信條之故。因其對語之旨，乃正使此對語自相銷而心意互契，以超出一切語言而歸默。此吾人於原言默中已略及，今須更說者，是此對語在根柢上依於一人之能透至名言之外之一般若智慧之呈現。」，《中國哲學原論·原性篇》，臺北，臺灣學生書局，1991年，頁317至318。

會的最重要答案。就是實踐修行，但神會錯用心神執於「見不見」這個的兩邊問題之上。

當時「神會作禮」。此後，「便為門人，不離漕溪山中，常在左右」。「見不見」的公案在敦煌本《六祖壇經》的經文上就此告一段落。

「般若慧」是要「契機」而使其為「活智」，唐君毅先生對禪宗的教學方式有獨到的見解〔註78〕，他認為「教者」與「學者」在「一機」之中的「機感」為最重要，使「道」、「心」皆有所「通流」，以「見性」為目的。從六祖惠能與神會「見與不見」公案中，充分了解唐先生心思運會所到之處。

以下圖表分析經文中「見不見」、「痛不痛」分別為「兩邊」的問題及「生滅法」，並以邏輯分析句式並列，作為對照。

	從經文內容分析	邏輯分析句式	從經文內容分析
	A.「見」與「不見」	「X」與「非X」	B.「痛」與「不痛」
1	「見」	「X」	「痛」
2	「不見」	「非X」	「不痛」
3	亦「見」；亦「不見」	亦「X」；亦「非X」	亦「痛」；亦「不痛」
4	「不見」；非「不見」	「非X」；非「非X」	「不痛」；非「不痛」

在邏輯上的第四句式「不見，非不見」，在經文中沒有顯示出來，但六祖惠能就是站在此一層的境界而為神會開示「見性」心法，這就是「非心非佛」的境界，這就般若活智的境界。這境界較高於「亦見，亦不見」，這是雙遮法。「不見，非不見」就是無相的境界。在邏輯的表述來說，就是「雙遮雙遣法」。在運用「般若智」來說，這就是「不取不捨」的方法論。

〔註78〕參閱唐君毅：「教者無般若慧，則不能知學者之執見之所在而善說；學者無般若慧，則不能知教者之意之所在而善聞。不能善說善聞，則言雖契理不能契機，便為廢語戲論。唯言能契機，而教者之言乃皆見自本性，學者亦可因之以自見本性。故禪宗雖望人自見本性，然自其施教之重對語而觀，則又全是由教者學者之機感，以使教者學者皆在對語中自見本性。此禪宗之教所循之路道；即不同於昔之佛家學者，欲由誦經讀論，外窮法相法性，以契萬法之真如之路道；復不同於聚眾人於一堂中，由高僧大德講經法，使人各得其解之路道；又不同於一人獨處茅菴、靜修求道之路道；復非純為一人閉門求頓超直悟之路道；而只宜稱為一由教者學者之機感之直接相應，以悟道成道之一路道。……在此機感之相應之中，人之心思之運用，不在己亦不在他，而在己與他之相對之應答之中，以言銷言，以言泯言，而成其相互之心之通流、道之通流，以各自見本性。」，《中國哲學原論・原性篇》，臺北，臺灣學生書局，1991年，頁318。

在「不取不捨」的方法論中，以「般若智」觀照「實相」時，從「見不見」的句式中，最後推論至「不見，非不見」。如果以「見性」與「不見性」來說，最後推論出「不見性，非不見性」最究竟的「非心非佛」境界，其中自證體證，逍遙自在，離言離相，故沒有所謂「見性」這個概念。為了說法，而假名為「見性」。在頓悟真如本性時，就沒有「見性」這回事，所見皆是「如相」，而沒有「見性」之相而言「亦不見性」。可是，在「見性」之後，要表述「見性」時的體證，而不可說「不見性」，說「非不見性」，只是作說法之用而已。

最後推論出以下結論，以邏輯方法來表述「對偶否定法」：突破相對的虛妄。

	從經文內容分析	邏輯分析句式
	「見性」與「不見性」	「X」與「非X」
1	「見性」	「X」
2	「不見性」	「非X」
3	「見性」；亦「不見性」	「X」；亦「非X」
4	「不見性」；非「不見性」	「非X」；非「非X」

從邏輯分析句式中的第三層而言，就是「對偶否定法」。這「對偶否定法」的目的，就是突破相對的虛妄而顯實相。

（2）六祖惠能與志誠「說了即不是」公案

神秀師常見人說惠能法疾，直旨（指）見路。秀師遂換（喚）門人僧志誠曰：「汝聰明多智，汝與吾至漕溪山，到惠能所禮拜，但聽，莫言吾使汝來。所聽意旨記取，卻來與吾說。看惠能見解，與吾誰疾遲。汝弟一早來，勿令吾怪。」

志誠奉使歡喜，遂半月中間，即至漕溪山。見惠能和尚禮拜，即聽不言來處。志誠聞法，言下便悟，即契本心，起立即禮拜，自言：「和尚，弟子從玉泉寺來。秀師處不德（得）契悟。聞和尚說，便契本心。和尚慈悲，願當散（教）示。」

惠能大師曰：「汝從彼來，應是紬（細）作。」

志誠曰：「未說時即是，說乃了即〔不〕是。」

六祖言：「煩惱即是菩提，亦復如是。」〔註79〕

〔註79〕見於《南宗頓教最上大乘摩訶般若波羅蜜經六祖惠能大師於韶州大梵寺施法

　　志誠與惠能大師一問一答「說了即不是」的公案中，就是般若活智的妙用。六祖惠能說：「汝從彼來，應是細作。」就是「禪機」來開示志誠。「細作」是「作奸細」之意。志誠的回應就是「未說時即是」而「說了即不是」。在此公案中除了「不捨不取」的般若智妙用之外，還帶出了「煩惱即是菩提」的概念。

　　當六祖惠能指志誠是「奸細」時，即出現一個「X」。在現實的情況下，志誠如果不是「奸細」，就是一個「非X」與之相對，即是「X」與「非X」對列格局。由於志誠的回應不在對列的經驗層上而作出回應，他是在「雙遮雙遣」的「般若」實相層上與六祖惠能作禪理的交流。而般若的妙用就在一問一答之中，如如呈現。現以邏輯方式分析如下：

	邏輯符號	邏輯內容	經文內容
		「X」代表「奸細」； 「非X」代表「非奸細」	
1	「X」	「奸細」	「汝從彼來，應是細作」
2	「非X」	「非奸細」	
3	亦「X」亦「非X」	亦「奸細」，亦「非奸細」	「未說時即是」
4	「非X」非「非X」	「非奸細」，非「非奸細」	「說了即不是」

　　由以上的邏輯分析來看，在此頓法門中，是以「見性成佛」為宗旨。在此禪機之中，六祖惠能與志誠二人是「以心傳心」來以「智」交鋒，從中而知對方的體證在那一層的境界之上，這樣勝卻一切名言概念。「未說時即是」的「未說時」就是未有名言概念出現之前，即無相對的分別相。般若無分別智在「未說時」呈現，所以說「即是」。「即是」是般若無分別智。「說了即不是」，在「說了」之後，即時出現了有名言概念，即起種種分別相，「說了」就「即不是」，「即不是」那無分別的般若智，而有了分別而不是「即是」的無分別智。從這第三層「未說時即是」及第四層「說了即不是」句式中，表明志誠已經超越了名言相對之中的第一及第二層的相對層，而在這「對偶否定法」之中，突破了相對的虛妄而顯實相的理性領域之內，六祖惠能即以「煩惱即菩提」來開示志誠，使他從第四層而回轉至第三層，這正是顯明何謂「般若」及如何運用「般若」「不取不捨」真正意義的最好例證。

壇經》，《大正新修大藏經》第 48 卷，T48，NO.2007，日本大正一切經刊行會，1922～1934 年，頁 342 中。

　　六祖惠能知道志誠的境界已經達至實相層的體證之上，進一步開示「煩惱即菩提，亦復如是」的另一個「心性」同一關係的問題上。為何說「煩惱即菩提」要提升至實相層上來討論呢？一般來說，「煩惱」與「菩提」是一個對列的格局。而這「即」字說明了兩者具備著同一關係。要了解兩者的關係，現引用邏輯方式分析如下：

	邏輯符號	邏輯內容	經文內容
		「X」代表「煩惱」； 「非X」代表「菩提」	
1	「X」	「煩惱」	
2	「非X」	「菩提」	
3	亦「X」；亦「非X」	亦「煩惱」；亦「菩提」	「煩惱即菩提」
4	「非X」；非「非X」	「菩提」；非「菩提」	

　　從上分析而知，「煩惱即菩提」，是以般若智中的「空有雙存」將兩者對列性消解，出現既「煩惱」又「菩提」的邏輯內容，這即與經文中的內容「煩惱即菩提」相同。這是在第三層的邏輯句式中，交代了「煩惱即菩提」的內容。

　　六祖惠能與志誠已經到了第四層的「菩提，非菩提」之境界上，站在高一層境界來說「煩惱即菩提」，就是「不取」菩提而「不捨」煩惱，而回轉至實相性上而說「煩惱即菩提」，這就是以此來為眾生說法的方便法門。此中除了帶出「煩惱即菩提」的「體一不二」的同一關係之外，亦落實了「禪悟」是從實踐中體現出來的道理。

　　「亦復如是」，簡言之「就是這樣」。這是舉一反三之理。進一步來說，「亦復」就是一切法都以「如是」的「如是觀」來觀之，就是不只明白了剛才所說的內容，同時亦真正掌握了如何以「不取不捨」的方法論運用自性之中的般若智，這樣，一切道理亦可以這樣理解。「如是觀」是看「無為法」，《金剛經》中的四句偈：「一切有為法，如夢幻泡影，如露亦如電，應作如是觀。」〔註80〕也就是說，以般若智來看一切法時，都能稱之為「如是觀」。

　　從此節中，可了解六祖惠能如何以不同的方式來開示神會與志誠二人，這就證明了「禪機」中的「一機」對「直指人心，見性成佛」，是如何重要。「教者」與「學者」的「心」中「正智」必須活動，才能互相引發啟動，而破一切

〔註80〕參閱《金剛般若波羅蜜經》，《大正新修大藏經》，第8卷，T08，No.235，日本大正一切經刊行會，1922～1934年，頁752中。

名言的執著，超越相對而提升至另一境界之上，否則只停留在「X」與「非X」虛妄的相對之上，沒有突破性的一念，只存在著相對性及被動性。

（3）「不取不捨」之般若活智具足一切法

> 五祖忽於一日喚門人盡來。門人集記（已）。五祖曰：「吾向與說，世人生死事大。汝等門人終日供養，只求福田，不求出離生死苦海。汝等自姓（性）迷，福門何可救汝，汝惣（總）且歸房。自看有知（智）惠者，自取本姓（性）般若知（智）之，各作一偈呈吾。吾看汝偈，若吾（悟）大意者，付汝衣法，稟為六代。火急急！」
>
> ……上座神秀思惟：「諸人不呈心偈，緣我為教授師。我若不呈心偈，五祖如何得見我心中見解深淺？我將心偈上五祖呈意，即善求法，覓祖不善，卻同凡心奪其聖位。若不呈心，修不得法。」良久思惟：「甚難！甚難！甚難！甚難！夜至三更，不令人見，遂向南廊下中間壁上題，作呈心偈，欲求衣法。若五祖見偈，言此偈語，若訪覓我。我宿業障重不合得法，聖意難測，我心自息。」
>
> 秀上座三更於南廊下中間壁上秉燭題作偈，人盡不和（知）。偈曰：
> 「身是菩提樹，心如明鏡臺；
> 時時勤拂拭，莫使有塵埃。」
>
> ……五祖遂喚秀上座於堂內，門（問）：「是汝作偈否？若是汝作，應得我法。」
>
> 秀上座言：「罪過，實是神秀作。不敢求祖，願和尚慈悲，看弟子有小智惠（慧）識大意否？」
>
> 五禍（祖）曰：「汝作此偈，見即來到，只到門前，尚未得入。凡夫依此偈修行，即不墮落。作此見解，若覓無上菩提，即未可得。須入得門，見自本姓（性）。汝旦（且）去，一兩日來思惟，更作一偈來呈吾。若入得門，見自本姓（性）。當付汝衣法。」
>
> 秀上座去數日，作不得。
>
> 有一童子於碓坊邊過，唱誦此偈。惠能一聞，知未見姓（性），即識大意。能問童子：「適來誦者是何言偈？」
>
> 童子答能曰：「作（昨）不知大師言，生死是（事）大，欲傳於法，令門人等各作一偈來呈看。悟大意即付衣法，稟為六代（祖）。禍（祖）

有一上座名神秀，忽於南廊下書〈無相偈〉一首，五祖令諸門人盡誦，悟此偈者即見自姓（性），依此修行，即得出離。」

惠能答曰：「我此踏碓八箇餘月，未至堂前。望上人引惠能至南廊下，見此偈禮拜，亦願誦取，結來生緣，願生佛地。」

童子引能至南廊下，能即禮拜此偈。為不識字，請一人讀。惠〔能〕問（聞）已，即識大意。惠能亦作一偈，又請得一解書人，於西間壁上提（題）著，呈自本心。不識本心，學法無益；識心見姓（性），即吾（悟）大意。」

惠能偈曰：

「菩提本無樹，明鏡亦無臺；

佛姓（性）常青（清）淨，何處有塵埃？」

又偈曰：

「心是菩提樹，身為明鏡臺；

明鏡本清淨，何處染塵埃？」〔註81〕

五祖弘忍出題，以啟發所有弟子運用生命中的般若智慧來了脫「生死」大事，這題目就是「如何以自性中生命智慧證入佛性？」及以「心偈」形式寫出「如何以般若智證入佛性」及「悟出自性的大意」。弟子如能按上述要求寫出「心偈」，即傳其位，接任為禪宗第六位祖師。五祖弘忍以「傳位」及寫「心偈」作為「一機」開示弟子，修行的目的是以「出離生死苦海」，不是「求福田」。

簡言之，五祖弘忍所出題目為寫「心偈」，要求如下：

1. 以般若智證入自性之後；

2. 以所悟之佛法大意來寫一首「心偈」；

3. 心偈內容方面為「明心見性」

在敦煌本《六祖壇經》中，前後交出「心偈」只有神秀和惠能二人，當中「心偈」的內容分列如下：

（1）神秀《無相偈》

「身是菩提樹，心如明鏡臺；

時時勤拂拭，莫使有塵埃。」

〔註81〕見於《南宗頓教最上大乘摩訶般若波羅蜜經六祖惠能大師於韶州大梵寺施法壇經》，《大正新修大藏經》第48卷，T48，NO.2007，日本大正一切經刊行會，1922～1934年，頁337中至338上。

（2）惠能《破相偈》

第一首偈曰：

「菩提本無樹，明鏡亦無臺；

佛性常清淨，何處有塵埃？」

第二首偈曰：

「心是菩提樹，身為明鏡臺；

明鏡本清淨，何處染塵埃？」

以般若智「不取不捨」的方法論來分析這三首偈的關係：

	神秀《無相偈》「X」	邏輯符號		惠能第一首偈「非 X」	惠能第二首偈「非 X」
1	「身是菩提樹」	「X」	「非 X」	「菩提本無樹」	「心是菩提樹」
2	「心如明鏡臺」	「X」	「非 X」	「明鏡亦無臺」	「身為明鏡臺」
3	「時時勤拂拭」	「X」	「非 X」	「佛性常清淨」	「明鏡本清淨」
4	「莫使有塵埃」	「X」	「非 X」	「何處有塵埃」	「何處染塵埃」

再以神秀及惠能的第一及第二首偈分別作出對照分析以下的四個對照表：

1.「身是菩提樹」與「菩提本無樹」及「身是菩提樹」與「心是菩提樹」作對照如下：

	邏輯符號	神秀偈與惠能第一首偈	神秀偈與惠能第二首偈
1	「X」	「身是菩提樹」	「身是菩提樹」
2	「非 X」	「菩提本無樹」	「心是菩提樹」
3	亦「X」；亦「非 X」	亦「身是菩提樹」；亦「菩提本無樹」	亦「身是菩提樹」；亦「心是菩提樹」
4	「非 X」；非「非 X」	「菩提本無樹」；非「菩提本無樹」	「心是菩提樹」；非「心是菩提樹」

2.「心如明鏡臺」與「明鏡亦無臺」及「心如明鏡臺」與「身為明鏡臺」作對照如下：

	邏輯符號	神秀偈與惠能第一首偈	神秀偈與惠能第二首偈
1	「X」	「心如明鏡臺」	「心如明鏡臺」
2	「非 X」	「明鏡亦無臺」	「身為明鏡臺」

3	亦「X」；亦「非X」	亦「心如明鏡臺」； 亦「明鏡亦無臺」	亦「心如明鏡臺」； 亦「身為明鏡臺」
4	「非X」；非「非X」	「明鏡亦無臺」； 非「明鏡亦無臺」	「身如明鏡臺」； 非「身為明鏡臺」

3.「時時勤拂拭」與「佛性常清淨」及「時時勤拂拭」與「明鏡本清淨」
作對照如下：

	邏輯符號	神秀偈與惠能第一首偈	神秀偈與惠能第二首偈
1	「X」	「時時勤拂拭」	「時時勤拂拭」
2	「非X」	「佛性常清淨」	「明鏡本清淨」
3	亦「X」；亦「非X」	亦「時時勤拂拭」； 亦「佛性常清淨」	亦「時時勤佛（拂）拭」； 亦「明鏡本清淨」
4	「非X」；非「非X」	「佛性常清淨」； 非「佛性常清淨」	「明鏡本清淨」； 非「明鏡本清淨」

4.「莫使有塵埃」與「何處有塵埃」及「莫使有塵埃」與「何處染塵埃」
作對照如下：

	邏輯符號	神秀偈與惠能第一首偈	神秀偈與惠能第二首偈
1	「X」	「莫使有塵埃」	「莫使有塵埃」
2	「非X」	「何處有塵埃」	「何處染塵埃」
3	亦「X」；亦「非X」	亦「莫使有塵埃」； 亦「何處有塵埃」	亦「莫使有塵埃」； 亦「何處染塵埃」
4	「非X」；非「非X」	「何處有塵埃」； 非「何處有塵埃」	「何處染塵埃」； 非「何處染塵埃」

最後推出結論：

從以上四表之中分析出以下的結論及重新排序如下：

	神秀的《無相偈》	惠能第二首	惠能第一首
1	「身是菩提樹」	「心是菩提樹」	「菩提本無樹」
2	「心如明鏡臺」	「身為明鏡臺」	「明鏡亦無臺」
3	「時時勤拂拭」	「明鏡本清淨」	「佛性常清淨」
4	「莫使有塵埃」	「何處染塵埃」	「何處有塵埃」

從神秀的《無相偈》分析出他的境界仍在對列層之中，「身是菩提樹」與
「心如明鏡臺」皆視之「為二」法，但是佛法為「不二」之法。「時時勤拂拭」

的對象為「有塵埃」，都是「有相」的執著，凡「有相」即有分別，有分別即「般若智」無法顯現，故知神秀仍未「見性」。五祖弘忍對神秀所寫的心偈評價為：「汝作此偈，見即來到，只到門前，尚未得入。」五祖弘忍說神秀「所見」仍在門外的原因，就是在於未能運用般若智來「見性」。此「門」作何解？〔註82〕「門」是一相，由於「有相」在前，而不知道證入真如之境地，要以「無相」來「見性」，不是以「有相」而「見」一切法，所以神秀當時所作的「心偈」仍未「見性」，只站在門外，與「見性」仍隔一層，而成為門外漢。

　　五祖弘忍對神秀的開示為「若覓無上菩提，即未可得，要入得門，見自本性。」及「惠能一聞，知未見性。」惠能與五祖弘忍兩人分別知道神秀仍「未見性」，就是從他所作的「心偈」而知他的思想是處於「未見性」的階段。以敦煌本《六祖壇經》中惠能的第二首與神秀的偈作出對照，可以知道惠能已經「見性」，並能掌握「見性」的方法論。首二句「心是菩提樹」、「身為明鏡臺」是對應神秀的偈以「單遣法」來破神秀的執，因此「身」即以「心」對，而「心」即以「身」對。第三句「明鏡本清淨」，就是自性的清淨性。自性清淨而具光明性，可以照見一切法而不著一切法。第四句「何處染塵埃」就是從實相層上回轉至對列層中而顯不捨一切法，亦無「染著」一切法。從第三與第四句中的內容正好反映出般若智是「活智」這個特點，而且具有「不取不捨」一切法及具足一切法的圓滿性。由此而知，惠能的「心偈」以般若無分智而具足一切法。在此相對之下，神秀的「心偈」顯示出他當時仍處於「未見性」的階段。

　　惠能第二首偈中的「心是菩提樹」一句，是以「單遣法」針對神秀的「身是菩提樹」，惠能以「心是菩提樹」與之相對，進一步以「單遣法」的「有相」破其「有相」的執，而轉入「無相」的「菩提本無樹」，「菩提」是覺性，亦是智慧，「本」就是人之性，顯明人的本性就具有清淨性。「無」就是代表「性」具空寂性，只能以「無相」才能證入自性之中。既然自性的性質具空寂性，因此人的本性之中亦應「無樹」，否則「無樹」亦為一相。

　　「身為明鏡臺」亦是如同上句的意義一樣，都是以「單遣法」的「有相」破神會所執的「心如明鏡臺」。「明鏡亦無臺」就是以「無相」破「有相」，以

〔註82〕參閱牟宗三：「一切法都依止於如來藏自性清淨心可以開出二門，一是生滅門，指的是生死流轉的現象，有生有滅，剎那變化，所謂『諸行無常、諸法無我』；另一則是真如門，即開出清淨法界門。『真如』是針對無漏清淨法而講的。如此一來，「一心開二門」的架構也就局撐開來了，這是哲學思想上一個很重要的格局。」，《中國哲學十九講》，臺北，臺灣學生書局，1997 年，頁 291。

顯其自性本清淨。「明鏡本清淨」與「佛性常清淨」二句中所指的「明鏡」與「佛性」,「鏡」仍存一相之隔,故以「佛性」顯其本源,「常清淨」為自性的本質,由於自性具有「常」、「樂」、「我」、「淨」、「定」這五個性質。

「何處染塵埃」與「何處有塵埃」這二句,惠能大師首先以「染」及「有」二字,以般若「不捨不著」的方法,從實相層回轉到相對層之中,而顯「不著」於實相層,亦「不捨」相對層而言。此兩句是與神秀大師所言的「莫使有塵埃」相應,當中不失互相對照的本意,而為之「對機」。

從境界上而言,惠能大師的兩首偈以般若運用的「不取不捨」方法,先從不著於世間的相對層之中,而翻上實相層之上而為「出世間」,但又以「不捨」世間的一切法,又從實相層之中而回轉至相對層之中。就是反覆在相對層與實相層之間不斷地來回,而具足一切法。

五祖弘忍謂神秀的偈,「不墮惡道」在於其念念修行,但「有相」而使其思想仍在世間之中,念頭不斷地生滅,才出現「有塵」而要「時時勤拂拭」的語句,作為其修行的指南針。在此層中,只要「一念回轉」而證入實相層,「即得見性」。

由此而知,惠能的第一首及第二首偈重新排序之後,更能清晰地、透徹地、滲透地分析出神秀與惠能當日的「心偈」對體證「有智惠者自取本性般若之知(智)」的境界,從中可以互相對照之下,而分出其二人的境界高下,由此分析中亦明瞭了為何五祖弘忍「傳位」給六祖惠能而不傳給神秀了。

惠能首破神秀的所執之後,再次以「自性」中本具的「般若智」證入「無相」之境界中,其「菩提本無樹」一首偈,全顯「無相」而說出「自性」中的五種性質,「常」、「樂」、「我」、「淨」、「定」,故此其境界確實高於神秀,得以「受法」及「傳位」。

至於五祖弘忍為何要對惠能說《金剛經》,就是傳授《金剛經》的弘旨,破一切相,運用般若智的「不取不捨」的精神,不執著於「有」,亦不著於「無」,這為全經以「空宗」的「般若智」作為主旨。其後,六祖惠能教導其十大弟子時,亦是以「單遣法」入路,即是如何運用「三十六對」應對世間的一切法之中的相對,消融對方的執著,再進一步開示「如何體證實相般若的精神」。全經以「空宗」的「般若智」,以不著於「有」,亦不著於「無」,處於「空有雙存」的境界,但以「般若智」來圓融一切法,作「如是觀」。與眾生說法要借相讓其明理,而又要不著於一切法,故分別以「單遣法」及「雙遣法」相互運

用，讓眾生有所得悟，而自證本性中具有「不取不捨」的般若活智，「空有雙存」保住一切法，而不離「緣起性空」之理，此「性空」之理為佛教基本的教理。

「何處」就是反問神秀所說的「有塵埃」，是指其偈中所說的「菩提樹」的「身之體」，或是明鏡台的「心之體」呢？抑或是「心」與「身」兩者皆「有塵」呢？因而作「勤拂拭」的修行是在於「身體」之上，或是在「心體」的明鏡台呢？抑或「身」與「心」兩者皆「勤拂拭」呢？「明鏡本清淨」這是惠能所說的自性本具有的清淨性。而神秀所作的心偈中所言，是指「心」還是「身」？亦由於此，惠能反問神秀，「何處染塵埃」的「何處」，指的是「何處」呢？

「心」是虛幻而本「無樹」，「身」是五蘊假合，而不可以言歸的。而惠能只見到「佛性常清淨」，亦不明白「何處有塵埃」。「心」是主觀而且內在但又不具超越性；而「性」是客觀的，既內在又具超越性的。作「心偈」就是主觀地「自見本性」而以客觀地表述「見性」的內容，以說明「人人皆有成佛」的佛性，而這「佛性」就在眾生的心中，至於「見」或是「不見」本有的佛性，只在於心中的「一念」是「轉」或「住」而說，六祖惠能說「識心見性」，就是說心中本有佛性，以「般若活智」來使念轉而不住於一念之中而「見性」。

惠能兩首偈所處理的問題，不只從修行的方法上而言，還有表述「如何是『識心見性』的方法」及「甚麼是『明心見性』的重要內容」。神秀與惠能以不同的修行方法來修行，神秀見佛法為「二」，惠能見佛法為「一」。惠能自見「般若實相」而「見」神秀「未見性」的問題所在。惠能以「心偈」再問神秀「何處」是所指「何處」，目的就是提示神秀要以般若智「不取不捨」的方法來「見性」，亦即是找「大善知識覓路，示道見性」，這就是「明心見性」的方法論。至於如何運用此般若智呢？就如惠能的第一首及第二首的偈中，以「雙遮雙遣法」為體證「無相」的最直接方法。在敦煌本《六祖壇經》中，六祖惠能亦說「智惠觀照，於一切法不取不捨，即見性成佛道。」[註83]由此推論，當日惠能一方面寫「心偈」回答了五祖弘忍所出的問題，另一方

〔註83〕見於《南宗頓教最上大乘摩訶般若波羅蜜經六祖惠能大師於韶州大梵寺施法壇經》，《大正新修大藏經》第 48 卷，T48，NO.2007，日本大正一切經刊行會，1922～1934 年，頁 340 上。

面在回答五祖弘忍的問題時，同時亦以「心偈」提示神秀的問題所在，以啟發其「見性」。

另外，惠能的「心偈」為「明心見性」的重要內容，對於成佛的內在根據及普遍性的問題作出了以下處理：第一，「性在身心存」〔註84〕，能見「性」的存在，才能見「身心存」。第二，「菩提樹」及「明鏡臺」為假名，但本性非「樹」非「臺」。這些問題都落在於是否「見性」或是「不見性」之上。「性在身心存」中的「性」、「心」與「身」三者關係，以「一」連「三」，從「有相」而「破相破執」，再證入「無相」之中。「有塵」與「無塵」是相對的，從「有塵」處而知「無塵」處之所在。又從相對之中所顯的「中道」而顯絕對「無相無執」的「實相」。

由於神秀所寫的「心偈」未顯般若智的無分別相，當中以「樹」、「鏡臺」及「塵」而有所執取，不符合第一個條件，五祖弘忍所說的「以般若證入自性之中」。由於「未見性」，而未顯心之性本來清淨的性質，故所寫的「心偈」內容，亦不符合「明心見性」條件，寫不出「見性」的大意。從以上分析而知，五祖弘忍不傳位神秀的原因在於此。

第三節　小結

敦煌本《六祖壇經》的「心性之學」為六祖惠能思想的核心所在，此章為本論文的第二章主要是分析敦煌本《六祖壇經》中對「心智」的剖析。在本章的第一節為「心智思想前題」為「真常唯心」──「如來藏自性清淨心」。第二節為敦煌本《六祖壇經》「心」思想的內容部分。此節又分為「甲部」及「乙部」。「甲部」就是「心論」，而這部分是以「心之體」、「心之相」分析六祖惠能思想中對「心」這個概念的內容。當中包括了「心之存在論」及「心之迷悟論」。至於「乙部」為「智論」，當中包括了「菩提般若本有論」及反映「心之用」的「般若活智實踐論」。第三節為「小結」。

第一節為「心智思想前題」，這就是「真常唯心」──「如來藏自性清淨心」。從哲學的角度來看，佛教的「心論」可以分為「四派五家」。這「四派」分別為「般若智心」，屬於「空宗」。至於「妄心」屬於唯識宗。還有「真常唯

〔註84〕參閱《南宗頓教最上大乘摩訶般若波羅蜜經六祖惠能大師於韶州大梵寺施法壇經》，《大正新修大藏經》第48卷，T48，NO.2007，日本大正一切經刊行會，1922～1934年，頁341中。

心（真常心）」分二派：一為「如來藏自性清淨心」（心從「因地」而言作為成佛根據）；另一者為「圓覺心」——此為真心起現狀態——（從「果地」而言成佛的形態），這就是「華嚴宗」。最後是「一念無明法性心」的「天台宗」。

　　第二節為敦煌本《六祖壇經》「心」思想的內容部分。當中分為「甲部」的「心論」及「乙部」的「智論」。在「甲部」的「心論」中，分為第一節「心之存在論」，即是心之體。第二節分析「心之相」為「心之迷悟論」。這部分的內容分析眾生「心迷」的原因，就是著於外相，出現了「迷者眾生」與「悟者成佛」的不同生命的狀況。眾生「心迷」而「迷」於相為。當中的內容分為「信」與「福報」、「心迷《法華》轉」、「心不量四等法」及「法即付了，汝不須問」的四種「心迷」情況。至於如何可以由迷而轉覺呢？這在於「一念」轉而「心悟」，再而「開佛知見」。

　　在「乙部」為「智論」。這部分包含「菩提般若本有論」及「般若活智實踐論」的「心之用」，其中的內容為「單面否定法」，即是「三十六對：破除對偏見的執著」。還有「對偶否定法」，目的就是「突破相對的虛妄」。內容是以六祖惠能與神會「見與不見」公案，及六祖惠能與志誠「說了即不是」公案，作為分析這「對偶否定法」的方法論。最後以「不取不捨」的方法論來說明般若活智具足一切法的內容，其中引用神秀《無相偈》及惠能《破相偈》作為詳細分析這方法論。

　　此章較全面地分析敦煌本《六祖壇經》中「心智」的內容，眾生因著外相而心迷，又以一念的回轉而「心開」，這就是所謂「開佛知見」，亦即是般若智的呈現，而禪宗以「公案」的形式來作開示眾生的機會，從文字上及常理來說，這些禪宗「公案」似乎都是令人大惑不解，但眾生之所以不能「當下」理解，實在於文字及思想上的執著而百思不得其解而已。六祖惠能以般若智破世人的所執而顯實相，當般若智呈現時，就是無分別、無執著，這時本心就在如如呈現的狀態，從實相層上自證真如本性。

第四章　敦煌本《六祖壇經》自性思想的剖析

從哲學的角度分析佛教的「自性」思想，可分為以下的七類。這是關於「存有論」的觀念。現分列如下：

1. 原始佛教：「緣起、空性」
2. 毘曇宗：「緣起自性」
3. 空宗：「緣起性空」
4. 唯識：「三自性」
5. 如來藏：「如來藏清淨自性」
6. 華嚴宗：「性起系統」
7. 天台宗：「三諦圓融法性」

第一節　「自性思想前題」：「如來藏自性清淨心」

在敦煌本《六祖壇經》中所見「空不空如來藏」的思想，這概念是處理成佛的內在根據的問題，亦即是「佛性」。從以下經文顯示，般若中的「空」轉入自性中的「存有」，這亦是將六祖惠能所言的「般若」與「自性」綜合來說的「般若自性」。

　　自性上說空，正語言本性不空。〔註1〕

〔註1〕見於《南宗頓教最上大乘摩訶般若波羅蜜經六祖惠能大師於韶州大梵寺施法壇經》，《大正新修大藏經》第48卷，T48，NO.2007，日本大正一切經刊行會，1922～1934年，頁343下。

自心歸淨，一切塵勞妄念，雖在自姓（性），自（姓）性不染著，名
眾中尊。〔註2〕

敦煌本《六祖壇經》中所謂「自性上說空」此「空」字與「正語言本性不空」的「不空」是一對概念。在「自性」上說「空」與「不空」的概念，正是與「空不空如來藏」〔註3〕的概念完全地相同。從經文內容上說「自性上說空」，以實相般若而言，這表示一切法的自性皆是「緣起性空」。「性空」即表示萬法「無自性」的意思。若從存有論上來說「自性」，即是說一切法之存在所說的「空」與「不空」，就是言「佛性」。

何謂「空如來藏」呢？《勝鬘師子吼一乘大方便方廣經》說：「如來法身不離煩惱藏，名如來藏」〔註4〕、「如來藏者，是法界藏，法身藏，出世間上上藏，自性清淨藏」〔註5〕。如來法身被煩惱等妄念覆蓋而隱藏未顯現，亦即是眾生成佛的「佛性」，所以名之為「如來藏」。「如來藏」亦即具「法界藏」及「自性清淨藏」的含意。換言之，「佛性」具有「法界」及「自性清性」的內容。《勝鬘經》也論述了「心識」與「如來藏」的關係，當中「自性清淨心而有染污，難可了知」〔註6〕，更明確地涉及「空如來藏」與「不空如來藏」的安立。「空如來藏」是指覆蓋「如來法身」的一切煩惱，「煩惱」和「如來藏」並不相應，可以分離的，所以覆蓋「如來法身」的「煩惱」是「空」的，並非說「如來藏」是「空」的。「不空如來藏」是指「如來法身」只與「功德」相應而「不空」。「功德」使「如來法身」顯現，而謂之「相應」，「煩惱」不能使「如來法身」顯現而謂之「不相應」。依《勝鬘經》所言，說明了「如來藏」

〔註2〕見於《南宗頓教最上大乘摩訶般若波羅蜜經六祖惠能大師於韶州大梵寺施法壇經》，《大正新修大藏經》第48卷，T48，NO.2007，日本大正一切經刊行會，1922～1934年，頁339下。

〔註3〕參閱牟宗三：「勝鬘夫人經首言空如來藏，不空如來藏。『空如來藏，若離若脫若異一切煩惱藏。不空如來藏，過於恒沙不離不脫不異不思議佛法。』又言如來藏既為生死依，又為不思議佛法之所依。又言『自性清淨如來藏』，又言『自性清淨心』，此兩者為同一回事。」，《佛性與般若》上冊，臺北：臺灣學生書局，2004年，頁435。

〔註4〕參閱《勝鬘師子吼一乘大方便方廣經》，《大正新修大藏經》第12卷，T12，NO.353，日本大正一切經刊行會1922～1934年，頁221下。

〔註5〕參閱《勝鬘師子吼一乘大方便方廣經》，《大正新修大藏經》第12卷，T12，NO.353，日本大正一切經刊行會，1922～1934年，頁222中。

〔註6〕參閱《勝鬘師子吼一乘大方便方廣經》，《大正新修大藏經》第12卷，T12，NO.353，日本大正一切經刊行會，1922～1934年，頁222中。

為煩惱所覆，使法身未能顯現而有生死，卻與清淨功德相應而顯出法身。因此，「如來藏」不但為「成佛」的內在根據，亦為「迷悟」、「染淨」及「生死」的依止。

《勝鬘經》云：「空如來藏，若離若脫若異，一切煩惱藏。」〔註7〕「空」就是指一「若離若脫若異」的一種不染狀態，這「空」是與「一切煩惱藏」不相應，而顯「如來藏」所具有清淨性。在因地眾生而言，「如來藏」就是指未顯的「佛性」處於一種「隱藏」的「胎藏」狀態。這「藏」亦如一「藏庫」把「佛種性」的種子「收藏」起來。

「空如來藏」就是不與「煩惱」、「塵勞妄念」等相應，所以「一切塵勞妄念，雖在自性」，但由於「空如來藏」，結果「自性不染著」而自性仍是清淨性，而這清淨性是先驗的，本自具有的。「如來法身」在眾生的煩惱中，但「自性清淨性」而不染客塵，所以為「眾中尊」。因此，「自性上說空」就是指「空如來藏」。

「本性不空」是指「不空如來藏」。何謂「不空如來藏」？《勝鬘經》云：「不空如來藏，過於恒沙不離不脫不異不思議佛法。」〔註8〕「不空」就是指「恒沙」般從無始以來「不離不脫不異不思議」的佛法與「如來藏」相應，即是「佛性」。從因地的眾生而言是「佛性」，即是「如來藏」。換言之，即是「如來藏恒沙佛法佛性」〔註9〕。敦煌本《六祖壇經》的「本性不空」就是說「不空如來藏」中的佛性，即「自性清淨心」來相應一切法的根源，亦為一切法的所依據。以真常心系統來說，是以「如來藏自性清淨心」說「不空如來藏」。

「空不空如來藏」所處理的問題，除了成佛的內在根據問題，還有對於一切法的存有所依據的問題，這包含清淨法即「無漏法」及不淨法即「有為法」的所依止內容。如果只停留在「阿賴耶緣起」上說污染法為一切法的所依，即是清淨的「佛種子」只作一寄存而在第八識之中。成佛的可能性就顯得無動力而且是被動的。因此，「空不空如來藏」正是從「阿賴耶緣起」上，進一步而

〔註7〕參閱《勝鬘師子吼一乘大方便方廣經》，《大正新修大藏經》第 12 卷，T12，NO.353，日本大正一切經刊行會，1922～1934 年，頁 221 下。

〔註8〕參閱《勝鬘師子吼一乘大方便方廣經》，《大正新修大藏經》第 12 卷，T12，NO.353，日本大正一切經刊行會，1922～1934 年，頁 221 下。

〔註9〕見於牟宗三：「如來藏恒沙佛法佛性」一詞，《佛性與般若》上冊，臺北，臺灣學生書局，2004 年，頁 179。

說明「如來藏緣起」〔註10〕的重要性。由此，使成佛的內在超越根據顯得有力並且具自主性，這亦保住了一切法的存在及說明一切法的根源，這就是在於真常系統中，所謂的「真心」〔註11〕，這亦即是「自性清淨心」。

「空不空」的概念，就是顯示「空」與「不空」之中的中道義。如果不是以「中道」來看，不可能看到「空」，亦同時看到「不空」的。只有處於中道義的實相層上觀一切法，才能同時見「空」與「不空」的同時存在。這就帶出「空不空」與「如來藏」的非一非異關係，並說明了以「中道第一義空」〔註12〕的不空而說大涅槃「常樂我淨」「空而不空」的內容。

第二節　六祖惠能的「自性論」內容

一、何謂「般若自性」

「般若自性」為六祖惠能以「般若」之用而「明心」而自見「佛性」。六祖惠能將印度的般若經與中國「心性」之學融會貫通後，賦予一個新的概念，而為「般若自性」，這是禪宗的獨特之處。〔註13〕在「般若自性」這概念中，

〔註10〕參閱牟宗三：「在佛教裡，阿賴耶識是染污心，它一定要講一個清淨心，講清淨心就是為的說明無漏種，就成一個動力。」及「如來藏緣起就是要肯定一個如來藏自性清淨心，那是以如來藏自性清淨心作一切法的最後根據，一切法從這個地方開出來。」《四因說演講錄》，上海，上海古籍出版社，1998年，頁217。

〔註11〕參閱牟宗三：「如來藏自性清淨心我們叫做真心，真實的心。染污的心不真實，是虛妄的。如來藏自性清淨心是　真實無妄的心，真實就是真實無妄。如來藏就是一個潛伏的佛，每一個眾生都有一個潛伏的佛的這個力量，這個力量就是自性清淨心。如來藏自性清淨心是一個同位複合詞，如來藏跟自性清淨心是同一個意思，自性清淨心就是每一個眾生有潛伏的佛。如來藏自性清淨心，這個本性既然是清淨的心，這個心一定是真心，這個真心不是經驗可以把握到的，當然不是經驗意義的心，所以名之曰超越的心（transcendental mind），這是康德的詞語。那麼，阿賴耶識呢？那就是妄心，阿賴耶識的本質不是清淨，是無明，所以佛教有真心妄心兩個系統。」，《四因說演講錄》，上海，上海古籍出版社，1998年，頁217～218。

〔註12〕參閱牟宗三：「蓋《大涅槃》經言『中道第一義空』即指不空而常樂我淨之大涅槃而言，不是泛講的真如也。大涅槃當然是空，寂滅故空。但此空卻空而不空，常樂我淨，故是第一義空。此第一義空由行中道而得。」，《佛性與般若》上冊，臺北，臺灣學生書局，2004年，頁198。

〔註13〕參閱唐君毅：「禪宗於此，乃用其前之中國佛學之心性之名言，以為此收攝心思，以回歸於內，以便實見此般若之用。由此而有自性般若，自性菩提之名，

六祖惠能所言的「心性」具有同一關係。〔註14〕

「自性」就是「法身」。凡夫的「佛性」在未顯現時，生命狀態為「迷」，這就是「眾生」的情況。悟時便自覺本身具「成佛」的德性，所以言「悟者」是「佛」。「迷」顯現「眾生」各種不同虛妄不實的形相；「悟」則顯示「佛」的不同形相，目的在於開示眾生成佛的內在根據。「如來藏」是「法身」亦是「佛」，故言「如來藏」是具有「體」「用」二方面的特點。要使自性中的「法身」呈現，就要以「般若智」來使「法身」顯現，即所謂「自性起用」；「起用」即「顯體」。「不變」就是「法性」，而「變」就是「如來藏」中的「自性起用」，而自性是超越的存在，這是「體」。一切「有為法」都是「有相」，所以「有為法」即是一切

及明心見性，自見佛性，自悟成佛，即心即佛之言。然此中所謂性，自性，則又與印度般若經之言法性實性實相者，初不原自同一之思維方式而來，亦初不同其義。惠能之禪宗，本其所承于其前中國佛學所言心性之義，乃更加以融通，而攝入于其新造之用語之中。及至禪宗之用語，為後世之所習知，此諸名言之原義，乃反為中國人所忘矣。」，《中國哲學原論　原性篇》，臺北，臺灣學生書局，1991 年，頁 307。

〔註14〕按語：「般若自性」具同一關係性，分別見於唐君毅及業露華之言。現分列如下，以作參考：

參閱唐君毅：「於是對此所謂本心本性，亦直下本般若宗之旨，以言其乃『非善非惡、非淨非染、自性真空』，以為其本性。見此本心本性之自性真空者，乃是般若，于是般若亦本心本性或自性所固有，故名曰本性般若，亦名自性菩提；而般若之見本心本性或自性，亦同于此本心本性之自見，亦即是此本心本性之自呈現。」，《中國哲學原論・原性篇》，臺北，臺灣學生書局，1991 年，頁 308～309。

又參閱業露華在〈六祖慧能的佛性論思想〉一文中，以「自心」中的「般若智」見「自性」有以下的見解：「慧能的佛性論學說，也是結合『心性』問題而發揮的。在慧能禪學思想中，『心』和『性』兩者是一對基本範疇，慧能在運用這對基本範疇闡述他的思想學說時，是非常靈活的。有時候，心與性是一相對的概念，如說到『心即是地，性即是王』……他還說：『若言看心，心元是妄，妄如幻故，無所看也。若言看淨，人性本淨。為妄念故，蓋覆真如，離妄念本性淨。』……在這種情況下所說的『心』，大多是指妄心；而『性』則多指清淨自性，真如本性。但有時候，他又說：『識心見性，自成佛道』，……「自識本心，自見本性」……這時候的『心』和『性』的意思差不多，指的都是真如本性，清淨心。總之，慧能所說的『心』和『性』，兩者既有區別，又有聯繫。有時他說的『心』是指眾生的虛妄之心，是染心；有時候他說『心』卻又與『性』或一樣，是指真如本性，是清淨無染之心。但當說『自心』或『本心』時，則往往是指清淨心。如他說，『一切萬法，盡在自身中，何不從於自心頓現真如本性』……這兒所說的『自心』這一概念，幾乎相當於真如本性，也就是說，自心與自性基本上是一致的。」，《六祖慧能思想研究：「慧能與嶺南文化」國際學術研討會論文集》，廣州，學術研究雜誌社，1997 年，頁 175～176。

存在的「現象」。「般若自性」就是以「般若智」破一切「有為法」而顯「無為法」的「實相」存在。沒有「般若」的呈現，就無法顯「自性」的存在，故言「般若自性」，就突顯「如來藏自性清淨心」「體」與「用」兼具的特點。

敦煌本《六祖壇經》，對「自性」這一概念沒有顯明地賦予定義，這是相對於宗寶本《六祖大師法寶壇經》〔註15〕對照來說。宗寶本《六祖大師法寶壇經》記述了六祖惠能當日受法於五祖弘忍大師之後，對「自性」這概念的描述：「何期自性本自清淨，何期自性本不生滅，何期自性本自具足，何期自性本無動搖，何期自性能生萬法。」〔註16〕

從宗寶本《六祖大師法寶壇經》的「自性」定義及內容可分為「清淨性」、「空寂性」、「具足性」、「堅定性」、「能生萬法」。「自性」為「不二之性」及具有「常樂我淨」的「佛性」〔註17〕義。

〔註15〕參閱《六祖大師法寶壇經》，《大正新修大藏經》第48卷，T48，NO.2008，日本大正一切經刊行會，1922～1934年。

〔註16〕參閱《六祖大師法寶壇經》，《大正新修大藏經》第48卷，T48，NO.2008，日本大正一切經刊行會，1922～1934年，頁349上。

〔註17〕參閱唐君毅：「今按金剛經言般若義、空義、無所得義，未明言性，《涅槃經》乃言佛性。惠能之言「明自本心，見自本性……一切萬法，不離自性……何期自性本自清淨，何期自性本不生滅，何期自性本自具足，何期自性本無動搖，何期自性能生萬法」初蓋由其有所接於此《涅槃經》一流佛性常住思想而來。若惠能只聞人講誦《金剛經》無所住而生其心，未必即能悟此即佛性之「心之自性」；《金剛般若經》中，固無此自性之一名也。《壇經》之般若品，言及佛性，嘗謂「佛性非常非無常，是故不斷，名為不二……佛性非善非不善，是名不二……不二之性，是名佛性。」今按佛經最多言不二之義者，乃《維摩詰經》。此所謂佛性非常非無常，則出《涅槃經》。然《壇經》之用此一語，又有與《涅槃經》異義者。即《涅槃經》之此一語，乃自二方面說佛性。佛性非常者，非世間之常之謂；非無常者，乃謂一切眾生，同有常樂我淨之佛性之義。《涅槃經》要在說明後之一義。而《壇經》則蓋只取此一語，以破二邊之執，故頓漸品惠能又言佛性無常，以破佛性常之執。此即純為般若三論之言雙非兩不之旨。其本此旨，以言非善非不善之不二之性，是名佛性，……。」，《中國哲學原論·原性篇》，臺北，臺灣學生書局，1991年，頁300。

又參閱唐君毅：「佛家思想之發展，至于言一切眾生皆有常樂我淨之佛性，亦正是以此是正價值之佛性之肯定，以為拔苦轉業之所據也。」，《中國哲學論·原道篇（三）》，臺北，臺灣學生書局，1991年，頁421。

再參閱唐君毅：「惠能所開之禪宗，乃順般若宗之精神而至於其極，以表現一自由用語言，以使人見此般若之施教方式；而此方式即一頓教法門，以使人自明其心自見其性之超於染淨之上，而知此自性即般若者。故惠能之教，乃以即般若之自性，攝般若經論中所謂空性法性之義。由是而進一步，即為將佛家諸宗所傳之法界、八識、三身、四智，及一切修行之工夫，皆就學者之所問，而

二、「自性」的本質

（一）「常」〔註18〕：「不生不滅」〔註19〕——先驗性與超越性

在敦煌本《六祖壇經》中，六祖言：「若愚人不解，謗此法門。百劫千生，斷佛種性。」〔註20〕「斷佛種性」表明了有一「佛種性」〔註21〕是潛藏在自性之中而未顯的「佛性」，是成佛的「種子」〔註22〕。從這裡可以指出「人人

隨機以答，以作人當下明其本心見其自性之用。在此隨機之答中，對此諸名之義，亦即必將收攝之於吾人之本心自性之內而說之。此則即就六祖壇經之內容，而略加分析而即可見者。然此亦非謂惠能之意，在將一切佛家諸宗所傳之名相，皆一一以本心自性之概念為之說明，以見其皆不離此自性本心，無溢出其外者之謂。」《中國哲學原論・原性篇》，臺北，臺灣學生書局，1991 年，頁 309～310。

又再參閱唐君毅：「然吾之《原性篇》嘗論其心性即佛性之義，可出于《涅槃經》，及前此言「自性清心如來藏」一流之佛學。則于由達摩至弘忍所重之《楞伽經》之言如來藏者，惠能亦可有所承。要之自此禪宗之歷史發展而觀，其中大有曲折，其宗旨亦非直線相傳。」，《中國哲學原論・原道篇（三）》，臺北，臺灣學生書局，1991 年，頁 343。

〔註18〕參閱牟宗三：「『常』原亦是就無生無滅的緣生相續而作描述的描述語。『常』概念自己之自性定義亦是由描述而綜括而成。若落于緣生法之實上卻並無一個獨立自體物曰『常』。因此，得曰『無常』。『無常』者，無有自性定義的定常可得也。」，《佛性與般若》上冊，臺北，臺灣學生書局，2004 年，頁 91。

〔註19〕參閱牟宗三：「《大乘起信論》所說『所謂不生不滅與生滅和合，非一非異，名為阿黎耶識』。不生不滅是針對自性清淨心這一面的，而生滅則指的是生死流轉法；不生不滅與生滅兩者和合起來，不一不異，就叫做阿賴耶識。」，《中國哲學十九講》，臺北，臺灣學生書局，1997 年，頁 294。

〔註20〕見於《南宗頓教最上大乘摩訶般若波羅蜜經六祖惠能大師於韶州大梵寺施法壇經》，《大正新修大藏經》第 48 卷，T48，NO.2007，日本大正一切經刊行會，1922～1934 年，頁 341 上。

〔註21〕參閱陳沛然：「Buddha-gotra 直譯是佛種性，這是從眾生成佛的質素猶如種子之性質來描述佛性，顯示眾生之佛性如種子般可在將結成果子。佛種性之觀念乃從成佛之因地來描述佛性，因地的佛性（佛種性）也是佛性，故 buddha-gotra 也可譯成佛性。」《佛家哲理通析》，臺北，東大圖書股份有限公司，1999 年，頁 198。

〔註22〕參閱牟宗三：「佛性就牽連到法的根源的問題。譬如，我們要說明什麼叫佛，佛如何能成？就要通過法的根源的說明，但這些問題不屬於般若本身的問題。般若是消化，是融通淘汰。說法就是對一切法的存在要有一個根源的說明，在根源的說明這個地方就有不同的主張，有不同主張就產生不同宗派。」《四因說演講錄》，上海，上海古籍出版社，1998 年，頁 200。

又參閱牟宗三「佛教講的種子就是潛伏的力量，藏在很深很深的那個下意識下面，這就是第八識、阿賴耶識，阿賴耶識就是種子識，對著將來的現行講，它就是種子，這種說法就叫阿賴耶識系統的說法，對一切法的根源的說明，這

皆可成佛」的可能性，及「佛性」具有潛藏性，此潛藏的「佛性」一旦活動顯現，不假外求於眾緣和合，就能直了成佛。此「斷」的意思，就是「若愚人不解，謗此法門」為前提，不是「最上乘人」的眾生，而說此「最上乘」頓悟之法，反而讓他們不相信自己具有一「佛種性」即「佛性」，而不能自悟，也不能運用潛藏的「般若智」使成佛的力量呈現而直了成佛，此為之「斷」。「不斷」就是運用般若智使「佛性」顯現，而頓悟見性。由於「佛性」具先驗性及超越性使成佛具有必然的保證，所以「佛種性」顯示出「不生不滅」的「常」性。

> 但無動無靜，無生無滅，無去無來，無是無非無住，但然寂淨，即
> 是大道。〔註23〕

> 性聽無生無滅，無去無來。汝等盡座。吾與如一偈《真假動淨頌》。
> 〔註24〕

「性」即是「自性」。「無生滅」就是「不生不滅」，這就是「常」。不在經驗層之內或言語可以表詮出來，所以用遮詮的方式來形容自性的內容，由於「不生不滅」，所以「無去無來」，亦「無動無淨」。無相於內而「無住」於外境之上，所以亦「無是無非」的對待，一切相皆消融無礙。

第一祖達摩和尚頌曰：

吾大（本）來唐國，傳教救名清（迷情）〔註25〕；

一花開五葉，結果自然成。〔註26〕

種說明就叫『阿賴耶識緣起』。」，《四因說演講錄》，上海，上海古籍出版社1998 年，頁 202。

〔註23〕 見於《南宗頓教最上大乘摩訶般若波羅蜜經六祖惠能大師於韶州大梵寺施法壇經》，《大正新修大藏經》第 48 卷，T48，NO.2007，日本大正一切經刊行會，1922〜1934 年，頁 345 上。

〔註24〕 見於《南宗頓教最上大乘摩訶般若波羅蜜經六祖惠能大師於韶州大梵寺施法壇經》，《大正新修大藏經》第 48 卷，T48，NO.2007，日本大正一切經刊行會，1922〜1934 年，頁 343 下。

〔註25〕 參閱姜伯勤：「敦煌本《壇經》弘揚的是一種『無情無佛種』的理論。佛種亦即佛性，此即『有情』才具有佛性的理論。而不同於後出的『無情有性』理論。」，〈敦煌本《壇經》所見慧能在新州的說法〉，《六祖慧能思想研究：「慧能與嶺南文化」國際學術研討會論文集》廣州，學術研究雜誌社，1997 年，頁 258。

〔註26〕 見於《南宗頓教最上大乘摩訶般若波羅蜜經六祖惠能大師於韶州大梵寺施法壇經》，《大正新修大藏經》第 48 卷，T48，NO.2007，日本大正一切經刊行會，1922〜1934 年，頁 344 上。

第二祖惠可和尚頌曰：

本來緣有地，從地種花生；

當來願（元）無地，花從何處生？〔註27〕

第三祖僧璨和尚頌曰：

花種須因地，地上種化（花）生；

花種無性生，於地亦無生。〔註28〕

第四祖道信和尚頌曰：

花種有生性；因地種花生；

先緣不和合；一切盡無生。〔註29〕

　　至於在因地的眾生而言，「花種須因地」的「花種」就是在「因地」的眾生自性中含佛種子。眾生即使在因地，仍能把此佛種子的潛藏力發揮出來，而開花最後成就佛果，故言「因地種花生」。「花種無性生」就是「無生」，就是「不生不滅」。「花種有生性」就是具有「無生」的「不生不滅」的潛藏力，所以不用待緣而生。「有生性」就是眾生「具有」的佛種子，而此種子具「有生性」，這「有生」就是有而不是「實有」，而是一先天本具的力量，就是「不生不滅」的「無生」性，即是「常」性，因此「因地種花生」。若以為是「實有」的「有」就是「生滅法」，而不能稱之為「常」。此「有生性」為「一切盡無生」的「無生法」，所以「先緣不和合」。「先」於一切「緣」及一切概念而存在，謂之「先緣」。不與世間的眾緣互相結合，亦不用待機緣成熟而成就佛之種子長成而結果，故謂之「不和合」。在因地上的眾生就是憑著這潛藏的佛性起現，而「頓悟成佛」，這佛性具有「先緣不和合」的先驗性和超越性，故謂之「常」。

　　「〔自〕性起念，雖即見聞覺知，不染萬境，而常自在。」〔註30〕語句

〔註27〕見於《南宗頓教最上大乘摩訶般若波羅蜜經六祖惠能大師於韶州大梵寺施法壇經》，《大正新修大藏經》第48卷，T48，NO.2007，日本大正一切經刊行會，1922～1934年，頁341上至中。

〔註28〕見於《南宗頓教最上大乘摩訶般若波羅蜜經六祖惠能大師於韶州大梵寺施法壇經》，《大正新修大藏經》第48卷，T48，NO.2007，日本大正一切經刊行會，1922～1934年，頁344中。

〔註29〕見於《南宗頓教最上大乘摩訶般若波羅蜜經六祖惠能大師於韶州大梵寺施法壇經》，《大正新修大藏經》第48卷，T48，NO.2007，日本大正一切經刊行會，1922～1934年，頁344中。

〔註30〕參閱《南宗頓教最上大乘摩訶般若波羅蜜經六祖惠能大師於韶州大梵寺施法

中的「常自在」,「常」是不在於眾緣的變化性而改變其本性。此「常」之自性,先於一切經驗世界而自我存在為之「自在」,所以「雖即見聞覺知,不染萬境,而常自在」。與之相反的是「無常」,所以不能「常自在」。由此而知,世間的一切法皆是「不自在」,而被眾緣所決定,才顯「自在」的假象而以為「自在」。

(二)「樂」:「本自具足」——涵蓋性與普遍性

「樂」為自性的本質之一。此「樂」的意義,在於存有論上具足一切法,包含清淨法即「無漏法」及不淨法,即「有漏法」,具有涵蓋性與普遍性。此「清淨法」就是「佛法」:佛性的法性。此法性是「不二之法」。至於「不淨法」,即「世俗法」,從「緣起性空」來說是存有論上的「緣起」,在「緣起」上而說「有」。又從「緣起性空」上的「性空」而說「無」,就是「無自性」。由於「性空」「無」的內容,包含一切法,具有涵蓋性,故同時亦具有普遍性。由於自性具足一切法而無有缺少,自性「本自具足」,則所以為「樂」。

(三)「我」:「能生萬法」——自主性與創造性

自性中其中的性質為「我」,此「我」的意義具自主性及創造性,所以自性「能生萬法」而為「我」獨一無二的性。為何自性實相理體之中有「我」呢?這「我」處理甚麼問題?這「我」就是處理如何保住一切法,在般若觀照之中而不落於「無一法可得」。

這「我」與「萬法」之間的存在又有何關係呢?這「我」是以真如自性為「我」,這「我」是以實相理體的真如為「我」,不是以四大假合的五蘊色身為「我」。「性含萬法是大」〔註31〕,「自性」是一理體,而「萬法」在法界之中,包「含」在這理體之內,所以「性」就是這法界的一「大」的理性之體。這「我」就是「真如」,就是法界平等的實相理體,故言「性含萬法是大」,亦言「自性含萬法,名為含藏識。」〔註32〕

　　　　壇經》,《大正新修大藏經》第 48 卷,T48,NO.2007,日本大正一切經刊行會,
　　　　1922～1934 年,頁 338 下。

〔註31〕 參閱《南宗頓教最上大乘摩訶般若波羅蜜經六祖惠能大師於韶州大梵寺施法
　　　　壇經》,《大正新修大藏經》第 48 卷,T48,NO.2007,日本大正一切經刊行會,
　　　　1922～1934 年,頁 339 下。

〔註32〕 參閱《南宗頓教最上大乘摩訶般若波羅蜜經六祖惠能大師於韶州大梵寺施法
　　　　壇經》,《大正新修大藏經》第 48 卷,T48,NO.2007,日本大正一切經刊行會,
　　　　1922～1934 年,頁 343 中。

「萬法盡是自性。」〔註33〕這理體是成為一切「萬法」的緣起。換言之，自性即是宇宙萬有是緣起，而這緣起是以「如來藏自性清淨心」作為緣起，這就是「如來藏緣起」「性淨論」的一大系統。既是「如來藏緣起」，一切「萬法」的生起亦不離自性而生，所以言自性能生萬法，即是「萬法盡是自性」的意思。所以，世間的「萬有」，這一切法都是虛幻而非實有，在般若觀照之下，自顯自性的實相。從「如來藏緣起」的「真心」起現而所生的萬法，一切法就因此而說「有」，一切法亦因「自性」的「性空」是「大」而全被包含無一法遺漏，而亦成無漏之法，這就是自性的空而生有。簡言之，就是「非有非無」的「緣起性空」狀態。

這「我」與「萬法」兩者的關係在於「性生」萬法，這「我」是以「自性起念」才能「生」萬法，作為創造性的詮釋。這是靜態的存有論〔註34〕。此「生」是一漫畫式〔註35〕的詮釋而已。又由於「自性起念」才能具有自主的創造性〔註36〕，而不假外求，這就是六祖惠能云：「真如是念之體，念是真如之

〔註33〕參閱《南宗頓教最上大乘摩訶般若波羅蜜經六祖惠能大師於韶州大梵寺施法壇經》，《大正新修大藏經》第48卷，T48，NO.2007，日本大正一切經刊行會，1922～1934年，頁339下。

〔註34〕參閱牟宗三：「『生』就是一物之存在。但是從『是』字入手，是靜態的，故容易著于物而明其如何構造成；而從『生』字入手卻是動態的，故容易就生向後返以明其所以生，至若生了以後它有些什麼樣相，這不在追求之內，因為這本是知識問題，中國先哲不曾在此著力。故中國無靜態的內在的存有論，而有動態的超越的存有論。此種存有論必須見本源，如文中所說的儒家的存有論（縱貫縱講者）及道家式與佛家式存有論（縱貫橫講者）即是這種存有論，吾亦曾名之曰『無執的存有論』，因為這必須依智不依識故。這種存有論即在說明天地萬物之存在，就佛家言，即在如何能保住一切法之存在之必然性，不在明萬物之構造。此種存有論亦函著宇宙生生不息之動源之宇宙論，故吾常亦合言而曰本體宇宙論。」，《圓善論》，臺北，臺灣學生書局，1996年，頁338。

〔註35〕參閱牟宗三：「而在佛家，則只是『以有空義故，一切法得成』之意。此不得理解自性真空為一實體或本體，由之而生萬法也。故『自性生萬法』只是漫畫式的辭語，不得著實視之為直陳的謂述語。故見到惠能此種語句而謂是一種實體性的本體生起論，則誤。」，《佛性與般若》下冊，臺北，臺灣學生書局，2004年，頁1058。

〔註36〕參閱牟宗三：「以有空義故，一切法得成」，並非說『空』義能創生一切法也；緣起法非此『空』義之所創生也。般若、解脫、法身即三千世間法而為般若、解脫、法身，並非說般若、解脫、法身能創生三千世間法也。本體論的生起論並非佛家義，此固甚顯然。不管天台之『性具』，華嚴之『性起』，或六祖壇經之『性生』，皆非本體論的生起論，亦甚顯然。（不可為表面詞語所惑）。而本體論的生起論之切義唯在『自由意志之因果』處見，此亦不爭之事實。而意志

用，〔自〕性起念。」〔註37〕由此而知，宇宙萬有的存在，就是在於真如一念活動而起現，在這一念之中而出現宇宙萬有的現象世界。

「真如是念之體」這「真如」是「念」的本，而這「真如」的「用」在於「一念」，所以說「念是真如之用」，「真如」一念而生宇宙萬有的現象世界。換言之，宇宙萬有的生起就是依真如之體為本體。而「一念」以「真如」的「真心」為體時，萬法都在如如的實相之中。一旦這「一念」以「識」見一切外境而成「妄念」，「真如」即被這「妄念」所覆蓋，而不見其「真心」的實相本體。這「妄念」而起現生滅的煩惱而成我執，這「我」執中的「我」是一「假我」，不是「真如自性」中的「真我」具有自主性及創造性，這「我執」中的「我」，每一念都在虛妄生滅之中，而不能解脫。這「假我」所見的現象世界，盡是虛妄不實的世界，而不見實相本體，就是真如自性。

總言之，這自性中的「我」具有保住一切法之「有」，亦能「生」萬法而建立起「萬法盡在自性」的體一不二關係。「自性起念」的一念，就是成佛解脫的關鍵。

1.「心地性王」

在敦煌本《六祖壇經》中的經文，對「我」能生萬法的自主價值創造性，是具有以下內容，現分析如下：

> 大師曰：大眾，大眾作意聽，世人自色身是城，眼、耳、鼻、舌、身即是城門。外有六門，——內有意門。心即是地，性即是王。性在王在，性去王無。性在身心存，性去身壞。佛是自性作，莫向身〔外〕求。自性迷，佛即眾生；自性悟，眾生即是佛。〔註38〕

「世人自色身是城」，在因地上的眾生即是「世人」，而「世人」的「色身」如一座「城堡」，為一四大假合而存在於現象世界，此「城堡」的「城門」，為「眼耳鼻舌身」「前五識」的「五門」，並加上第六識的「意門」而為「外六門」，

因果之道德創造性為佛道兩家所無，此亦不爭之事實。只此是本質的相干者，通泛之言大家皆可說，並不能決定儒佛之同異也。」，《圓善論》，臺北，臺灣學生書局，1996 年，頁 327～328。

〔註37〕參閱《南宗頓教最上大乘摩訶般若波羅蜜經六祖惠能大師於韶州大梵寺施法壇經》，《大正新修大藏經》第 48 卷，T48，NO.2007，日本大正一切經刊行會，1922～1934 年，頁 338 下。

〔註38〕參閱《南宗頓教最上大乘摩訶般若波羅蜜經六祖惠能大師於韶州大梵寺施法壇經》，《大正新修大藏經》第 48 卷，T48，NO.2007，日本大正一切經刊行會，1922～1934 年，頁 341 中。

而這「六門」的背後，有一內門為「意門」，是第六識「意識」所依的根，為「末那識」在內而不顯，與「意識」互為表裏的關係。在此段經文中以「六門」交代了第六識「意識」的存在，亦可從「內意門」為「意根」而知第六識的存在。

因此，在這裡不能只依文解意，如以下所列的看法，反映了對理解《壇經》此段文字存在不同的問題：

其一，周紹良教授在他的〈原本《壇經》之考定〉一文中，考定敦煌本與惠昕本《六祖壇經》二者之間的問題上，他提出了：「底下慧能一段語言，他把眼、耳、鼻、舌、身、意六識，只說了五種，可是卻說到『六門』，他感到言語有漏，因趕緊補上一句『──內有意門』，意思『六門』內還有意門。這正證明敦煌本《壇經》是一本『原本《壇經》』，是極為重要的證據，惠昕不懂這句話的意思，他把它整理成：「師言：『世人自色身是城，眼、耳、鼻、舌、身是城門，外有五門，內有意門。』這是講不通的，『意識』也是一門，怎麼能在五門之外更列一門。這是沒法解釋的。」〔註39〕

筆者認為如此作解，只是在「五門」或「六門」的文字上作不同的詮釋，但周教授已經注意到這段文字有「講不通」與「沒法解釋」之處。可是，筆者卻不同意他認為六祖惠能「感到言語有漏，因趕緊補上一句『──內有意門』」的看法。原因在於現在我們常用的「第七識」──「末那」為梵文的音譯名稱，而義譯本名為「意」。〔註40〕「末那」為「外六門」中的「意識」所依之根〔註41〕。從此而知，六祖惠能沒有「言語有漏」而補說「內有意門」。六祖惠能在此以當時所稱「意」的「末那」為「內意門」，而以「外六門」包含了第六識「意識」的存在。因此，不論以惠昕的「五門」為解或依周教授所言「六門」的觀點，說六祖惠能把第六識的「意識」放在「內意門」來看，

〔註39〕 參閱周紹良：〈原本《壇經》之考定〉，《六祖慧能思想研究：「慧能與嶺南文化」國際學術研討會論文集》，廣州，學術研究雜誌社，1997 年，頁 245。

〔註40〕 參閱李潤生：「獨第七末那識，具備『恆思量』及『審思量』兩義，得名為『意』，音譯為『末那』。」，《唯識三十頌導讀》，臺北，全佛文化，1999 年，頁 225。

〔註41〕 參閱李潤生：「上述的第六識，既可『隨境』而立名，亦可『隨根』而立名。若隨根立名，則可有眼識、耳識、鼻識、舌識、身識、意識等六種名目；以第一識隨眼根立名，故稱為『眼識』，如是乃至第六識隨意根（即是末那識）立名，故稱為『意識』。」，《唯識三十頌導讀》，臺北，全佛文化，1999 年，頁263。

那麼「第七識」應如何安立？如依《唯識三十頌導讀》中所說「末那」為「意根」〔註42〕，六祖惠能此段經文並沒有缺漏。六祖惠能所言這段經文已具有一貫的完整性及圓滿性，只是世人未解其意及遺漏了「唯識」的「第七識」的「本名」而已。

其二，霍韜晦在解釋宗寶本《六祖壇經》〈疑問品第三〉此段經文認為「城內則有第六意識作為內門」及「而第六識則在內作思維主體，故為內門」〔註43〕。

筆者認為如此作解，則第六識的「意識」本應在於外與「法塵」相應，而其位置卻被由「外」轉移至「內」，則「前五識」所緣的「塵」沒有被「意識」統攝而成為一「概念」而被認知。「知性」（understanding）亦無從顯現而對應「法塵」的這個功能。霍氏在此未有交代如何本應在「外門」的第六識，如何可轉移為「內門」及成為「思維主體」的原因，或是未覺察到此段經文的「內意門」，不是解作第六識的「意識」。

其三，董群在《慧能與中國文化》一書中，他對此段的經文的解釋為：「人是由肉體之身、精神性的心和最本質的性所構成的，如果把肉體之身看作是城邑，五官就是外城的五城門，意根是內城門，心如同這個城邑的地盤範圍，性是統治建立在這塊土地上的城邑之王，是身心的主宰，統攝心地、意根、六門、色身，只有性的存在，其餘的一切才有其內在的基礎。」〔註44〕

〔註42〕參閱李潤生：「第七『末那』識名『意』與第六『意識』如何區別？一者、『末那』名『意』，『意』即是識（在梵文的『聲明學』中，名為『持業釋』。即『意』就是此『識』的業用，如第八『藏識』，『藏』就是此『識』的業用）；第六識名『意識』，是『意』之識（在『聲明學』中，名為『依主釋』，『意識』是依『意根』而得名之『識』，如『眼識』是依『眼根』而得名之『識』）。二者、『末那』便是『意根』，是第六意識所依的根；『末那』是所依，『意識』是能依。今為恐怕產生不必要的混淆，別名第七識為『末那』識（不用『意』的義譯，而取『末那』音譯）；別名第六識為『意識』。又第七末那不名為『心』，因為它不具備積集（集起）種子的思義。末那不名為『識』，因為它的了別作用較前六識為劣故。」，《唯識三十頌導讀》，臺北，全佛文化，1999年，頁250。

〔註43〕參閱霍韜晦：「六祖說，甚麼是淨土？自性就是淨土，你能認識生命，即知淨土性相。人的肉身（色身）就是淨土的城池，眼、耳、鼻、舌就是城門，五根合為城池及城門；城內則有第六意識作為內門。蓋前五識（及五根）都是生命與外界交通的門戶，故為外門；而第六識則在內作思維主體，故為內門。」，《六祖壇經》，香港，法住出版社，2003年，頁223。

〔註44〕參閱董群《慧能與中國文化》，貴陽，貴州人民出版社，2001年，頁46～47。

　　筆者未能理解董氏所用的引文是以「五門」為內容，但其後他接著的詮釋即為「六門」及包括了「意根」這個概念。如按董氏的解釋「五官就是外城的五城門，意根是內城門」，這明顯地表示此「五門」中沒有包括了第六識的「意識」，如沒有第六識的「意識」，如何有「意根」這概念的存在？

　　以上列出不同觀點，筆者目的在於顯示出如按這些解說所存在的問題。不論這樣的看法套在敦煌本《六祖壇經》或宗寶本《六祖壇經》上解釋，即時出現對「唯識」概念理解上的問題。如按以上的解說，無論以「五門」或「六門」作為「外門」，皆以為「內意門」為第六識——意識。那麼第七識的「末那」應如何安立？第七識的位置被第六識取代，因而被懸空，無任何位置安立於「八識」的系統之中。

佛教「八識」的內容	經文內容	解構關係	建構功用
1.「眼識」	外六門	「眼識」與「眼根」	緣「色塵」
2.「耳識」	外六門	「耳識」與「耳根」	緣「聲塵」
3.「鼻識」	外六門	「鼻識」與「鼻根」	緣「香塵」
4.「舌識」	外六門	「舌根」與「舌根」	緣「味塵」
5.「身識」	外六門	「身識」與「身根」	緣「觸塵」
6.「意識」	外六門	「意識」與「意根」；統攝前「五識」	（1）緣「法塵」；（2）「知性」〔註45〕
7.「末那識」	內意門	「意識」所依之根	（1）「我執識」〔註46〕

〔註45〕 參閱牟宗三：「照佛教講，第六識最重要，第六識執著性最猛烈，感性、前五識的執著很簡單。第六識表現出來就是知性（understanding），純粹的覺性的作用就是超越的統覺，拿甚麼去統覺呢？拿範疇去統覺，拿範疇去統覺就成功一個綜和。每一個綜和顯一個定相，這種定相康德叫做 determination，一種決定，這是按照範疇來的決定。決定人有生相、滅相、有因相、果相。時間相，空間相，十二範疇，這些在佛教統統叫做執相，執相屬于三性裡面的遍計執性，這個意思也很有道理。遍是周遍，計是計度、衡量。周遍於甚麼？周遍依他起，就著依他起所到的地方，都可以執到。它怎麼執到？它計度、衡量，就依他起，因緣生起的那些現象加以計度，衡量，算一算，而加以種種的執著，這叫遍計執性。這是識的一種執著的能力，所執著的就是那個相。計執性就是重視第六識的那個執性，那個執著的能力，是從識的見分方面講，主觀方面講。從識所執著的哪方面講呢？所執著的就是相分，相分就是指相講。」，《四因說演講錄》，上海，上海古籍出版社，1998 年，頁 189。

〔註46〕 參閱牟宗三：「……第六識是最兇猛的。第七識是末那，末那就是『意根』，就是我們表現在外面這個 pure understanding 後面的那個根。這個意根就等於心理學的下意識、潛意識。它沒有顯出來，它執著在後面的時候，死死不放。知

			(2)「染淨依」
8.「阿賴耶識」	心地性王	前七識所依	(1) 存藏一切法的「種子」與「佛」的「種子」的藏庫——即「根本依」； (2) 潛伏的力量〔註47〕

依敦煌本《六祖壇經》的經文來看，六祖惠能所言的城堡為「色身」、「外六門」、「內意門」，接著就是第八識「心即是地，性即是王」的「心地性王」。「心」具收集種子的能力，「地」為一切法的所依，為「根本依」〔註48〕。至於「性王」則為主體具統攝其前七識之能力。

「性在王在，性去王無。性在身心存，性去身壞。」從以上的文理中，筆者見此「身心存」的「身」可解「色身」，但仍有另一解釋為「第五識」的「身識」，這包括了「前五識」在內；而「心」為第六識「意識」的活動，這包括了第七識的「意根」在內。沒有了第八識「心地性王」的「根本依」，亦沒有「前七識」的存在，亦無法建構出「見分」、「相分」、「自證分」及「證自證分」等架構。

因地的眾生，在缺了第七識的存在之下，即使沒有「四根本煩惱相應」來「障蔽聖道」〔註49〕，或以為已斷除「根本煩惱」而能即時「頓悟成佛」，問

性表現在外面，意根沒有表現，在後面。這個第七識是不顯的，默默的在後面不自覺的堅持，所以也叫做『我執識』。第六識執著那些相，成功知識。第七識這個意根單執著那個『我』，每一個人自己的那個我，就是 self identity。這個『我』（self ego）照緣起性空講本來是無自性的，但為甚麼有這個我呢？唯識宗給你一個解釋，就是一個執著，最大最根本的執著是我們有這個第七識，有這個我執識。這個識發出來有四種根本惑：我見、我痴、我慢、我貪。這是從第七識而發的四種人生最根本的無明，惑就是無明。」，《四因說演講錄》，上海，上海古籍出版社，1998年，頁192～193。

〔註47〕 參閱牟宗三：「第八識是阿賴耶識，阿賴耶識就是種子識。佛教的種子就是潛伏的力量，藏在那個地方，就叫阿賴耶識。唯識宗講『八識』講到阿賴耶識，一切法通到阿賴耶識，這就是阿賴耶識緣起。」，《四因說演講錄》，上海，上海古籍出版社1998年，頁193。

〔註48〕 參閱李潤生：「『根本依』指第八識：前轉六識起時，必與第八識俱轉，以第八識為『根本依』故。」，《唯識三十頌導讀》，臺北，全佛文化，1999年，頁336。

〔註49〕 參閱李潤生：「釋末那的德性：在善、惡、有覆無記、無覆無記四種德性之中，第七末那識是何性所攝？《唯識三十頌》云：『是『有覆無記性』所攝。何以故？《成唯識論》作出以下的解釋，彼云：『此意（末那）相應四煩惱等，是染法故，障礙聖道。隱蔽自心，說名有覆，非善不善，故名無記。……若已轉依，唯是善性。』

題卻在於沒有第七識「意根」的存在，即是沒有「意識」存在，也沒有心識的活動，更沒有了「般若智」的呈現〔註50〕。「三因佛性」如何成立？六祖惠能所言整本敦煌本《六祖壇經》中「傳承」「不取不捨」的般若智方法論及其精神則無法立論。無「般若智」的呈現，如何可以「頓悟成佛」？「成佛」的根據及可能性，即時被全面性瓦解而無法成立。因此，筆者指出有關問題的重要性及嚴重性，就是此段經文不能只「依文解意」，而忽略佛教的理論根據及禪宗的整體精神所在。

　　從哲學角度來看，六祖惠能這段文字，「解構」了從「見聞覺知，不染萬境」中如何是「自性起念」的「真如是念之體，念是真如之用」〔註51〕內容。此內容與《維摩經》「外能善分別諸法相，內於第一義不動」〔註52〕的般若精神是相應。

又參閱在有漏位，未轉依前，第七末那識既非善性，亦非惡性，是『無記』性攝。但此末那，無始時來，恆與我癡、我見、我慢、我愛彼四種根本煩惱相應，使末那變成染污之法，障蔽聖道，不能起無漏智以體證真如，隱蔽自心，不得清淨以出離生死，屬『有覆』攝。如是結合兩種特性，末那便成『有覆無記性』（Nirvrtavyakrta）所攝。
再參閱在無漏位，當成佛後，第七末那識由於已斷我癡、我見、我慢、我愛，乃至一切有漏相應諸法，所以純是『無漏善性』所攝。」，《唯識三十頌導讀》，臺北，全佛文化，1999 年，頁 240。

〔註50〕參閱李潤生：「（二）隨念分別：心識由念力，緣過去境，追憶而起分別（認知），名『隨念分別』，此唯意識有。」，《唯識三十頌導讀》，臺北，全佛文化，1999 年，頁 398～399。
又參閱李潤生：「（三）計度分別：『計度』是『計慮』、『量度』義。謂心識於過去、現在、未來三世不現見法中，計慮量度而分別（認知）之名為『計度分別』。此是『思』與『慧』心所的作用，於八識中，唯第六意識及第七識污染末那有此作用，能執諸識的『見分』、『相分』為『實我』、『實法』。」茲把八個識與『三種分別』的關係表列如下：

，《唯識三十頌導讀》，臺北，全佛文化，1999 年，頁 398～399。
〔註51〕參閱《南宗頓教最上大乘摩訶般若波羅蜜經六祖惠能大師於韶州大梵寺施法壇經》，《大正新修大藏經》第 48 卷，T48，NO.2007，日本大正一切經刊行會，1922～1934 年，頁 338 下。
〔註52〕參閱《南宗頓教最上大乘摩訶般若波羅蜜經六祖惠能大師於韶州大梵寺施法壇經》，《大正新修大藏經》第 48 卷，T48，NO.2007，日本大正一切經刊行會，1922～1934 年，頁 338 下。

　　由於「自性起念」的緣故，所以「見聞覺知」的為「外六門」的心識活動〔註53〕，而「不染萬境」在於「內意門」的「意根」，即「末那識」為「染淨依」。「前五識」起現時必與「末那識」一起「轉」〔註54〕。所以，「前六識」皆淨，沒有被「萬境」所染污，這顯明「心地性王」這概念包含著成佛的根據、成佛的可能及一念的「正智」呈現時，使「真如」與「念」為體用的「非一非異」關係〔註55〕。

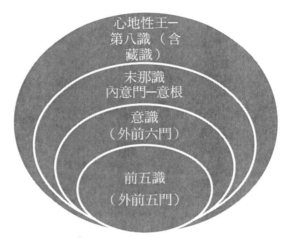

<hr />

〔註53〕參閱李潤生：「唯識家把心識分為三組：所謂：集起名心，思量名意，了境名識。今以簡表以區別如下：

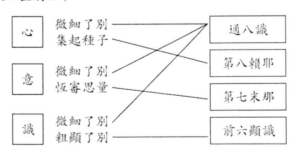

，《唯識三十頌導讀》，臺北，全佛文化，1999年，頁158。

〔註54〕參閱李潤生：「『染淨依』指第七識：前五識起時，必與第七識俱轉，以第七識淨，則前五識淨，第七識染，則前六識染，以第七識為『染淨依』故。」，《唯識三十頌導讀》，臺北，全佛文化，1999年，頁336。

〔註55〕參閱李潤生：「窺基《述記》云：『正智等生時，挾帶真如之體相起，與真如不一不異，非相非非相。』『真如』不是心識所變現的，而是心識的自體；當『根本智』（亦名『正智』）現行時，『根本智』的『見分』挾帶『真如』這『無相之相』（後者之『相』是『體相』之『相』，非『相狀』之『相』）與之俱起；彼『見分』為能緣，以『真如』為『所緣緣』而攀緣之。」，《唯識三十頌導讀》，臺北，全佛文化，1999年，頁365。

　　此城堡建立的地為人的「心」，所以「心即是地」，簡稱之為「心地」。而在此「心地」為主宰者為「性」，所以「性即是王」。簡言之，「性是王」。自性具自主性能決定一切心識行為，而心地從屬於「性王」。這是文字的意解，由於「佛性」顯時，「成佛」的力量而具「成佛」的自主性，所以言「性在王在，性去王無」。由於潛藏之時的「佛性」未顯，「成佛」的可能性變得無法自主生命的本質。「自性」所具有的「自主」作用被隱藏起來，所以「性在」之所以稱「王在」，就是自性的功能得以全面發揮出來。相反地，「性去」而沒有所揮其功能而出現「王無」的情況，「王者」而沒有「王者」的風範，失去應該具有自主性，「佛性」未顯其成佛的可能性，但仍具有「王」〔註56〕之名，但失其本有之性。因此，在第八識「含藏識」所隱藏的「佛性」，必以「自性起念」「真如」中的「般若智」，令「第七識」除掉「我執」而使「前六識」無染無著，「王」者才能再現。

　　「佛是自性作」，「佛」是「覺者」。如何作才成為「覺者」呢？「覺」在於一念的轉悟而成覺。這一念是為一妄念，這妄念為前念執於一境之上而念住於境之相上，而為有相。所以成「佛」就在轉這一「妄念」為「真如」的念，而自證於這一念「轉」之中，所以言「自性作」。由於這一念是由「自性」而起「真如」之用的「自性」之念，所以成「佛」亦由此自性起念的一念工夫而做。由此而知，六祖惠能的頓法門的工夫，就是在「無住為本，無念為宗，無相為體」之上。換言之，敦煌本《六祖壇經》中所言的「直指人心，見性成佛」，不離在自性心地上的「一念」修行。

　2.「三世諸佛十二部經」

　　　一切經書及文字，小大二乘十二部經，皆因〔人〕置，因智惠（慧）性故，故然能建立我。若無智人，一切萬法本無不有。故知萬法本從人興，一切經書因人說有。緣在人中有愚有智，愚為少（小）故智為大人。問迷人於智者，智人與愚人說法，令使愚者悟解深（心）

〔註56〕參牟宗三：「『自性能含萬法，名含藏識』，即第八識。第八識即心也，『心是地』之心。心生萬法含萬法，是『生』與『含』之實義。心不離空，法不出如。『性是王』故，故以自性真空作統綱，遂說『自性能含萬法』，或『能生萬法』。在此說生與含是生與含之虛義。實生實含只在含藏識，而自性亦即轉名為含藏識。自性轉名為含藏識即自性之在迷。自性雖在迷，而畢竟仍是王，故云『自性含萬法』。」，《佛性與般若》下冊，臺北，臺灣學生書局，2004 年，頁1060。

開，迷人若悟心開，與大智人無別。故知不悟，即是佛是眾生；一念若悟，即眾生不是佛。故知一切萬法，盡在自身心中。何不從於自心，頓見真如本姓（性）。〔註57〕

三世諸佛，十二部經，云在人性中，本自具有。不能自姓（性）悟，須得善知識示道見性。若自悟者，不假外求善知識。若取外求善知識，望得解說，無有是處。識自心內，善知識即得解〔脫〕。若自心邪迷，妄念顛倒，外善知識，即有教授。〔註58〕

此「摩訶行」因為「性空」〔註59〕而「萬法盡在自性」，除了山河大地，惡法善法，亦包含「三世諸佛十二部經」，「三世諸佛」與「十二部經」在眾生心中被視為外在的，並且它們都在眾生之上，所以眾生對「佛」與「經」尊之敬之，而不自知尊敬自性中的真佛及般若智，兩者代表了內在本有的「佛」與「經」。在敦煌本《壇經》中，六祖惠能突破性開示「佛」與「經」與「自性」三者的關係，曰：「云在人性中，本自具有。」把「三世諸佛」與「十二部經」的相，兩者全破，使眾生從外相而轉歸於自性之中。

迷與悟在於一剎那的轉念，六祖惠能曰：「不能自悟，須得善知識示道見性。」此「善知識」就是自性中的般若智。這裡六祖惠能以破相顯理來開示眾生，自性中有「真佛」與「般若智」，這兩者等同於世間上眾生所認知的「三世諸佛」與「十二部經」。若能頓悟三者的關係，即覺「萬法盡在自性」此言不虛。否則，就仍在迷的狀態，「不能自悟」，即是未悟自性含萬法的「非有非無」之真理。這時「須得善知識示道見性」，既然「萬法盡在自性」，此「善知識」在內而不在外，就是自性中的般若智，而要此「善知識」現身說法，只得一方法，就是以「不捨不取」的方法開示，這樣才能超越一切相對而顯絕對而見性。

〔註57〕見於《南宗頓教最上大乘摩訶般若波羅蜜經六祖惠能大師於韶州大梵寺施法壇經》，《大正新修大藏經》第48卷，T48，NO.2007，日本大正一切經刊行會，1922～1934年，頁340中至下。

〔註58〕見於《南宗頓教最上大乘摩訶般若波羅蜜經六祖惠能大師於韶州大梵寺施法壇經》，《大正新修大藏經》第48卷，T48，NO.2007，日本大正一切經刊行會，1922～1934年，頁340下。

〔註59〕參閱牟宗三：「中論雖未正面表示出『遍計執』，但它化去的就是這個執，正因為有才需要破除。如此，它去執後而言的二諦，實際上就只是一諦，即真諦，亦曰第一義諦，總括而言即『緣起性空』這個觀念。由『緣起』視之，即是俗諦，由『性空』視之，即是真諦。因此『緣起性空』，實際上要表示的是『真俗不二』。真諦、俗諦其實是一回事，即『緣起性空』，因此可說真俗不二。」《中國哲學十九講》，臺北，臺灣學生書局，1997年，頁266。

（四）「淨」：「本自清淨」──價值性與光明性

1.「清淨法身佛」

> 向者三身，自在法性，世人盡有，為迷不見。外覓三身如來，不見
> 自色身中三世（身）佛。善知識聽，與善知識說，令善知識於自色
> 身見自法性有三世（身）佛。此三身佛，從自性上生。何名清淨（法）
> 身佛，善知識，世人性本自淨，萬法在自性。〔註60〕

「此三身佛，從自性上生。」「三身佛」就是「清淨法身佛」、「千百億化
身佛」及「圓滿報身佛」。由於「萬法盡是自性」的「真我」而生萬法，這「三
身佛」，就是依真如本體中的「真我」而起現，所以言「從性上生」。凡夫如何
得見自性中的「三身佛」呢？是以般若智而見自性中具有此「三身佛」，因為
「般若常在不離自性」。

「世人性本自淨，萬法在自性。」自性不只具有「自性三身佛」，亦具有
「小大二乘十二部經」在自性之內，這些經典只是般若智反映自性的一個表象
而設立的，所以這自性中的「真我」，是以「我」而寫成一切經書，亦以「我」
而解悟自證這經書內容中的實相本體，所以言「故然能建立我」。

2.「性體清淨」

「但能離相，性體清淨是，是以無相為體，於一切鏡（境）上不染，名為
無念。」〔註61〕能顯其清淨性而有相，但是性體具清淨性，只因妄念覆蓋真如
本性，未顯人性的清淨價值。自性的性體清淨而見性體的無限性包含一切法，
當中具清淨法及不淨法。清淨法能使人人皆能成佛，不僅見世人成佛的根據，
亦見清淨法身，法身清淨，圓滿清淨性，全顯自性的價值性。

「真如淨性是真佛」〔註62〕，「真如」就是真實不虛，如如之狀態的「真
心」。「真如」本性具清淨性，其中的「真佛」就是「清淨法身佛」〔註63〕。「真

〔註60〕見於《南宗頓教最上大乘摩訶般若波羅蜜經六祖惠能大師於韶州大梵寺施法
壇經》，《大正新修大藏經》第48卷，T48，NO.2007，日本大正一切經刊行會，
1922～1934年，頁339上。

〔註61〕參閱《南宗頓教最上大乘摩訶般若波羅蜜經六祖惠能大師於韶州大梵寺施法
壇經》，《大正新修大藏經》第48卷，T48，NO.2007，日本大正一切經刊行會，
1922～1934年，頁338下。

〔註62〕參閱《南宗頓教最上大乘摩訶般若波羅蜜經六祖惠能大師於韶州大梵寺施法
壇經》，《大正新修大藏經》第48卷，T48，NO.2007，日本大正一切經刊行會，
1922～1934年，頁345上。

〔註63〕參閱牟宗三：「甚麼叫做法身呢？法身就是從法性而來的身，名之曰法身。法

佛」就是全顯人本性的價值性，全顯生命的方向，在智慧中發揮人性的光明性。此光明性照耀自己生命的進路而成佛，亦同使此光輝反照於其他眾生的生命上，引導其啟動自性中「清淨法身佛」的光明性，而使自己最後成佛。

「本從花（化）身生淨性」〔註64〕，「淨性」不單只在「清淨法身佛」上，亦在「化身佛」內，所以「淨性常在化身中」〔註65〕，此化身佛就是「千百億化身」而「性」的清淨性，使「化身行正道」。自見「正道」才能「行正道」。而此「行」是「慧行」及「行行」，把般若智活用及實踐修行使中的價值性全顯全現。「性中但自離吾欲」的「離吾欲」就是自性無妄念遮蔽，「離妄念本性淨」而顯自性的清淨性，就是「見性剎那即是真」，也即是「自心頓現真如本性」而自見自性清淨性。

「見性剎那即是真」〔註66〕的「見性」，就是自見自性中的清淨性。「剎那」就是「頓悟」，真佛就在自性之中，而頓悟一切法都是假名，只有自清淨心是一「真心」〔註67〕。此「真」才能體現價值性。真心如直心，沒有曲隱而為真心，全顯自性的清淨性及光明性。

性就是空如、真如。身者，聚也。身就是功德聚，功德聚才能成個身，不是空洞的寡頭的身。聚就成一個 body，這個聚就是 body 的意思。所以，這個法身就是無邊無量的功德聚。那麼，法身是就著三千法而成的法身，一定要講般若，要透入般若智，般若呈現才能成佛。用西方的詞語，般若智就是康德所說的智的直覺。你要就著一切法而表現你的智，法身要就著一切法而表現你的法身。解脫呢？解脫就是斷煩惱，斷煩惱就成解脫，解脫表示斷德。」，《四因說演講錄》，上海，上海古籍出版社 1998 年，頁 233。

〔註64〕參閱《南宗頓教最上大乘摩訶般若波羅蜜經六祖惠能大師於韶州大梵寺施法壇經》，《大正新修大藏經》第 48 卷，T48，NO.2007，日本大正一切經刊行會，1922～1934 年，頁 345 上。

〔註65〕參閱《南宗頓教最上大乘摩訶般若波羅蜜經六祖惠能大師於韶州大梵寺施法壇經》，《大正新修大藏經》第 48 卷，T48，NO.2007，日本大正一切經刊行會，1922～1934 年，頁 345 上。

〔註66〕參閱《南宗頓教最上大乘摩訶般若波羅蜜經六祖惠能大師於韶州大梵寺施法壇經》，《大正新修大藏經》第 48 卷，T48，NO.2007，日本大正一切經刊行會，1922～1934 年，頁 345 上。

〔註67〕參閱牟宗三：「此一真心法「攝一切世間法出世間法」。至于大乘所以為大乘之「義」即是此真心法在體相用三方面的意義：體大、相大、用大。「體大」是指一切法底真如性說。此真如性平等不二，不增不減。此真如性即真心之「真如相」也。真心體遍，故真如性遍，遍一切處皆，然故云「體大」。「相大」是指此真心法（如來藏）具足無量稱性功德說。「用大」是指此真心法「能生於一切世間出世間善因果」說，……」，《佛性與般若》上冊，臺北，臺灣學生書局，2004 年，頁 454。

　　「世人性淨，猶如清天」〔註68〕「世人性淨」如「清天」的大用，從「清天」而見天上地上的一切萬物，這亦如「自性生萬法」包含一切法，亦即具足一切法的意思。般若智亦在其中而顯自性的大用。「人性本淨」「自性清淨」，眾生自見「自性自淨」，而自我啟動自性中的般若智及實踐修行，所以「自修自作」而「自性法身自行」，最後「佛行自作自成佛道」。

（五）「定」：「本無動搖」──獨立性與堅持性

1.「自性戒定慧」

　　大師謂志誠曰：「吾聞與（汝）禪師教人唯傳戒、定、惠（慧），與（汝）和尚教人戒、定、惠（慧）如何？當為吾說。」

　　志城曰：「秀和尚言戒、定、惠（慧）：諸惡不作名為戒，諸善奉行名為惠（慧），自淨其意名為定。此即名為戒、定、惠（慧）。彼作如是說，不知和尚所見如何？」

　　惠能和尚答曰：「此說不可思議，惠能所見又別。」

　　志城問：「何以別？」

　　惠能答曰：「見有遲疾。」

　　志城請和尚說所見戒、定、惠（慧）。

　　大師言：「如汝聽悟（吾）說，看悟所見處：心地無疑非（是）自姓（性）戒，心地無亂是自姓（性）定，心地無癡自姓（性）是惠（慧）。」

　　大師言：「汝戒、定、惠（慧）勸小根智人，吾戒、定、惠（慧）勸上智人，得吾自〔性〕，亦不立戒、定、惠（慧）。」

　　志城言：「請大師說不立如何？」

　　大師言：「自姓（性）無非、無亂、無癡，念念般若觀照。常離法相，有何可立？自姓（性）頓修，立有漸此（次），契以不立。」

　　志誠禮拜，便不離漕溪山，即為門人，不離大師左右。」〔註69〕

〔註68〕參閱《南宗頓教最上大乘摩訶般若波羅蜜經六祖惠能大師於韶州大梵寺施法壇經》，《大正新修大藏經》第48卷，T48，NO.2007，日本大正一切經刊行會，1922～1934年，頁339上。

〔註69〕參閱《南宗頓教最上大乘摩訶般若波羅蜜經六祖惠能大師於韶州大梵寺施法壇經》，《大正新修大藏經》第48卷，T48，NO.2007，日本大正一切經刊行會，1922～1934年，頁342中至下。

「諸惡不作名為戒」的「諸惡」，是指「惡行」，而「不作」就是不做的意思。從表詮上來說「諸惡不作」就是止惡防非的消極義，所以「名之戒」。此「戒」就是界限，主體被「戒」而限制其活動性，以「戒」為限，在身之外劃定不做惡行的而做善行的活動範圍。從積極義來看，「諸惡不作」亦隱含著「諸善全作」的積極義。

「諸善奉行名為惠」的「諸善奉行」就是將「諸惡不作」的消極義而轉成積極義，由於「諸善」與「正智」中「善」的內容相應，而「名為惠」。「諸善」的「善」為各種「善相」而名之為「諸善」，這「善」與「惡」相對，所以稱之為「善」。但此「諸善奉行」與「諸善全作」有不同之處。由於「諸善」之善相而作出的行為，為之引導式的「奉行」。而「全作」是無分別地作的行為。「奉行」與「全作」之所以不同，就在於「善」的內容上。

從「善」的內容言，「諸善」的「善」與「心善」的「善」有所不同。前者是見「諸善」之相而依善相而「奉行」。後者的「善」從般若智呈現下，無分別相而實踐的心行，所以是「全作」而不只在於「奉行」的局部行為，所以「奉行」與「全作」兩者的「善」，內容有所不同。前者的「善」，是心的本性，被意識分別出來的部分，所以當中有善之相。後者的「善」，是以般若智呈現之下全顯心的智慧性。從「部分」的「諸善」與「全部」的「心善」來顯心的如如本性，因而「奉行」與「全作」之不同亦在於此。「諸善奉行」中的「善」，包含著心「正智」內容的一部分，所以亦可稱為「惠」的一部分內容，而名之為「惠」。

「自淨其意名為定」的「自淨」，就是「自性本淨」的意思，但「其意」就是不會本心中的清淨性，所以心識中的般若無分別智，亦不能同時呈現。因此「意識」作出分別相而起不淨的念頭。「自淨其意」作為工夫把不淨的念頭壓下，而當下就以此工夫來意會自性中的清淨性，這就是「定」的工夫，而「名為定」。這工夫是以「定」來不起不淨的念頭，這只是「定」念頭的工夫，並不是自證心性之中的性定本質，這不是最上乘的修行法。

惠能答曰：「此說不可思議」的「此說」，是指以「諸惡莫作」，「諸善奉行」，「自淨其意」的「戒」、「定」、「慧」，來接引小根器的眾生，讓他們分別以頓修與漸修的工夫來修行，以「明心見性」為目標，此為「不可思議」之說法。

　　至於「惠能所見又別」，意思是與「神秀所見」的不同而有所分「別」〔註70〕。這「所見」就是「見有遲疾」。「見遲」與「見疾」的不同是相對性而言，在見性之時，根本無分「遲」與「疾」，只分「迷」與「悟」而已。在修行方法來說，神秀大師的「戒定慧」是接引小根器的眾生，引導他們頓修及漸修，以「見性」為目的。所以「戒定慧」的漸修作工夫，以「見性」為目的，相對來說，即不及惠能直接以自性中的「戒定惠」來言「見性」，所以說「見疾」，而此「見疾」是以「惠能所見」的「見」與「神秀所見」的「見遲」相對而作出分別。

　　「惠能所見」的「自性戒定惠」，就是「心地無疑非自性戒，心地無亂是自性定，心地無癡自性是惠。」這「自性戒定惠」與「心地無疑非無亂無癡」綜合來說，就是「心」與「性」存在著同一關係。「心地」中的「無疑非」就是「意識」中沒有起分別相，沒有煩惱生起的妄念，而自見本性清淨性。至於「心地無亂」中的「無亂」就是心不著於相境，念而無念不染一切法，所以能自見本性的堅定性。

　　「心地無癡」的「無癡」就是心念不住於一相一念之中，所以「無癡」。由於「癡」與「惠」相對，因此，「無癡」就是「有惠」，所以說「自性是惠」，而自性本具般若智，所以亦同時顯然自性的具足性。這就是「惠能所見」的「自性」與「心地」同一性，即是「心」與「性」的同一關係。

　　此外「汝戒定惠勸小根諸人」，「汝戒定惠」即是神秀所見的「戒定惠」是

〔註70〕　參閱劉斯翰：「這裡六祖批評神秀的觀點未能了悟，用了『見有遲疾』的說法。他又批評神秀的『戒定慧』不過是『勸少根智人』的。而所謂『少根智人』，即是奉行漸修，不信頓悟說的人：『此是最上乘法，為大智上根人；說少根智人若聞此法，心不生信。』……我們如果仔細咀味一下六祖這番話，就會發現，六祖並沒有止於區別自己所說的『戒定慧』和神秀所說的『戒定慧』之不同。他在指出兩者不同之後，又補充說：『得悟自性，亦不立戒定慧。』意思是說，自己所立的『戒定慧』，只是一種勸人自悟的說法，對於一旦自悟的人，它就是多餘的，要破除的『執』了。六祖正是參透了《金剛經》『破一切執』的大智慧，由此把頓悟說發揮到圓融無礙的境界。在《壇經》中，處處都流溢著『破執，破破執』的智慧，這是六祖高明於支（支遁）、生（竺道生）二公之處。支、生二公是立頓悟說，六祖則是既立又破，故其『頓悟說』就不僅有著與漸悟說對置的一面，而且還有與自己對置的一面，所謂『與自己對置』，就是自我否定。這樣一來，頓悟說在六祖的手裡，由於融入了佛家大乘破一切執的妙理，就達到了一個『辯證的』境地。」〈頓悟說和六祖〉，《六祖慧能思想研究：「慧能與嶺南文化」國際學術研討會論文集》，廣州，學術研究雜誌社，1997年，頁125。

引導「小根諸人」。「吾戒定惠勸上人」即是六祖惠能所見的「自性戒定惠」是接引「上人」，即最上乘人，此為最上乘法。故此，「得吾自亦不立戒定惠」，一旦頓悟，就能了解兩者的入路及接引不同根器的眾生，目的在於「見性成佛」。

由於志城請求開示「大師說不立如何」，因此六祖惠能分別地說「自性無非無亂無癡」的內涵。「自性無非」的「無非」就是「非非」，也就是「是」，亦即是「正」。「自性正」即「心正」，亦即「身正」三者皆是「正」。「非非」的「是」就是沒有執著計較「是非」的「非」的問題，顯示出自性清淨心。

「自性無亂」的「無亂」就是「非亂」，即是「定」。「亂」與「無亂」相對而言，「亂」在於外著於相，而妄念覆蓋真如本性的清淨性而亂。「無亂」即是不著於相，而顯其自性清淨心的本性。

至於「自性無癡」的「無癡」就是「非癡」，即是「智」。此智在於自性中，就知其非一般的世間之世俗智，而是般若智，在自性中有般若智呈現，所以謂自性「無癡」。「念念般若觀照」，「念念」〔註71〕就是心不住於一切法相，於念而無念，因此「般若」智慧能起「觀照」的功用。「般若觀照」，即是「觀照般若」，於念而無念，而不住於念，故亦無相。因此，心不起法相，當下即於念而離念，於相而離相，所以「當離法相」而不住於「法相」之相上，就不執取於外相而不生起貪嗔癡的煩惱，故言「念念般若觀照」。

「有何可立」與「有何不可立」是相對的，「可立」就是在身外而「立戒定慧」作為修行見性的法門。而「不可立」就是身內具足「戒定慧」而「不立戒定慧」，這就是自性具足戒定慧的本質，因而，六祖惠能反問「有何可立」。由於「自性正」「心正」「身正」三者的「正」是身內的「正」，這「正」就是自性中的「戒」。這與立於身外的「戒」本意作為「身正」「心正」具相同意義，因此不在身外再立一「戒」。換言之，即是不在自性戒上再加上一條身外之戒。

自性在於無非的狀態時，就是清淨性。在自性清淨性中，性中的「定」本

〔註71〕 參閱霍韜晦：「六祖說，『念念之中』，即是『every moment』，在每一刻，你也要『不思前境』：不要返回先前的那個時間單位，或者返回之前一念上，停留在那裡。如果你的心停留在那裡，一直延續下去，這便叫做『住』。所以『念念之中，不思前境』，就是要求意識活動與時間之流共在，同起同滅，這便叫做不思前境。必須指出：六祖這一開示是極重要的，要好好體會這八個字。平時，念生起了，即與法體共生，但念卻不與法體共滅，若念應滅而不滅，推落入下一個時間單位，在下一個時間單位之中，追回剛纔的那個念頭，追回剛纔的思想，便叫做『思前境』。」，《六祖壇經》，香港，法住出版社，2003年，頁262。

質亦同時能顯現，因此自性即無亂。既然無亂，就是性定，所以就不用在性定之上再加上一「定戒」。又由於念念般若，即是「自性無癡」而具足一切法，因亦不在自性之上的色身以外再立一「慧戒」。由此而知，惠能之所以不在自性外再立「戒定慧」的原因在於此。這裡所處理的問題，在於使眾生由外立的「戒」、「定」、「慧」，而體證自性中的「戒」、「定」、「慧」。

自性中的「無非」「無亂」「無癡」三者關係〔註72〕，在於顯示自性中的清淨性、堅定性及具足性。三者是一而三，三而一，所以不能分立「戒」、「定」、「慧」的三項戒條，這是有為法。而自性中的「戒定慧」是一而非三，這是無為法，所以亦不分立的原因亦在於此。

神秀的外立「戒」、「定」、「慧」所處理的問題，在於「小根人」的眾生的修行方法。而六祖惠能的「自性戒定慧」所處理的問題，以「最上乘」的法，接引「最上乘」根器的眾生。而兩者的關係全在於對「心性」的同一關係上，從不同的觀點作為修行的入路。神秀是以外立「戒定慧」，而使眾生回歸「心性」中的「戒定慧」為「小根人」的根器作入路，這樣的修行入路，相對惠能的「自性戒定慧」來說，就是「見遲」。

至於，六祖惠能的「自性戒定慧」不外立「戒定按」，就是不分「戒定慧」為三，這為「上根人」直接從「心性」的同一關係上入路，而「識心見性」的「所見」相對來說，就成為「見疾」。

2.「煩惱即菩提」

> 惠能大師曰：「汝從被（彼）來，應是紬（細）作。」
>
> 志誠曰：「未說時即是，說乃了即〔不〕是。」
>
> 六祖言：「煩惱即是菩提，亦復如是。」〔註73〕

六祖惠能知道志誠的境界已經達至實相層的體證之上，所以進一步再說「煩惱即菩提，亦復如是」另一個心性同一關係的問題上。為何說「煩惱即菩提」要提升至實相層上來討論呢？

〔註72〕 參閱楊曾文：「心地『無非』、『無亂』、『無痴』可以說都是智慧的範疇，有此智慧，也就不分別設立戒定慧，它本身已經包容統攝了戒定慧。」，〈論慧能的識心見性思想〉，《六祖慧能思想研究：「慧能與嶺南文化」國際學術研討會論文集》，廣州，學術研究雜誌社，1997年，頁106。

〔註73〕 見於《南宗頓教最上大乘摩訶般若波羅蜜經六祖惠能大師於韶州大梵寺施法壇經》，《大正新修大藏經》第48卷，T48，NO.2007，日本大正一切經刊行會，1922～1934年，頁342中。

　　這帶出「煩惱即菩提」「體一不二」〔註74〕的同一關係。「煩惱」是從妄念執取於外境的相而生起的一種障礙,使真如本性不能全部呈現。「菩提」就是「覺性」。此覺性在無分別、無執著的狀態之下,本性如如呈現。這本來是「為二」的「二相」,但在般若無分別智之下,就是「不二」。「不二」在於兩者,就是「體一」。「煩惱」與「菩提」都是真如起用,無論這念是妄念或是正念,一切念都是以「真如為體」,就是所謂「真如是念之體,念是真如之用。」〔註75〕而「菩提」本來是真如之性,亦即是以「真如為體」。因此,「煩惱」為「心」中的念,是以「真如為體」。至於「菩提」為「真如」之「性」,亦是以「真如為體」。所以,「心」與「性」在「煩惱即菩提」上為同一關係的論點,就可以成立。

　　此外,「煩惱即菩提」從「不捨不著」般若智的妙用,就是證明六祖惠能所說的「此法門中一切無礙」〔註76〕實踐修行的方式,此言不虛。修道者只要「識心見性」以「不捨不著」的方法,在因地之上實踐禪悟的生活,就是禪悟的大用。換言之,這亦是真如本性的體用,透過修道者禪悟的生活,得以心行實踐於世俗之中。同時,世人可以從「煩惱即菩提」中,明白不捨煩惱而證菩提的道理,不在於「捨」與「不捨」,亦不在於「著」與「不著」,而是在於「不捨不著」中「今學道者頓悟(悟)菩提,各自觀心,令自本性頓悟。」〔註77〕

〔註74〕　參閱蔣述卓:「竺道生提出了一個實相統攝一切的問題,認為實相在法曰『法性』,在佛曰『法身』,在眾生曰『佛性』,就使般若性空論轉向了涅槃佛性論。」又見「慧能的『即心即佛』論與竺道生的『不二』『不分』的思想有關係,但他顯得更干脆,而提倡『一心』論。他把佛性的存在問題,更直截了當地放到了人的『自性』、『自心』與『本心』上來,提出『故知一切萬法,盡在自身中,何不從於自心頓現真如本性。識心見性,自成佛道』。⋯⋯他書寫的偈語『菩提本無樹,明鏡亦無臺;佛性常清淨,何處有塵埃?』否定了在『我』(心)之外還有一個『塵埃』的世界,而最終把佛性的識得落實到自我的『心』上。因此,他提出來的『心』,既可泛指一切心性之心,又可指當下現實之心,從而使成佛問題有了一個具體的落實。『一切眾生皆佛』也就自然轉成為『我即佛』、『識本心即佛』的問題。」,〈略論慧能的『即心即佛』思想〉,《六祖慧能思想研究:「慧能與嶺南文化」國際學術研討會論文集》,廣州,學術研究雜誌社,1997年,頁171。

〔註75〕　參閱《南宗頓教最上大乘摩訶般若波羅蜜經六祖惠能大師於韶州大梵寺施法壇經》,《大正新修大藏經》第48卷,T48,NO.2007,日本大正一切經刊行會,1922～1934年,頁338下。

〔註76〕　參閱《南宗頓教最上大乘摩訶般若波羅蜜經六祖惠能大師於韶州大梵寺施法壇經》,《大正新修大藏經》第48卷,T48,NO.2007,日本大正一切經刊行會,1922～1934年,頁339上。

〔註77〕　參閱《南宗頓教最上大乘摩訶般若波羅蜜經六祖惠能大師於韶州大梵寺施法

3. 禪修觀「坐禪與禪定」

善知識，又見有人教人座（坐），看心看淨，不動不起，從此置功。
迷人不悟，便執成顛。即有數百盤，如此教道者，故之大錯。〔註78〕

若言看心，心元是妄，妄如幻故，無所看也。〔註79〕

若言看淨，人姓（性）本淨，為妄念故，蓋覆真如。〔註80〕

不見自姓（性）本淨，心起看淨，卻生淨妄。妄無處所，故知看者
看卻是妄也。〔註81〕

淨無形相，卻立淨相。言是功夫，作此見者，章（障）自本姓（性），
卻被淨縛。」〔註82〕

看心看淨，卻是障道因緣。〔註83〕

若不動者。見一切人過患，是性不動。迷人自身不動，開口即說人
是非，與道違背。〔註84〕

「又見有人教人坐。」這「坐」是指「坐禪」。就是教人以坐禪的形式作

壇經》，《大正新修大藏經》第 48 卷，T48，NO.2007，日本大正一切經刊行會，
1922～1934 年，頁 340 下。

〔註78〕見於《南宗頓教最上大乘摩訶般若波羅蜜經六祖惠能大師於韶州大梵寺施法
壇經》，《大正新修大藏經》第 48 卷，T48，NO.2007，日本大正一切經刊行會，
1922～1934 年，頁 338 中。

〔註79〕見於《南宗頓教最上大乘摩訶般若波羅蜜經六祖惠能大師於韶州大梵寺施法
壇經》，《大正新修大藏經》第 48 卷，T48，NO.2007，日本大正一切經刊行會，
1922～1934 年，頁 338 下。

〔註80〕見於《南宗頓教最上大乘摩訶般若波羅蜜經六祖惠能大師於韶州大梵寺施法
壇經》，《大正新修大藏經》第 48 卷，T48，NO.2007，日本大正一切經刊行會，
1922～1934 年，頁 338 下。

〔註81〕見於《南宗頓教最上大乘摩訶般若波羅蜜經六祖惠能大師於韶州大梵寺施法
壇經》，《大正新修大藏經》第 48 卷，T48，NO.2007，日本大正一切經刊行會，
1922～1934 年，頁 338 下。

〔註82〕見於《南宗頓教最上大乘摩訶般若波羅蜜經六祖惠能大師於韶州大梵寺施法
壇經》，《大正新修大藏經》第 48 卷，T48，NO.2007，日本大正一切經刊行會，
1922～1934 年，頁 338 下。

〔註83〕見於《南宗頓教最上大乘摩訶般若波羅蜜經六祖惠能大師於韶州大梵寺施法
壇經》，《大正新修大藏經》第 48 卷，T48，NO.2007，日本大正一切經刊行會，
1922～1934 年，頁 339 上。

〔註84〕見於《南宗頓教最上大乘摩訶般若波羅蜜經六祖惠能大師於韶州大梵寺施法
壇經》，《大正新修大藏經》第 48 卷，T48，NO.2007，日本大正一切經刊行會，
1922～1934 年，頁 338 下至 339 上。

為修行的功夫，為之「教人座坐」。從教人坐禪時，再教以「看心看淨，不起不動」的內容作為功夫。「看心看淨」〔註85〕就是以「看心」的功夫來「看淨」，這「看淨」的「淨」就是指所謂一淨的狀態。至於「不起不動」就是從心念「不起」及從身「不動」兩方面做修行的功夫。在「看心看淨」上又有一層「不起不動」的功夫，以念不起來看淨的狀態，故說「看心看淨」，又以「坐禪」的形式作為「身不動」的功夫，借「身不動」而「念不起」來「坐禪」。

從坐禪中「看心看淨」中，又再加上心念「不起不動」的功夫，「從此置功」。「置功」就是以這種修行方式來用功修行。「從迷人不悟」，「迷人」是指以坐禪修「看心看淨」功夫的修行者，「不悟」於「坐禪」的功夫只是一手段。「不悟」此道理者，結果「便執成顛」。「成顛」就是「顛倒」而「成執」。「執」於「置功」於「坐禪」的功夫上。「顛倒」於以「坐禪」的功夫為目的，而不悟「坐禪」只是一手段而已。如此下去，「即有數百盤。」「數百盤」的「盤」是指盤膝而坐的坐相，就是迷人用功於「坐禪」的功夫上，達至「數百」。教道者以此方式教導別人「坐禪」，就是使「迷人」「執」於「坐禪」之相，而「不悟」於「坐禪」之理，這是「大錯」的原因所在。

六祖惠能不想「迷人不悟」而出現「便執成顛」的情況，故此對於以「坐禪」「看心看淨」「不起不動」中的問題上，一一解釋其中問題及說明當中的關係，現分述如下：

在「看心」的問題上，六祖認為「若言看心」以「看心」來作修行功夫，但是「心元是妄」。這心的本質是「妄」，即是虛妄不實之性，因此說「妄如幻

〔註85〕 參閱牟宗三：「神會到北方宣揚惠能為得法正宗，即宣揚頓悟成佛也。因此，同一禪宗而有南頓北漸之分。北漸者，在五祖門下為上座之神秀是也。法無頓漸，人有利鈍。利根人直下頓悟，鈍根人則假方便（如看心看淨之類）以漸悟。然而惠能門下則是宣揚頓悟成佛的。頓悟有兩方式：一是超脫了看心、看淨、不動之類的方便，直下於語默動靜之間而平正地，亦即詭譎地出之以無念無相無住之心，這就是佛了。另一亦是超脫了看心、看淨、不動之類的方便，直下超越地頓悟真心，見性成佛。前一路大體是惠能以及惠能後的正宗禪法，後一路則大體是神會的精神。此後一路似猶有一超越的分解在。」，《佛性與般若》下冊，臺北，臺灣學生書局 2004 年，頁 1044。

又參閱霍韜晦：「『看心觀淨』並非完全錯誤，入門之初也是須要的，但『迷人不會』，那些愚迷之輩，不懂反省，只提著一些話頭、形式、習慣去做，六祖貶之為『相教』，意即只得形相的教法。這些人頑固得以為非如此不是修禪，顛倒禪之本末，必會造成大錯！」，《六祖壇經》，香港，法住出版社，2003 年，頁 254。

故無所看也」。這「妄」心是虛「幻」，所以是不實之相。從虛幻不實之相來作「看心」的功夫，事實上就是「無所看」。在「無所看」之上作「看心」的功夫，即是功夫亦成虛妄不實的結果。

「若言看淨」以「看淨」來作修行的工夫，只著重於「看淨」的工夫之上，而不自見「人性本淨」。「人性」就是人之本性，「本淨」是指自性中本具的清淨性。至於不覺「人性」中的「本淨」，就只在於「為妄念故蓋覆真如」。「為妄念」指意識起活動就是「為」，這是「有為法」之下而起「妄念」。「妄念」是指虛妄不實的念，「故」就是在於此妄念起現，所以「蓋覆真如」。這「蓋覆真如」是指「真如」的本性，即心之本性被「妄念」而「蓋覆」。「蓋覆」亦即是遮蔽的意思。由於妄念遮蔽心之本性，所以「人性本淨」之「清淨性」未能顯現。

但是「淨無形相」之「淨」本來就是「無形相」。因要「看淨」，所以在「無形相」之上「卻立淨相」，「立淨相」就是加上一個「淨相」之名而謂之「立」。「言是功夫」但只是「立淨相」，而就說是「功夫」。「作此見者」如果有此想法的修道人，「看淨」反而是「障自本性」。「看淨」的功夫，就成了障道的原因。最後的結果，「卻被淨縛」。自性被「看淨」的功夫中的「淨相」縛住，就是「淨縛」。「淨」本「無形相」，因一有相的「看淨」功夫，而「被淨縛」〔註86〕。

至於坐禪中「身不動」的問題，六祖惠能以「性不動」與「身不動」作對比較〔註87〕。「若不動者，見一切人過患，是性不動」，「見一切人過患」而「性

〔註86〕 參閱霍韜晦：「『繫縛』的意義，本來就是指生命被業力繫縛著、束縛著，使你不自由；故傳統佛教說解脫，講生命是苦、是業、是無明，我們要生生世世的修，把業報一點一點去除，直至完全滅盡為止，纔能解脫。但是到了禪宗，則把傳統這種惑、業、苦的關係說得更簡易：要滅苦、要得解脫，不須這麼多的繁複與牽連。」，《六祖壇經》，香港，法住出版社，2003 年，頁 262～263。又參閱霍韜晦：「因為心一直往下去永遠不斷，永遠不斷便是把心上本來已經過去的念，推落下一個時間單位，推落下一個時間單位又再推落下一個時間單位，這便叫做繫縛。」，《六祖壇經》，香港，法住出版社，2003 年，頁 263。

〔註87〕 參閱姜伯勤：「『真不動』即在各種複雜的變動中『自性』不動，此即『動上有不動』而善於超越於分別識，超越於分別相，以般若直觀洞見自性，洞見真如，這才是『第一義不動』。《維摩經》云：『外能善分別諸法相，內於第一義而不動』。」，〈敦煌本《壇經》所見慧能在新州的說法〉，《六祖慧能思想研究：「慧能與嶺南文化」國際學術研討會論文集》，廣州，學術研究雜誌社，1997 年，頁 258～259。

不動」，就是見別人的過失時，具般若智而心不起分別心，就是「性不動」，才是「不動者」。

但是「迷人自身不動，開口即說人是非，與道違背」。「迷人」就是以「自身不動」的「坐禪」作工夫的修道人。「開口即說人是非」，「是非」就是起分別執著的心，所以「開口」即說「人是非」，也就是以坐禪的「身不動」，無法達至「性不動」的境界。迷人以「坐禪」來修行，結果只「性動」而分別心呈現，這樣便是「與道違背」。「違背」所指是修道「見性」的目的。

由於出現以上的問題，六祖惠能就以頓教法門來開示，如何坐禪及禪定作為「明心見佛」為手段。

> 善知識，此法門中，座（坐）禪元不著心，亦不著淨，亦不言動。」
> 〔註88〕

> 今記（既）汝（如）是，此法門中何名座（坐）禪？此法門中一切無礙，外於一切境界上，念不去（起）為座（坐），見本姓（性）不亂為禪。〔註89〕

> 何名為禪定？外雜（離）相曰禪，內不亂曰定。外若有相，內姓（性）不亂。本自淨自定，只緣境觸，觸即亂，離相不亂即定。外離相即禪，內外不亂即定。外禪內定，故名禪定。〔註90〕

在此頓法門之中，何名坐禪？六祖惠能說：「此法門中，一切無礙。」「一切無礙」就是不限制於一相一法之中，亦不論是行住坐臥的各項的形式活動皆可。坐禪，六祖惠能說：「外於一切境界上念不去為座。」，即是以心性中的定

又參閱姜伯勤：「無論是『自性』不動、『自性』是常學說的南方風格，抑或是『但識眾生，即能見佛』的佛性論的進一步人間化，都表明初唐時期急速形成的慧能南宗禪，受到唐初顯學莊子之學的濃烈影響。」，〈敦煌本《壇經》所見慧能在新州的說法〉，《六祖慧能思想研究：「慧能與嶺南文化」國際學術研討會論文集》，廣州，學術研究雜誌社 1997 年，頁 261。

〔註88〕見於《南宗頓教最上大乘摩訶般若波羅蜜經六祖惠能大師於韶州大梵寺施法壇經》，《大正新修大藏經》第 48 卷，T48，NO.2007，日本大正一切經刊行會，1922～1934 年，頁 338 下。

〔註89〕見於《南宗頓教最上大乘摩訶般若波羅蜜經六祖惠能大師於韶州大梵寺施法壇經》，《大正新修大藏經》第 48 卷，T48，NO.2007，日本大正一切經刊行會，1922～1934 年，頁 339 上。

〔註90〕見於《南宗頓教最上大乘摩訶般若波羅蜜經六祖惠能大師於韶州大梵寺施法壇經》，《大正新修大藏經》第 48 卷，T48，NO.2007，日本大正一切經刊行會，1922～1934 年，頁 339 上。

力為「坐」的基礎，不困於「一切境界上」的外境境相上，是為「念不去」。「念不去」就是念不住於一境之境相上。這名之為「坐」。而內觀時「見本性不亂」，這是般若智呈現之下而自見自性不亂，這名之為「禪」。

「一切無礙」，就是以不捨不取一切的方法，而自具足一切法。這就是般若智呈現的境界，心性之中所具的般若智呈現，所以一切無礙，而具足一切法。不論在外境之上，而念不住，即不去取外境中的一相，這就是從心性顯現「坐」的正定力。至於「禪」，見本心不亂為禪」，見本性中清淨性的定力，這就是「禪」。

「座（坐）禪元不著心。」「坐禪」的工夫就本來不在於「不著心」之上，「不著心」的「不著」就是不停於一處為之「不著」，「不著心」即是「不著」於「心」念之上。「亦不著淨」就是「坐禪」亦「不著」於「心」的淨相之上。「亦不言動」也就是不言「動」與不動，說「動」之時，就有一「不動」與之相對而成為一分別之動相，所以「亦不言動」。

何名為禪定？「禪定」是「外離相曰禪，內不亂曰定」。「外離相曰禪」就是「離」「外」之「相」，即離在心性以外的相，因心不染外相，而心無相，為之曰「禪」。「內不亂曰定」的「內」，是指心的本性，與「外」之相相對而言而為之「內」。「不亂」與「亂」的相對，而本性「不亂」就是顯其清淨性，從清淨性中見其不亂的本性，名之曰「定」。

「外若有相內性不亂」的在「外」之「相」，指心念停於一外境之上，是為「有」相，「有相」則起分別心。「若」是對「有相」而言，在「不若」時就是指「無相」，心中「無相」就不起分別心，而般若智起現，觀照「內姓（性）不亂」的狀態。「內性」指心之本性之「不亂」，即是自性清淨無染無分別的狀態。因此，「本自淨自定」。

「本自淨自定」即是「本」性「本」來「自」具清「淨」性及堅「定」性。「只緣境觸，觸即亂。」只因為接「觸」而生起分別心於外「境」的「相」之上而心生起「亂」。「離相不亂即定」，「定」在於外「離相」而內「不亂」，也就是說心之性在無染的清淨狀態下而顯其堅定性，而名為「定」。至於「外離相即禪」，離外之相，即念不停於一境之相上而心不起分別心，而名之為「禪」。「內外不亂即定」，「內」性與「外」境之間沒有「有相」，心沒有起分別心，內性就不被外相所染，本性的清淨性如如呈現之時，性即在於「定」的狀態而

為「定」。因此,「外禪」與「內定」就在於「無相」而心不起分別心,而自性的清淨性在剎那中如如呈現,而「故名禪定」。

由此而知,六祖惠能為何說「此法門中一切無礙」的原因,就是「坐禪」與「禪定」不在於任何形式如「坐」或是站,「看心看淨」,「不起不動」等功夫之上。而是,在於心性上的「有相」與「無相」的問題上下功夫,「有相」則心起分別心,而心之本性的清淨性被「妄念」遮蔽而不能呈現。「無相」而本性的般若無分別智呈現,心之本性就能顯其清淨性。要將「坐禪」與「禪定」的功夫由外功而轉移於內的心性之上,先把「坐禪」與「禪定」的概念釐清,然後再從而說出在「頓法門中」所說的「頓法」之「坐禪」及「禪定」的內容,目的只在於「明心見性」,這就是禪宗的宗旨:「直指人心,見性成佛。」

總而言之,從「坐禪」「禪定」皆不離心性而言。就等於「定惠」的「體一不二」,也就是「心性」與「坐禪」「禪定」是同一關係。「心」與「性」亦在此情況下而為同一性,即是心等於性,而性等於心,「心性」合而來說「坐禪」與「禪坐」的道理,也就是沒有心念不住於念而「無相」為之「禪」,即自性清淨而無染而為之「定」。可是,眾生以分別相來看,到形式上的活動如「坐」、「不動」而言修行的功夫,以為能「明心見性」,這是不正確的觀點,所以要釐清這些概念。「禪定」與「坐禪」不離「心性」,就等於「定惠」亦不離心性,「體一不二」,所以「心性」在此是同一的關係而不能分為二。

4.「見一切人過患」性不動

「見一切人過患」的「見」是以般若觀照之下的「見」,所以此見不是經驗層中的世俗之「見」,這「見」是超越一切相對的執著,「見」而「不見」「一切人過患」,「一切人過患」就是「塵」。「塵」是「客」,而人是「主」。迷人以「客」塵作主,而被散失其本有的主體性。問題就在於「一念」的「有住」之上,而為「有相」。

若能「一念」回轉而「不住」,即是「無住」,這就是「無住」於一念之上,所以是「無念」,既然是「無念」,所以是「無相」。「無相」才能顯出自性的清淨性,在自性清淨心中才自證「性不動」。「有相」就有執著分別而起煩惱,成為妄念。一旦妄念起現時,自性的清淨性被妄念覆蓋,迷人不自見自性清淨心,生命的狀態在迷亂之中而失去自性中定惠的本性。由於沒有「定慧體一不二」,定之性不顯時,智慧亦同時未能啟動,而成愚昧的迷人。悟者悟「性不動」,

在於其自顯自性中本有的「定」，所以智慧亦同時發揮其作用，而自見其本性清淨無染。

> 外若有相內姓（性）不亂，本自淨自定。〔註91〕
>
> 定惠（慧）體一不二，即定是惠（慧）體，即惠（慧）是定用，即惠（慧）之時定在惠（慧），即定之時惠（慧）在定。〔註92〕

「外若有相」就是念住於「外」境之上，而出現「有相」的情況，即使「有相」而成妄念，而妄念覆蓋真如本性的清淨性，但在「內」的自「性」仍然保持「不亂」，所以說「內姓（性）不亂」，顯示出自性中的「定」。由此而知，自性中具有本無動搖的「定」，此「定」在自性的清淨性中顯現，所以言自性「本自淨自定」。這亦同時顯現自性中的般若智，能自見「內性不亂」，自性的「本自淨自定」的性質。何以般若智能自見自性「內性不亂」？就在於「定慧體一不二」的原因，有定必有慧，而有慧亦必有定。因此，主體一旦自見自性本自清淨時，亦同時自證本有的定慧本質。

第三節　佛性平等觀

何謂「佛性平等觀」〔註93〕？「佛性」就是因地眾生，成佛的內在根據。「平等觀」就是一切眾生皆能成佛的平等性。在「如來藏自性清淨心」的大前提下而說「佛性平等觀」，才可以開展出「頓悟成性」的頓教法門，否則對因地的眾生而言，「頓悟成佛」只是一個偶然的機會，而不是人人皆能成佛。所以「一切眾生皆能成佛」，就是「佛性平等觀」的核心思想。

〔註91〕見於《南宗頓教最上大乘摩訶般若波羅蜜經六祖惠能大師於韶州大梵寺施法壇經》，《大正新修大藏經》第 48 卷，T48，NO.2007，日本大正一切經刊行會，1922～1934 年，頁 339 上。

〔註92〕見於《南宗頓教最上大乘摩訶般若波羅蜜經六祖惠能大師於韶州大梵寺施法壇經》，《大正新修大藏經》第 48 卷，T48，NO.2007，日本大正一切經刊行會，1922～1934 年，頁 338 中。

〔註93〕參閱業露華：「佛性平等，眾生平等，眾生與佛也是平等。此後，慧能在說法時多次強調了這種平等思想。當然，他的平等思想，並不是要求在現實生活中的平等權利，僅僅是要求在宗教修行和宗教目標追求方面的平等。但卻也引出了宗教修行中人的主觀作用問題。只有以佛性平等觀為前提，才能提出當下直入，頓悟成佛的思想。」，〈六祖慧能的佛性論思想〉，《六祖慧能思想研究：「慧能與嶺南文化」國際學術研討會論文集》，廣州，學術研究雜誌社，1997 年，頁 177。

大師不語，自淨心神良久乃言：「善知識淨聽｜惠能慈父，本官（貫）
范陽，左降遷流南新州百姓。惠能幼小，父小早亡，老母孤遺，移
來〔南〕海，艱辛貧乏，於市買（賣）柴。忽有一客買柴，遂領惠能
至於官店。客將柴去。惠能得錢，卻向門前，忽見一客讀《金剛經》。
惠能一聞，心名（明）便悟。乃聞客曰：「從何處來，持此經典？」
客答曰：「我於蘄州黃梅懸（縣）東憑墓山，禮拜五祖弘忍和尚，見
（現）令（今）在彼門人有千餘眾。我於彼聽，見大師勸道俗，但
持《金剛經》一卷，即得見性，直了成佛。」惠能聞說，宿業有緣，
便即辭親，往黃梅憑墓山，禮拜五祖弘忍和尚。

弘忍和尚問惠能曰：「汝何方人，來此山禮拜吾？汝今向吾邊，復求
何物？」

惠能答曰：「弟子是領（嶺）南人，新州百姓，今故遠來禮拜和尚。
不求餘物，唯求佛法作。」

大師遂責惠能曰：「汝是領（嶺）南人，又是獦獠，若為堪作佛！」

惠能答曰：「人即有南北，佛姓（性）即無南北；獦獠身與和尚不同，
佛姓（性）有何差別。」

大師欲更共議，見左右在傍邊，大師更不言，遂發遣惠能，令隨眾
作務……〔註94〕

在敦煌本的《六祖壇經》中，惠能初遇五祖弘忍問答時，惠能說：「今故
遠來禮拜和尚，不求餘物，唯求佛法作。」這是「求出生死苦海」以作佛為目
的。其中惠能說「佛性即無南北」及「佛性有何差別」的兩個觀點，表明他對
「佛性」的看法，就是「佛性」具普遍性及先驗性，這就是「佛性平等觀」。
惠能指出，佛性的普遍性及先驗性，不在於世人的身份「獦獠身與和尚不同」
或「人即有南北」的地域分別之上。一切法在分別之中而必有其局限性，惠能
打破世人所執的相，而點出「佛性」是人人皆有的，沒有任何世間名言概念上
的分別而出現差別性〔註95〕。

〔註94〕 見於《南宗頓教最上大乘摩訶般若波羅蜜經六祖惠能大師於韶州大梵寺施法
　　　　壇經》，《大正新修大藏經》第48卷，T48，NO.2007，日本大正一切經刊行會，
　　　　1922～1934年，頁337上至中。
〔註95〕 參閱牟宗三：「為什麼講到兩個無限呢？一個罪惡的無限，一個理性的無限。
　　　　這個就是三界以外，亦即是在六識以外。因為六識在三界內，就是無色界，也
　　　　還是在三界以內，你還沒有達到第七識、第八識，第七識、第八識就是三界

　　「佛性平等觀」所處理的問題就是眾生成佛的問題。在平等觀之下，就是說明人人皆有「佛性」。「佛性」與「成佛」兩者之間的存在著甚麼性質的關係呢？首先，「成佛」的內在根據，就是「佛性」。由此而知，「佛性」與「成佛」就存在著必然的關係。因此，要證明「人人皆有佛性」的「佛性」究竟在何處呢？六祖惠能在說法時，強調「識心見性」，指出重點所在，就是要說明成佛的內在根據，這是「正因佛性」。其次，如何證入見性呢？這是關於「了因佛性」及「緣因佛性」。在三因佛性俱備之下，成佛的形態又是如何呢？在「佛性平等觀」之下，開展出在因地上的眾生「見性成佛」之路，生命的進程使生命的境界提升至無相圓融，活在禪悟的生活之中。

第四節　見性成佛論

一、「識心見性」

　　何謂「見性」〔註96〕？「見性」的前提為「佛法是不二之法」，即是「法無頓漸」。從「法」自身而言即無所謂「頓」「漸」之分。所以有「頓」「漸」之分，只因為人自身的「人有利鈍」問題上。「利」者就是悟者，悟者就即「頓修」而至「頓悟」見性。至於「鈍」者，就從「頓修」開始而「漸修」，即是「漸勸」而「頓悟」。「見性」只有「頓悟」而沒有「漸悟」，「漸悟」的出現是一個相對「頓悟」而言的名詞。〔註97〕「悟」甚麼？在「學法」方面來說，就是在「識自本心是見本性」中，而「悟」「識心見性」的同一關係。

　　在敦煌本《六祖壇經》中，對「識心見性」中的「見性」內容，分析如下：

　　　　外，就進到無限。用西方哲學詞語講，六識在三界範圍以內，封閉於有限，進
　　　　到第七識、第八識才能闖開這個封閉，這個闖開就是從我們表面意識到的往
　　　　裡入，通到無限。」，《四因說演講錄》，上海，上海古籍出版社，1998 年，頁
　　　　199。
〔註96〕　參閱蔣述卓：「慧能的『即心即佛』說強調『悟入頓修，自識本心，自見本
　　　　性』，……『自修自作自性法身，自行佛行自作自成佛道』……就把求佛之道
　　　　從外求轉向了內握，主體有了自主性。慧能認為佛不在它處，而在自身。禪宗
　　　　不講求佛，而言歸佛，講『見性成佛』。」〈略論慧能的「即心即佛」思想〉，
　　　　《六祖慧能思想研究：「慧能與嶺南文化」國際學術研討會論文集》，廣州，學
　　　　術研究雜誌社 1997 年，頁 172。
〔註97〕　參閱陳沛然「頓悟」「漸悟」「頓修」「漸修」的涵義，〈佛家的實踐修悟〉，《佛
　　　　家哲理通析》，臺北，東大圖書股份有限公司 1999 年，頁 231～246。

善知識，法無頓漸，人有利鈍，迷即漸勸，悟人頓修。識自本心，是見本性。悟即元無差別，不悟即長劫輪迴。〔註98〕

呈自本心，不識本心，學法無益；識心見性。即吾（悟）大意。〔註99〕

《大般涅槃經》：「智者了達其性無二。無二之性即是實性。」〔註100〕「學法」就是學佛法。而佛法就是「不二之法」。「不二之法」就是無法別之「法」性。無分別之「法」性，就是佛性。佛性就是佛法不二之法。因此，佛法是不二之法，佛法亦即是實性。對於悟者來說，佛法是不二之法。「悟即元無差別」，就是悟「佛法」是「不二之法」〔註101〕。

至於迷人佛法是分別「頓漸」為二法，所以「不悟即長劫輪迴」。「不悟」就是以「頓法」為「X」，則「漸法」則成為「非X」。迷人的知見，就是一落入「X」之時，另一面即落入「非X」之中。如果迷人一直處於在「X」與「非X」之中，即是所謂「長劫輪迴」。「輪迴」就是如「車輪」一樣地被轉動，而

〔註98〕 見於《南宗頓教最上大乘摩訶般若波羅蜜經六祖惠能大師於韶州大梵寺施法壇經》，《大正新修大藏經》第 48 卷，T48，NO.2007，日本大正一切經刊行會，1922～1934 年，頁 338 中至下。

〔註99〕 見於《南宗頓教最上大乘摩訶般若波羅蜜經六祖惠能大師於韶州大梵寺施法壇經》，《大正新修大藏經》第 48 卷，T48，NO.2007，日本大正一切經刊行會，1922～1934 年，頁 338 上。

〔註100〕 見於《大般涅槃經》，《大正新修大藏經》第 12 卷，T12，NO.374，日本大正一切經刊行會，1922～1934 年，頁 410 下。

〔註101〕 參閱楊曾文：「《曹溪大師傳》記載，在儀鳳元年（696）慧能在廣州制旨寺（當時應名法性寺）聽印宗法師講《涅槃經》，後來因『風幡之議』受到印宗的禮敬，請慧能介紹弘忍傳授言教時，慧能講的就是佛性的道理。他說弘忍只論『見性』，而不論『禪定解脫』等，因為這些都不是佛性之法，說：『佛性是不二之法，《涅槃經》明其佛性不二之法，即此禪也。……佛告高貴德王菩薩：善根有二，一者常，二者無常，佛性非常非無常，是故不斷，名之不二；一者善，二者不善，佛性非善非不善，是故不斷，名為不二。又云：蘊之與界，凡夫見二，智者了達其性無二。無二之性即是實性。明與無明，凡夫見二，智者了達其性無二。無二之性即是實性。實性無二。』慧能引述的《涅槃經》大體上是取自其北本卷二十二『高貴德王菩薩品』和卷八『如來性品』的有關部分。這段文字特別強調佛性是『不二』之法，並把它稱之為『禪』，反映了慧能禪法的重要特點。慧能在向信徒講述佛性時，經常從『不二』的角度把人們現實的在日常生活中發揮作用的心（精華）與所謂本具的清淨佛性等同起來，把世俗社會與理想的彼岸世界、煩惱菩提、眾生知見與佛的境界等互相溝通，讓人們相信，不僅人人能夠在現實世界成佛，而且並非遙遙無期。」〈論慧能的識心見性思想〉，《六祖慧能思想研究：「慧能與嶺南文化」國際學術研討會論文集》，廣州，學術研究雜誌，1997 年，頁 100～101。

喪失主體性。換言之，迷人的妄念在「X」與「非X」之中不斷地往返，而不能「解脫」，所以為之「輪迴」。若不在「長劫輪迴」之中，則是「解脫」。

如何解脫呢？則必需「悟」。「悟」則無分別於「佛法」為二，而悟「佛法」是「不二之法」。「悟」則「悟」中「不二之法」的大意，即是「不二之法」的道理。不明其理，無論學「頓法」或「漸法」皆「無益」。

為何「不識本心」，就不能「見性」？而「識自本心即是見性」，「見性」就是見佛性，也就是不二之法性。「識自本心」「即是見性」二者之間的關係，即時落入於「不二」的問題之上。「不二」的出現，即時有另一個「為二」出現。「二」的內容，就是一個「X」與一個「非X」的相對性。如就「善」與「不善」來說，這是「為二」，所以不是佛性。如果是以「非善非不善」來說，這就是「不二」，而這就是「佛性」。

如何從「為二」的相對中解脫出來？又為何有「為二」的分別相出現？除了知道「迷者」的「不悟即長劫輪迴」狀態外，而「悟者」的「悟」「即元無差別」，「悟者」的「無差別」在於對佛性的法性為「不二之法」。但是又如何悟「不二」的法性？其實，「不二」與「為二」的出現，只在於心中有分別的「妄念」起現，所以不能「悟」而成為「不悟」的原因。

換言之，「妄念」的呈現，使心起分別而出現「X」及「非X」的對偶性。「妄念」為何而起現？「妄念」的起現在於「念」住於外境之上，而意識起分別作用起一個「X」的相，有了一個「X」之後，這個「X」是虛妄的，是從妄念起的，所以非真實地存在在現實之中。這個「X」的所謂存在只是念住於外境之上，姑且假名之為「相」。而「有相」之所謂「有相」，就是描述這個妄念所起的一個虛妄不實的「X」相而已。這個「有」不是真實存在的「有」，而是為了這「X」相而說「有」。當「X」這個相出現時，即有一個「非X」的相與之相對，而成為對偶性。也就是說，當「有相」起現時，即有一「無相」與「有相」相對。

要從相對之中解脫出來，就必須「妄念」不生起，這就是六祖惠能頓門法門中「無念為宗」、「無相為體」、「為住為本」的三項修行原則。簡言之，「無念」是「於念而無念」。就是念不住於外境之上，而妄念不起「執」之為「相」。「住」就是「執」於外境之相，而起分別相。「有相」與「無相」相對，而心識中智的活動，可以使「念」不執於外境之相上，而念念無住。當念念無住時，即是「無相」。在「無相」時亦就是「無念」。又在「無念」的當下，

即是「無住」。「無念」、「無相」、「無住」能同時呈現，只在於般若無分別智的心識活動呈現。

般若無分別智的呈現，在於心識中智的活動而起現。由此而知，般若智是活智，而心識的活動在於心念之上。因此一念住於外境而心迷，而一念轉入於內而不住於外境之相上而心悟。「悟」就是心的正智起現，般若智只與正智相應而呈現。般若智的呈現又與心念的活動相連，所以「心念」與「識心」又存在著必然關係。因此，「識自本心」，就是識心中的心識活動中的般若智，透過般若無分別智而見性。

如何透過般若無分智來見性？就是以不捨不著的方法，勾消 X 與非 X 的對偶性。這即是從相對層翻上的 X 與非 X 相對之中，進入「不二之法門」至實相層為之「不著」。又由從實相層上回歸至相對層，以「不捨」來圓融一切法。般若蕩相遣執的功用，在不捨不著的方法上，呈現而具足一切法。〔註 102〕

「見性」就是見心之本性，亦即是佛性之不二法性。此「不二法性」要以無分別的般若智，才能見其「不二」之「法性」。從求法方面來說，「識心」的「心」與「見性」的性，在心的般若智呈現是「無分別」之中見一切法皆「不二」；而「見性」的「性」也就是「法性」是「不二」。「心」與「性」在此來說，就是「識自本（心）是見本性」，「心」與「性」是同一關係。

二、「覓大善知識示道見性」

> 若能自悟者，頓覓大善知識亦（示）道見姓（性）。〔註 103〕

> 不能自姓（性）悟，須得善知識示道見性。〔註 104〕

> 汝若不得自悟，當起般若觀照，剎那間，妄念俱滅，即是自真正善知識，一悟即知（至）佛也（地）。〔註 105〕

〔註 102〕參閱陳沛然：「般若智不捨不著法的功用」，〈《維摩詰經》的不二法門〉，香港，《新亞學報》第十八卷，1997 年 8 月，頁 425～427。

〔註 103〕見於《南宗頓教最上大乘摩訶般若波羅蜜經六祖惠能大師於韶州大梵寺施法壇經》，《大正新修大藏經》第 48 卷，T48，NO.2007，日本大正一切經刊行會，1922～1934 年，頁 340 下。

〔註 104〕見於《南宗頓教最上大乘摩訶般若波羅蜜經六祖惠能大師於韶州大梵寺施法壇經》，《大正新修大藏經》第 48 卷，T48，NO.2007，日本大正一切經刊行會，1922～1934 年，頁 340 下。

〔註 105〕見於《南宗頓教最上大乘摩訶般若波羅蜜經六祖惠能大師於韶州大梵寺施法壇經》，《大正新修大藏經》第 48 卷，T48，NO.2007，日本大正一切經刊行會，1922～1934 年，頁 340 下。

惠能大師喚言：「善知識，菩提般若之知（智），世人本自有之，即

緣心迷，不能自悟，須求大善知識示道見性。」〔註106〕

用智惠（慧）觀照，於一切法不取不捨，即見性成佛道。〔註107〕

綜合言之，世人求外善知識，終不能明心見性，心內的大善知識能起化道見佛、解脫，具一切善法，又包含三世諸佛十二部經的內容，這「大善知識」能否起，全在於世人是否自悟。

六祖惠能所謂「大善知識」即是般若智，當般若智起現觀照一切法時，剎那間的妄念煩惱無明一一消滅，就是這大善知識的功能。禪宗宗旨是「直指人心，見性成佛」，六祖惠能所說「頓覓」「自悟」全是不外求，靠自我的生命智慧是否啟動而已。由此而知，「大善知識」所言「大」者，心量廣大無任何局限性而能滅除煩惱，使眾生從因地上修般若行，離生滅相對分別中，以般若智直證本源，見性成佛。

第五節　成佛的根據的「三因佛性」〔註108〕

〔註106〕見於《南宗頓教最上大乘摩訶般若波羅蜜經六祖惠能大師於韶州大梵寺施法壇經》，《大正新修大藏經》第48卷，T48，NO.2007，日本大正一切經刊行會，1922～1934年，頁338中。

〔註107〕見於《南宗頓教最上大乘摩訶般若波羅蜜經六祖惠能大師於韶州大梵寺施法壇經》，《大正新修大藏經》第48卷，T48，NO.2007，日本大正一切經刊行會，1922～1934年，頁340上。

〔註108〕參閱牟宗三：「是以吾人必須了解天臺圓教與其他分別的教義為不同層次。但它又不只是一個般若無諍，它不同于空宗之般若學。決定它的不同者亦是在『如來藏恒沙佛法佛性』一觀念，以及法之存在之說明一問題。達至無限之境的三因佛性本必須是遍滿常始能說是具備著恒沙佛法。而具備又必須是『即具』的具備，它既不是分解地唯妄心（阿賴耶識）系統之緣起的具備，復亦不是分解地唯真心（如來藏自性清淨心）系統之性起的具備。此後兩系統中的三因佛性皆非圓說，故皆為權教。妄心系統中的三因佛性，緣了二佛性是由後天正聞熏習而說，故純屬後天漸教緣起的具備。正因佛性只是我法二空所顯之真如，以無為理為體，此即所謂理佛性，它本身既不受熏，亦非能熏，因此，它無隨緣義，此即賢首所謂『凝然真如』。因此，它本身無所謂具備或不具備恒沙佛法，具備恒沙佛法只在事佛性處之後天緣起地具備，因此，既為漸教，成佛無必然，（三乘究竟），又是性相不融，而三因佛性非圓伊更不待言。真心系統中的三因佛性，正因佛性是真心即性之空不空但中之理，並不即具恒沙佛法，而是由其不變隨緣而為性起地具備著恒沙佛法，而緣了二佛性亦是由隨緣修顯而成，故三因佛性有縱橫非圓伊，而又必須『緣理斷九』始能滿現而為佛界，因此，佛界非即九界而為佛界。故此兩系統中

　　「三因佛性」分為「正因佛性」、「了因佛性」及「緣因佛性」。「正因佛性」就是成佛的內在根據。「了因佛性」就是「般若智慧」。「緣因佛性」就是真實地實踐修行。現分析如下：

　　何謂「正因佛性」？「佛性」有二義〔註109〕：（一）佛之體段。就是因地眾生知有佛性的義，而知人人皆具有成佛之可能。（二）能顯佛之體段的性能，所能顯之性，就是佛性。正因佛性就是成佛的內在及超越的根據，這正因佛性是對因地上眾生成佛的根據來說，這就是成佛的種子，所以說是成佛的正因。沒有此成佛的種子，「人人皆能成佛」的論點就不能成立。在「如來藏自性清淨心」的前提來說，這佛種性就是一潛藏的狀態在眾生的真心中並未起現，所以稱為「如來藏」。一旦此佛性起現時，就是自性中的清淨法身起現，這就是「如來法身」。

　　在敦煌本的《六祖壇經》中所提及的「佛種性」「第一義」「有真即是成佛因」，就是成佛的正因。

　　　　若遇人不解，謗此法門。百劫萬劫千生斷佛種性。〔註110〕

　　何謂「佛種性」？「佛種性」的觀念，是從成佛的因地來描述佛性。這是成佛的正因，也就是佛果之因〔註111〕。世人以此「佛性」來作內在根據，以

之三因佛性皆非圓佛性。圓教中三因佛性，正因佛性中道第一義空是即具恒沙佛法而為中道第一義空，故即下即是遍滿常之中道第一義空；緣因佛性解脫斷德是即具著恒沙佛法而為斷德，故即下即是遍滿常之『不斷斷』之斷德；了因佛性般若智德是即具著恒沙佛法而為智德，故即下即是遍滿常之具有『即空即假即中』三觀三智之智德。此三因佛性非縱非橫，故為圓伊。緣了二佛性是性亦是修，是修亦是性，全性起修，全修在性，故恒沙佛法性修不二。（由即具說性，由修顯說修。）」，《佛性與般若》下冊，臺北，臺灣學生書局，2004年，頁1211～1212。

〔註109〕　參閱牟宗三：「佛性有兩義：（一）是佛之體段。一切眾生悉有佛性意即悉有成為佛之體段之可能，不過為煩惱所覆，不顯而已。依此，一切眾生皆是一潛在的佛。從此潛在的佛說佛性，即曰如來藏。如來藏之藏有兩義：一是藏庫，一是潛藏。前者表示不空，如來法身是無量無漏功德聚。後者表示此不空之法身為煩惱所覆，隱而不顯。（二）是所以能顯有此佛之體段之性能，就此能顯之性能而言佛性。此佛性義是「所以成為佛」之性能或超越根據之義，不是佛之體段之義。」，《佛性與般若》上冊，臺北，臺灣學生書局，2004年，頁191。

〔註110〕　見於《南宗頓教最上大乘摩訶般若波羅蜜經六祖惠能大師於韶州大梵寺施法壇經》，《大正新修大藏經》第48卷，T48，NO.2007，日本大正一切經刊行會，1922～1934年，頁341上。

〔註111〕　參閱牟宗三：「但涅槃經卻首先就佛之體段而言佛之性。當其置于因地而言佛性，亦有是佛果之因義。既是因，亦有其為成佛之根據（種子）之義。但此

了因的般若智及緣因的實踐修行，使佛性起現而頓悟成佛。如果沒有正因佛性而只有了因的般若智及緣因的實踐修行，眾生成佛就沒有可能性。如果有正因佛性但它只一直在潛藏的狀態而未能起現，亦沒有顯示其真正的價值性。成佛的價值性，在眾生而言就是發揮其現存，生命中的內在潛能，圓滿地實踐出來而無限地展現其生命的本質。要實現這目的，就是「不求餘物，唯求佛法作」作為生命的目標。因此，就要以了因的般若智及緣因的實踐修行與正因佛性來作成佛的三因佛性〔註112〕。

維摩經云：「外能善分別諸法相，內於第一義而不動。」〔註113〕

這「第一義而不動」的「第一義」，就是「佛性」。「佛性」的真如空性的空理，性空而寂滅，亦是成佛的正因。在如來藏系統而言，以真心與此空理結合，就是理與心合一，而為佛性。「外能善分別諸法相」，就是指「真心」起用，以般若觀照一切法的存在，都是自性起用而生萬法，所以「諸法相」的諸法實相就是無相，由無相才能證入真如自性之中，自見「第一義而不動」的如相。「不動」就是實相理體為體而「不動」。「理體」不動而以真如起用以顯其體的存在，所以言「外能善分別諸法相」。就是如牟宗三先生所言「超越真心，與空寂之理，合而為一，而說『佛性』」〔註114〕，因此，「第一義」亦是成佛的正因。

整佛果（佛之體段）轉為因地而佛性，其為佛果之因，成佛之根據，……」，《佛性與般若》上冊，臺北，臺灣學生書局，2004年，頁191。

〔註112〕 參閱牟宗三：「涅槃經本有正因佛性，緣因佛性及了因佛性，這三因佛性之義。正因佛性中道第一義空，緣因佛性是斷德，了因佛性是智德。正因佛性滿顯為法身，緣因佛性滿顯為解脫，了因佛性滿顯為般若。」，《佛性與般若》上冊，臺北，臺灣學生書局，2004年，頁188。

〔註113〕 見於《南宗頓教最上大乘摩訶般若波羅蜜經六祖惠能大師於韶州大梵寺施法壇經》，《大正新修大藏經》第48卷，T48，NO.2007，日本大正一切經刊行會，1922～1934年，頁338下。

〔註114〕 參閱牟宗三：「而今如來藏之系統不但肯定自性涅槃，而且肯定自性清淨心，不但以真如空性之空理（寂滅）為佛性，而且以超越真心，理與心一，為佛性。是則唯識宗所分別之理佛性事佛性，在此系統內則統于一而為一理事為一之佛性，一起皆本有。此本有之佛性不但是心理不二（智如不二），而且是『色心不二』。在此系統下，似可以說明體用矣。佛性真心為體，由此而生起一切法為用。蓋此時真如空性不只是就緣起無性而說之空性空理，而且提昇一步與真心為一，而心固有力用覺用也。如只是空理，所謂『但理』，自不能生起，但與真心為一，則似可以言生起。在此系統中，不但似乎可以說體用，而且在某契機上似亦可說萬象為虛空（真如清淨之真心）中所見之物。……」，《心體與性體》第一冊，臺北，正中書局，1999年，頁576～577。

「了因佛性」就是般若智。除了「正因佛性」的「佛種子」的內在根據之外，要使如來藏法身呈現，就必須以般若智證入自性之中，所以「了因佛性」就是成佛的關鍵。在敦煌本中《六祖壇經》的「了因佛性」就是以「無念為宗」、「無相為體」、「無住為本」的「般若行」、「無念行」及「定慧相即圓融論」等內容。

「緣因佛性」就是實踐修行，將心性本有的清淨性展現出來。敦煌本中《六祖壇經》的「緣因佛性」，就是「歸依自性三身佛」、「發四弘願」、「無相三歸依戒」、「修摩訶般若波羅蜜」、「自性戒定慧」、「無相真懺悔」、「修一行三昧」、「無相禪修觀」等內容。《維摩經玄疏》卷四：「眾生無始以來，佛性真心常為無明之所隱覆。緣了兩因力，破無明暗，豁然圓顯也。」〔註115〕

第六節　成佛的形態──「三身佛」

在敦煌本《六祖壇經》中，在因地眾生成佛的形態為「三身」佛性。「三身佛」就是「清淨法身佛」、「千百億化身佛」及「圓滿報身佛」。

> 善知識，總須自體與受無相戒。一時逐惠能口道，令善知識見自三身佛：於自色身歸衣（依）清淨法身佛，於自色身歸衣（依）千百億化身佛，於自色身歸衣（依）當來圓滿報身佛。（已上三唱）
>
> 色身是舍宅，不可言歸。向者三身，自在法性，世人盡有，為名不見。外覓三〔身〕如來，不見自色身中三性（身）佛。善知識，聽汝（與）善知識說，令善知識衣（於）自色身見自法性有三世（身）佛。此三身佛，從自性上生。何名清淨〔法〕身佛？善知識，世人性本自淨，萬法在自姓（性）。思量一切〔惡〕事，即行衣（於）惡；思量一切善事，便修於善行。知如是，一切法盡在自姓（性）。自姓（性）常清淨，日月常名（明），只為雲覆蓋，上名（明）下暗，不能了見日月西（星）辰，忽遇惠（慧）風吹散，卷盡雲霧，萬像（象）參羅，一時皆現。世人性淨，猶如清天，惠（慧）如日，智如月，智惠（慧）常名（明），於外看敬（境），妄念浮雲蓋覆，自姓（性）不能明，故遇善知識開真法，吹卻名（迷）妄，內外名（明）徹，於自

〔註115〕見於《維摩經玄疏》，《大正新修大藏經》第38卷，T38，NO.1777，日本大正一切經刊行會，1922～1934年，頁541上。

姓（性）中萬法皆見。一切法在自姓（性），名為清淨法身。自歸衣
（依）者，除不善行，是名歸衣（依）。何名為千百億化身佛？不可
思量，性即空寂。思量即是自化。思量惡法化為地獄，思量善法化
為天堂，毒害化為畜生，慈悲化為菩薩，智惠（慧）化為上界，愚
癡化為下方。自姓（性）變化甚名（多），迷人自不知。見一念善，
知（智）惠（慧）即生。一燈能除千年闇，一智能滅萬年愚。莫思向
前，常思於後。常後念善，名為報身。一念惡報卻千年善心，一念
善報卻千年惡。滅無常已來後念善，名為報身；從法身思量，即是
化身，念念善即是報身，自悟自修，即名歸衣（依）也。皮肉是色
身，是舍宅，不在歸依也。但悟三身，即識大憶（意）。〔註116〕

　　何謂「清淨法身佛」？「法身佛」就是成佛以「法」為身，就是以「法」
的真理作為成佛的依止。「世人性本自淨」，就是自性具有清淨的如實之理。如
何可以見「清淨法身佛」？以「般若智」見「於自性中萬法皆見，一切法自在
性」就是「清淨法身」。自性中所「見」的「萬法」是諸法的法理，即是空理。
〔註117〕

　　何謂「千百億化身佛」？「化身佛」〔註118〕就是「佛」以不同相的「化
身」，來開示不同根器的眾生，這「化身佛」是「清淨法身」在「不思量性即

〔註116〕見於《南宗頓教最上大乘摩訶般若波羅蜜經六祖惠能大師於韶州大梵寺施法
壇經》，《大正新修大藏經》第48卷，T48，NO.2007，日本大正一切經刊行
會，1922～1934年，頁339上至中。

〔註117〕參閱牟宗三：「若智明朗現，自性明朗，則萬象皆現，一切身心諸法皆存而不
壞：此即所謂『自性生萬法』，『萬法從自性生』之實意也。『生』者依之而有
而現之謂也。其所示之關係只是形式的，非常籠統，可以套入于各種不同的
系統，而意義皆不同，如套于儒家、道家，以及耶教，皆不同。而在佛家，
則只是『以有空義故，一切法得成』之意。此不得理解自性真空為一實體或
本體，由之而生萬法也。故『自性生萬法』只是漫畫式的辭語，不得著實視
之為直陳的謂述語。故見到惠能此種語句而謂是一種實體性的本體生起論，
則誤。」，《佛性與般若》下冊，臺北，臺灣學生書局，2004年，頁1058。

〔註118〕參閱牟宗三：「自性真空，真如本性，本無所謂起不起，生不生。生起變化而
成萬法，由于思量，而思量則是心識活動也。心識萬法不離空如（自性真空），
以如為相，以如為位，遂漫畫式地正表為『自性生萬法』，『自性含具萬法』。
于此萬法不捨不著，智慧心呈現，則自性明朗，即為『法身佛』。法身不只是
寡頭的空性，乃是含具著不捨不著而無生滅的萬法實相而為功德聚。依自性
真空與般若空慧，解心無染，以此萬法為法門而應化眾生，即為『自性化身
佛』。」，《佛性與般若》下冊，臺北，臺灣學生書局，2004年，頁1059。

空寂」的「法體」中,「從法身思量即是化身」,「即是「性起念」而「思量」為第七識「染淨依」,所以「思量即是自化」。「自性」為淨時,「自化」就是真「理」的轉化為「用」並在三界中,實踐「佛之本懷」來救渡眾生,這「化身」為「千百億」不同的身份或不同的相來開示眾生,使眾生頓悟成佛。

何謂「圓滿報身佛」?「報身」〔註119〕就是成佛之後,這「報身」從眾生成佛的果「報」而為「佛」。這佛果的報身是一種圓滿呈現的清淨狀態,這亦是佛的「正身」,這「正身」與「法身」不同,前者為果報而成佛,後者為成佛的依據。六祖惠能以「滅無常已來後念善名為報身」,「念念善即是報身」的「念善」為「圓滿報身」呈現的狀態,亦因為「念善」而成就佛果,為「圓滿報身佛」。

從上而知,敦煌本《六祖壇經》中「三身佛」的成佛形態,都不離心性而言,成佛的淨土亦不離心性,因「色身」為「皮肉是舍宅,不在歸依也。」

第七節　小結

此章主要分析敦煌本《六祖壇經》中對「自性」思想的剖析。全章分七節從不同角度進行剖析六祖惠能的「自性論」。第一節以「如來藏自性清淨心」作為敦煌本《六祖壇經》中對「自性」思想前提。第二節為六祖惠能的「自性論」內容,當中分為「何謂般若自性」、「自性的性質」:「常」、「樂」、「我」、「淨」及「定」等內容。第三節「佛性平等觀」,說明「佛性」的普遍性及先驗性。第四節「見性成佛論」,以「識心見性」及「覓大善知識示道見性」作為了解六祖惠能「見性成佛」的思想。第五節為「成佛的根據」的「三因佛性」及第六節「成佛的形態」——「三身佛」。

第一節以「如來藏自性清淨心」為敦煌本《六祖壇經》中對「自性」思想作為前提,目的在於分析「如來藏自性清淨心」的「空不空如來藏」,藉此說明「佛性」的內在根據。這是六祖惠能承接「如來藏系統」的精神,而肯定「自性」有一潛伏的「清淨心」待機遇時呈現。

〔註119〕　參閱牟宗三:「『自性起一念惡,起一念善』,語意當該為『自性迷,起一念之惡』,『自性悟,起一念善』。並非是自性本身可以起一念善,又可以起一念惡也。此等語句皆是漫畫式的略辭。莫錯解。又,報身即正報與依報。正報是相好,依報是國土(淨土、常寂光土……),皆不離般若與自性真空。」,《佛性與般若》下冊,臺北,臺灣學生書局,2004年,頁1060。

第二節為六祖惠能的「自性論」。他承上「如來藏」思想，綜合「佛性論」與「中觀般若」的思想，成為他的「自性學」，突出「般若」的重要性，而出現了「般若自性」的一個新概念。這「般若自性」中具「常」、「樂」、「我」、「淨」、「定」的本質。其中「常」具有「不生不滅」的先驗性與超越性。至於「樂」具有「本自具足」的涵蓋性與普遍性。自性中「我」的本質，具有「能生萬法」的自主價值創造性。其中自性中「淨」的質，具有「本自清淨」的價值性與光明性。而自性中的另一本質為「定」，則具有「本無動搖」的獨立性與堅持性。

第三節為六祖惠能的「佛性平等觀」，是對自性作全面性的肯定。這肯定包括「佛性」的先驗性及普遍性，由此而肯定「人人皆可成佛」的可能性及平等性。這可以說是六祖惠能為「人人皆可成佛」下了一個千古不移的定位。

第四節為「見性成佛論」。六祖惠能以「識心見性」作為修行目標，但眾生心迷而不見自性，六祖惠能則以「覓大善知識示道見性」，引導眾生啟動自性中的般若智作為手段。「見性」就是不能離開般若智而言，亦即是不能離開自性而言。所謂「識心」就是自見本具有成佛的根據及心中具有般若智。從中可知，六祖惠能為何要以「般若自性」為其「自性學」的重要觀點。

第五節為「成佛的根據」。從敦煌本《六祖壇經》來看，「成佛的根據」分為「正因佛性」、「了因佛性」及「緣因佛性」，這是六祖惠能「自性學」中所包含著「成佛的根據」。沒有這「三因佛性」而說「見性成佛」是空談。為了證明六祖惠能所言的「識心見性」並非虛言，可從敦煌本《六祖壇經》中六祖惠能的「自性學」中而見「成佛的根據」。

第六節為「成佛的形態」。敦煌本《六祖壇經》中六祖惠能的「自性學」中分析出「清淨法身佛」、「千百億化身佛」及「圓滿報身佛」的成佛的三種形態。這裡說明了真佛不在身外求，而自性中本自具足一切法。

總而言之，從敦煌本《六祖壇經》中六祖惠能的「自性論」，就是六祖惠能心性思想的一大範疇，作為「直指人心，見性成佛」的重要理論根據，而這根據的根源，就是世人本自具足一切法的「心性」。

第五章 敦煌本《六祖壇經》
心性思想的關係

　　本章主要處理「心」與「性」為「一」或「二」的問題。敦煌本《六祖壇經》中，六祖惠能將「般若」從自性中彰顯其重要性，而為「般若自性」。沿此思路而進，見其「明心見性」、「定慧體一不二」的思想皆在「般若自性」的中軸線上而言，筆者由此中線上的中心點討論「心」與「性」為「一」或「二」的關係。以「般若自性」為中軸線時，「心性」與真實的生命就在當下的一剎那，完全地呈現「本來真面目」。

第一節 「明心見性」的「體用不二論」

　　敦煌本《六祖壇經》中，「明心見性」就是以「智慧」來「光明」心地而自「見性」。六祖惠能以「一念善」中的般若智「除千年闇」及「滅萬年愚」，此為最直接的「見性」心法。現從此觀點中分析「心」與「性」為「一」或是「二」的論點。

　　在「明心見性」這概念中，敦煌本《六祖壇經》分析「智」、「慧」、「常」、「明」、「見性」、「一念善」、「前念」、「今念」及「後念」的內容及關係性，在以下引文中闡述。

> 世人性淨，猶如清天，惠（慧）如日，智如月，智惠（慧）常明，於外看敬（境）。
>
> 妄念浮雲蓋覆，自姓（性）不能明，故遇善知識開真法，吹卻名（迷）

妄，內外名（明）徹，於自姓（性）中萬法皆見。〔註1〕

見一念善，知（智）慧即生。一燈能除千年闇，一智能滅萬年愚，

莫思向前，思於後。常後念善，名為報身。〔註2〕

敦煌本《六祖壇經》從「真如」與「念」的「體用不二」而開展「一念」
與「見性」的關係。經文如下：

真如是念之體，念是真如之用，姓（性）起念，雖即見聞覺之（知），

不染萬鏡（境），而常自在。《維摩經》云：「外能善分別諸法相，內

於第一義而不動。」〔註3〕

真如淨性是真佛。〔註4〕

說即須萬般，合離還歸一。〔註5〕

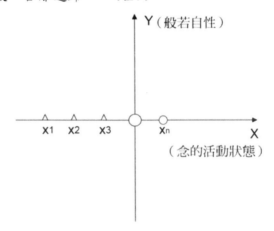

〔註1〕見於《南宗頓教最上大乘摩訶般若波羅蜜經六祖惠能大師於韶州大梵寺施法
壇經》，《大正新修大藏經》第 48 卷，T48，NO.2007，日本大正一切經刊行會，
1922～1934 年，頁 339 上。

〔註2〕見於《南宗頓教最上大乘摩訶般若波羅蜜經六祖惠能大師於韶州大梵寺施法
壇經》，《大正新修大藏經》第 48 卷，T48，NO.2007，日本大正一切經刊行會，
1922～1934 年，頁 339 中。

〔註3〕見於《南宗頓教最上大乘摩訶般若波羅蜜經六祖惠能大師於韶州大梵寺施法
壇經》，《大正新修大藏經》第 48 卷，T48，NO.2007，日本大正一切經刊行會，
1922～1934 年，頁 338 下。

〔註4〕見於《南宗頓教最上大乘摩訶般若波羅蜜經六祖惠能大師於韶州大梵寺施法
壇經》，《大正新修大藏經》第 48 卷，T48，NO.2007，日本大正一切經刊行會，
1922～1934 年，頁 345 上。

〔註5〕見於《南宗頓教最上大乘摩訶般若波羅蜜經六祖惠能大師於韶州大梵寺施法
壇經》，《大正新修大藏經》第 48 卷，T48，NO.2007，日本大正一切經刊行會，
1922～1934 年，頁 341 下。

佛教「緣起性空」的教義，念在不斷地在此橫軸上生滅而出現 X1，X2，X3 至 Xn 的不同位置。在此圖上為 Y 軸的「般若自性」貫通「因地」與「果地」的兩大領域。「明心見性」的呈現則在此中軸與橫軸交接點上而呈現。在此中心點而言，「心性」為「一」。離此中心點而言，「心」「性」為二。在「心性」為「一」的當下，心念的活動，不住於前念的 X1，X2 或 X3，而顯「今念」的活動，從「今念」的活動中般若智呈現而出現後念至 Xn。在「念念」之中而顯「中道義」。此中道為「明心見性」的定位。離此「心性」之位而言「見性」，皆不是真見，而是妄念。六祖惠能在此點上說明，「常見自過患」與「不見天地人過罪」的「亦見亦不見」觀點。

「見」與「不見」是將「心念」收攝於內而言，此內為「性王」之所在，「性王」不在「前六識」之中，而在於「心地」上統攝「前六識」。當第七識不起執取時，心念收攝於內，即在此圖中所顯現的「中」位，當下與「性王」合而為一。否則，當第七識執取前念時，而住於「前念」，此念則向外馳散，而失收攝之能，主體為客體所住，主體即失其主體性，此主客的位置被「轉」，當中此「一念」甚具張力。如能「一念轉」而「頓悟」此為「真見」，此「見」中含「常」的性質，此「常」為「自性」的性質之一。因此，六祖惠能所見的「見」，不是從「眼識」所見的一切法，此「見」是言「見性」的「心法」。

經過此「今念」的中心點之後的念而為「後念」，此「後念」與「前念」起了「質」的變化而為 Xn。「莫思於前，常思於後」中的「前」與「後」關係實為「今」的中位而說，前句的「思」為「住」，後句的「思」與自性中的「常」相應而為「善」。此「後念」具「善」之德性，而為佛的「報身」。

由此「明心見性」的觀點而言，在主體不失其主體性之時，心念收攝於內而為一。此時亦與「般若自性」相合而為「一」。當中的「真如」為「念」的活動之體，而「念」則為「真如」之用。「真如」既為「心之體」亦為「性之體」，在此圖見此中心點，即能會意，就是六祖惠能所言，此為「真如淨性是真佛」。這「明心見性」而為之「中」是要經過「合道」、「離道」這些過程。從這些過程中，會出現很多不同的見解，「說即須萬般」之中而顯中道。最後從中道之上而「歸一」而「明心見性」。從「明心見性」之中而見「心性」具「體用不二」的非一非異關係。

第二節 「定慧相即圓融論」〔註6〕

從「明心見性」的「體用不二」而見「心性」非一非異關係。現從志誠所問「為何不立戒定慧」的問題上，再進一步看六祖如何見「定與慧」〔註7〕為同一關係。從這同一關係中而推論「心」與「性」為「一」或是為「二」的關係。敦煌本《六祖壇經》的經文如下：

> 又曰：「善知識，我此法門，以定惠（慧）為本第一。勿迷言惠（慧）定別，定惠（慧）體一不二：即定是惠（慧）體，即惠（慧）是定用。即惠（慧）之時定在惠（慧）。即定之時惠（慧）在定。善知識，此義即是〔定〕惠（慧）等。學道之人作意，莫言先定發惠（慧）。先惠（慧）發定。定惠（慧）各別。作此見者，法有二相，口說善心不善，惠（慧）定不等。心口俱善，內外一眾種，定惠（慧）即等，自悟修行，不在口諍。若諍先後，即是〔迷〕人，不斷勝負，卻生法我，不離四相。」〔註8〕

> 又曰：「定惠（慧）猶如何等？如燈光，有燈即有光，無燈即無光。燈是光知（之）體，光是燈之用。〔名〕即有二，體無兩般。此定惠（慧）法，亦復如是。」〔註9〕

〔註6〕業師陳沛然於 2008 年 6 月 30 日在香港旺角「甘露鼓佛學會」教授「敦煌古本《六祖壇經》」的課堂筆記。

〔註7〕參閱唐君毅：「然念念不住，即念念外不住境而無相，亦內不住於自性，於自性能無念，而只本真如自性以起念；則無住之義，可通攝過去、未來、現在之三際之斷，與內外二邊之斷；所謂二邊三際斷也。」又見：「吾人如了解此惠能所言之工夫，乃在外無相，內無念，而念念不住，亦不住內外之義；便知其所以不以凝心看淨或空心靜坐不動為工夫之故。因此後者即心住於內，求於自性中有一法可得，或著於無記空，並誤以無念為念無；而不知真如自性起念之不可無，雖起此念，仍可不念萬境而無住，以念念寂滅；方見真性之本空也。緣此吾人即可了解其所言坐禪或定慧之義。其言曰：『此門坐禪，元不著心，亦不著淨，亦不是不動。起心著淨，卻生淨妄，……卻被淨縛……外離相為禪，內不亂為定。』此禪定與慧乃不可分。故曰：『定是慧之體，慧是定之用；即慧之時定在慧，即定之時慧在定。定慧如燈光……燈是光之體，名雖有二，體唯是一。』此即謂不可只空心靜坐不動，或著心看淨，離慧以求定；而當即慧見定；即定以有慧，如體用之不可離。」，《中國哲學原論·原性篇》，臺北，臺灣學生書局，1991 年，頁 315。

〔註8〕見於《南宗頓教最上大乘摩訶般若波羅蜜經六祖惠能大師於韶州大梵寺施法壇經》，《大正新修大藏經》第 48 卷，T48，NO.2007，日本大正一切經刊行會，1922～1934 年，頁 338 中。

〔註9〕見於《南宗頓教最上大乘摩訶般若波羅蜜經六祖惠能大師於韶州大梵寺施法

　　六祖惠能開宗明義說「我此法門，以定惠為本第一」，「我此法門」即是「頓教法門」，就是「以定惠為本第一」〔註10〕。「定惠為本」的「定慧」是心性中的堅定性及般若智。以「定惠為本」的「本」，就是「根本」。人的根本在於「心性」。從根本上言，就是「心性」不離「定慧」，「定慧」不離「心性」的相即關係。換言之，「定惠為本」，即是「定慧以心性為本」。至於「以定惠為本第一」的「第一」，是指最上乘的方法，沒有其他的方法超越其上，而為「第一」的法門，而名為「第一」。

　　「勿迷言惠定別」的「勿迷言」，是指眾生對「定慧」的所生起的「知見」而稱之為「迷言」。這眾生的「知見」為「慧定別」的論點。這「慧定別」的論點是在於未悟「定慧體一不二」的「相即圓融論」而具同一關係。「慧定別」與「定慧體一不二」就成為「迷」與「悟」的關鍵，亦成為此頓法門中學習的「定惠」作為最根本及最上乘的法門。如果離此「定惠」所說的法，即不是此「頓悟法門」所說的法，因其所說的法，離其「本」而不是「第一」的最上乘法，而不是「頓悟法門」所說的法。「頓悟法門」所說的「法」是「見性之法」，此「見性之法」是不離「心性」之根本而言的。

　　眾生的「知見」而出現「迷」的「慧定別」觀點，就是以其所知所見而見「慧」與「定」兩者是不同，分別為「二」。在六祖惠能的頓悟法門中，「定慧體一不二」即是「定慧」的「體」為「一」，因其為「一」而「不二」。「體一」就是相同的體，而不是「別異」的體。「定慧體一不二」，這顯示出「定惠」的

壇經》，《大正新修大藏經》第 48 卷，T48，NO.2007，日本大正一切經刊行會，1922～1934 年，頁 338 中。

〔註10〕參閱楊曾文：「統觀慧能的無念禪法，有兩大特色：（一）定慧無別，實際是以慧容攝於定；（二）通過對無念、無相、無住的詮釋，寄禪定於日常生活之中。下面對此略加說明：（一）關於『定慧別』。傳統的禪法，無論是大乘禪，還是小乘禪，都主張『以禪發慧』，即通過從坐禪觀想來制服情欲，斷除煩惱，引發智慧，目的是最後達到解脫。在這里（裡），定（三昧），或禪定」與慧（智慧）是分開的兩種事物，只有在禪定進入一定深度，才會產生智慧。對此慧能表示反對。他認為，定慧是一個統一的整體，就好像燈與光的關係那樣，兩者是不可分的。他說定是慧的『體』，慧是定的『用』。當覺悟自性的時候，慧本身就是定，此時沒有慧之外的定；同樣，當修定的時候，慧就在定，沒有定之外的慧。慧能實際是借批評『定慧各別』來反對口說佛教義理而不認真實踐的現象，說『作此見者，法有二相：口說善（按，指慧），心不善（按，指定），『慧定不等』。如果做到心口一致，也就做到了『定慧即等』。……」〈論慧能的識心見性思想〉，《六祖慧能思想研究：「慧能與嶺南文化」國際學術研討會論文集》，廣州，學術研究雜誌社，1997 年，頁 105～106。

「體」為「一」的「相即圓融」的同一關係。「定慧」的根本在於「心性」之上，故言「定慧」為「相即圓融」同一關係時，亦即是「心性」也存在著同一的關係。

「即定是慧體」的「定」是相即於「慧體」而言「即定」，而「慧體」亦即是相即而為「定用」，故說「即慧是定用」。「即慧之時定在慧」與「即定之時慧在定」的「即慧」、「即定」與「定在慧」、「慧在定」，都是相即而圓融，當中無分別地存在於同一範圍內。這可證明「體一不二」的論據得以成立。

再者，「定慧猶如何等？如燈光。」由此來說，「定慧」就如「燈光」「有燈即有光，無燈即無光。」說明了「燈光」圓融相即的「體用」關係。「燈光」的「有無」在「一體」而存在，此「即」具有二個角色的內蘊，但仍然是在「一體」之內而圓融為「一」，就此而言，「燈是光之體，光是燈之用。」這樣的比喻說明了「名即有二，體無兩般」的關係。「名即有二」就是說從名相來說，所見是出現了二個相，但在「體」上來說「體無二般」，則「無」分別為「二」的意思。「迷人」卻以為「燈」與「光」為「二」，但「光」不離「燈」，而「燈」亦不離「光」，其實是「一」。這「燈光」之法理與「定慧法」之法理相同。

推而論之，「定慧體一不二」、「即定是慧體」、「即慧是定用」三者皆是「相即圓融」的狀態，亦證明「定慧」為同一關係時，「此義即是定慧等」之中「定慧等」的「等一」關係，「等於一」的意義亦可以成立。換言之「定慧」的「體一」論據亦可同時成立。「定慧」之「等一」與「體一」不離「心性」。「心性」亦「等一」及「體一」，「心性」在此為同一關係。

「定慧體一不二」在同一的關係上，引申出「即定是慧體」「非一非異」的「體用」而不離「相即圓融」的關係。當「定慧」在全體顯用時，就是「非一非異」的「體用」關係，亦是在「相即圓融」的狀態。因此，「定慧」與「心性」相即圓融之時，不論在存有論來說或從價值創造論來說，兩者都是「定慧之本」，也就是此「頓法門」的最上乘法，即是以「心性」為根本的法門。

六祖惠能開示「迷人」，不要執於「定慧各別」這問題上而生起分別相，所以說「學道之人作意」。「學道之人」的「作意」，就是從「意識」上起分別相，而在第七識中有所執取，而迷於「相」，以「相」為本，不以「心性」為根本，即是離「心性」而言「定慧」。

「莫言先定發慧」的「先定」而「發慧」，這「定」「慧」就在於不同的體上作「先定」與「發慧」。在「定」之體出現「先定」的相，而又從另一「慧」

之體上「發慧」之相。從而引申出相對而言的「先慧發定」的情況，這樣就出現了「定慧各別」的另一個結論。「定」「慧」分別在二個不同的體上而各別而存在，但又各不相關。兩者只在於「先定」與「發慧」或「先慧」與「發定」的因果關係上，才能互見二者的存在範圍。〔註11〕

從因果論上而言，就是要待緣而起的因果關係，這便是「有為法」。「作此見者，法有二相」的「此見」，互見「定」與「慧」有二個存在的範圍，出現「法有二相」。「法」這是「有為法」的法，而其中出現有「定」與「慧」二者的分別相為「二相」。

由於「二相」的出現，就出現了「口說善，心不善」的現象。這「口說善」與「心不善」為二個的分別相。這裡指出「口說善」與「心不善」沒有相即的關係，即不是同一關係，出現二者不是等於「一」而為「二」的結果。由此而知，「迷慧定不等」的狀況，亦同時的成立。

對於「悟者」來說，在「定慧體一不二」的前提下，只有「心口俱善」的一種情況，「心口」同依「定慧體一」之根本「心性」上而言「俱善」。因而，「內外一種」。「內外一種」的「一種」就是「心性」，即是「定慧」。「定慧即等」亦在於「體一」之下而無分別，此「即等」即是等於「一」而不分為「二」。

在「自悟修行，不在口諍」的「自悟修行」來說，修道人以此頓法門的「定慧為本第一」作工夫，由此工夫而自證「定慧」體「一」而不「二」，就是「明心見性」。「明心見性」就是明白本心之本性是具「定慧」的性質而「見性」。此「自悟修行」的工夫不在於「口諍」，而在於內證自見之上。若不內證自見此心必生起疑惑，就出現「口諍」的情況。

「若諍先後」之諍為「口諍」，就是在於「先定發慧」或是「先慧發定」的「先後」「二相」之上。「慧定不等」的「不等」即出現「二相」的情況，當「迷人」見其一，又不見其二，在以偏概全的情況下，而出現「口諍」。在「口諍」之時，「即是迷人，不斷勝負」。在見「二相」而不見「心性」為「一」時，又在此「二相」上「斷勝負」再而生起另一「勝」與「負」二相。在此「二相」

〔註11〕參閱唐君毅：「一般世俗之人，心念外馳，似有慧而無定，則慧歸於狂慧；而修道者則又恆空心靜坐以求定，則定為沉空。是皆不知定慧不二。唯惠能言定慧不二，則要在對離慧求定者言之。凡人之離慧求定者，即不知『無念非沉空，空元不可著，真如自性起念，而念無住，則無縛，而能內自不亂，以有其定』之義者也。」又參閱「總此惠能之言以觀，則其所言之工夫，亦可以『無住』一語概之。」，《中國哲學原論‧原性篇》，臺北，臺灣學生書局，1991年，頁315。

之下，「卻生法我，不離四相」。這「法我」就是「二執」。這「二執」就是「執法」與「執我」。當「執我」之時，心中的第七識起執，而又生出「四相」。這「四相」就是「人相」、「我相」、「眾生相」及「壽者相」。從「二相」而起現「四相」，問題就是未能掌握「定惠」的「相即圓融」同一關係。

定慧相即圓融論

　　從上而知，「四相」的出現亦是由於「迷者」，以為「定惠各別」而起。從根本處釐清「定慧」同一關係時，亦同時處理了「四相」起現與「非四相」的問題。換言之，自見「定慧體一不二」之時，「四相」的問題亦不會出現，「我執」亦同時消解，這為「悟」之境界。

　　六祖惠能所提出「定慧」為同一關係上所處理的問題，就是使眾生從分別相中分「定慧」為二，而又再開出「四相」。從根本上而言，「定慧體一不二」，其目的在於「識心見性」，亦即是「體一不二」上說同一關係。六祖惠能以「定慧為本」，就是以「心性為本」。「心性」就是心的本性，心具有般若智，即「智慧性」。而自性的「性空」具空寂性，不被客塵所染，故自性之中的正定性，亦由此而顯。由此而說「定慧體一不二」，亦在於「心性」之上而說「體一不二」〔註12〕。

　　「定慧相即圓融論」與「般若自性」內容相合，而「明心見性」的「體用不二」亦是從「般若自性」而見為「一」。由以上的觀點，筆者推論「心性」在「悟」時為「一」的關係，在「迷」時分別為「二」。

　　六祖惠能在解釋「般若」時，以「智惠（慧），性即是」〔註13〕及「小大

〔註12〕　參閱蔣述卓：「晉宋以來，佛教學者為定與慧到底誰為主的問題所困纏，有的佛教學為此還提出定慧雙修，以解決這一矛盾。慧能的『即心即佛』思想從『一心』觀出發，將定慧視為等一，定與慧互為體用。他提出：『善知識，我此法門，以定惠（慧）為本。第一勿迷言定惠（慧）別，定惠（慧）體一不二，即定是惠（慧）體，即惠（慧）是定用，即惠（慧）之時定在惠（慧），即定之時惠（慧）在定。善知識，此義即是定惠（慧）等。』……定慧同一論當然是以『見性成佛』與『頓悟』為前提的。慧能提出的『無念為宗，無相為體，無住為本』的『三無』說也是定慧等一的重要理論基礎。如『無念』解釋為『於一切境上不染』。……既然本心清淨，就不會因一切『客塵』而污染，所以在禪之法門　中，『坐禪元不著心，亦不著淨』，……也就無所謂去拂拭『客塵』問題。自性本淨，何必去修禪定呢？而『無住　為本』解釋是『於一切上，念念不住，即無縛』，……因為念念相續，不會住於某處不動，思想也便沒有束縛，也　就不可能有『定』的問題。慧能實際上通過『三無』說提出了思想的自由問題。他之所以要以『心』統一定慧，就是要為思想的自由和『見性成佛』開闢道路。傳統佛學把人的思想牽縛於經與坐禪上，慧能禪學則使人解脫了思想的繩索，也把人從僵死的有形的道場於入了無形的心的自由廣闊空間。直心即道場，其貢獻不僅僅是解放了坐禪之人，更重要的在於解放了思想。」〈略論慧能的『即心即佛』思想〉，《六祖慧能思想研究：「慧能與嶺南文化」國際學術研討會論文集》，廣州，學術研究雜誌社，1997年，頁172～173。

〔註13〕　參閱《南宗頓教最上大乘摩訶般若波羅蜜經六祖惠能大師於韶州大梵寺施法壇經》，《大正新修大藏經》第48卷，T48，NO.2007，日本大正一切經刊行會，1922～1934年，頁340上。

二乘十二部經，皆因人置，因智惠（慧）性故，故然能建立我」〔註14〕。這裡明顯地說明「智慧」與「性」是同一的關係。筆者認為六祖惠能的思想中，以「心性」為「一」，並沒有無分別其為「二」之觀點。「定」為「自性」的本質之一，而「智慧」在呈現時，「自性」亦同時呈現「定」的本質，合而來說即是「定惠體一不二」的論據。六祖惠能在論述「定惠體一不二」時，指出「莫言定惠別」的重要性。如果以「定慧別」時，即不見「我」的「價值性」。「我」的「價值性」在於能創造無限無盡的價值性。這思想與佛教的「無自性」教義不相違。這「我」存在積極性的精神，而「我」在一刹那中創造價值，在「非有非無」之中而顯「中道」的真正意義。在下一節的「心性為一」的「價值創造論」上討論「我」的存在意義。

第三節　「心性為一」的「價值創造論」〔註15〕

關於討論「心」「性」的關係為「一」或為「二」，引用牟宗三的見解如下：

在佛教，則立一超越之心體，此即如來藏自性清淨心，乃至涅槃佛性，統攝一切法，天台宗所謂一念三千，一心具十法界，一淨一切淨，一切法俱是佛法，唯是一乘，無二無三。華嚴宗所謂「稱法本教，非是逐機末教」。此與般若冥智，一體一用，冥合為一。禪宗所謂「即心是佛」，是如是體，「無心為道」，是智是用。智如不二，色心不二，無心外之法，無心外之理（空理，如理）。心佛眾生，無二無別。此天台華嚴所說之圓頓之教也。〔註16〕

在「心性」的關係是「一」或「二」的問題上，牟宗三先生認為禪宗則以「即心是佛」及「無心為道」來體證出「圓頓之教」的「智如不二，色心不二」的內在「空理」及「如理」。這裡明顯是說「心性」在「體用」之中為「一」非「二」的關係。

再者，「縱者橫講」不具「創生」的意思，牟先生立論為「佛家式的存有

〔註14〕參閱《南宗頓教最上大乘摩訶般若波羅蜜經六祖惠能大師於韶州大梵寺施法壇經》，《大正新修大藏經》第48卷，T48，NO.2007，日本大正一切經刊行會，1922～1934年，頁340中。

〔註15〕此為業師陳沛然提及的見解，非筆者的創見。

〔註16〕見於牟宗三《才性與玄理》，香港，人生出版社，1970年，頁229。

論」〔註17〕，這是從存有論上而言。「如如智即心，如如境即性」〔註18〕當中
仍有「心性之分」，這就是從平面式地以「性」是綱主；而「心」是緯用，這

〔註17〕　參閱牟宗三：「就佛道兩家言，吾即謂其講法是『縱者橫講』。『縱者橫講』者
不言創生義而仍能說明一切法之存在或最後終能保住一切法之存在之謂也。
即如一切法等依于阿賴耶，此只是『識變』說，並非說阿賴耶識能創生一切
法。不能說創生，即不能說創造。宇宙無『始』，亦無『無始』，始與無始俱不
能說，只是一連串種子現行之無限定地輪迴轉。無論連串至如何遠，一切法總
皆依止于阿賴耶。一切法是識變地依止于阿賴耶，非阿賴耶創生之也。轉識成
智後，淨識流行（識變地流行），有一切清淨法，非無限智心能創生此清淨法
也，只根本智、後得智、無分智將淨識現行轉為法身無漏功德耳。是則一切法
之存在原出於識變，所謂萬法唯識，三界唯心，既非阿賴耶創生之，亦非無限
智心創生之。即講至一切法等依于如來藏自性清淨心亦如此，非清淨心能創
生一切法也。此由『一心開二門』即可知之。即最後講至天台圓教，由一念三
千說起，此仍是理具事造之識變說不定煩惱心遍即是生死色遍」，至三德秘密
藏保住一切之存在（除病不除法），此亦非般若解脫法身之三德能創生一切法
也。故云『縱者橫講』，即只就識變上一切法解心無染而寂滅之而無一法可除，
此即為解脫，亦即為佛教式的存有論。」，《圓善論》，臺北，臺灣學生書局，
1996年，頁328～329。

〔註18〕　參閱牟宗三：「何期自性本自清淨。何期自性本不生滅。何期自性本自具足。
何期自性本無動搖。何期自性能生萬法。祖知悟本性。謂惠能曰。不識本心。
學法無益。若識自本心。見自本性。即名丈夫‧天人師‧佛。」（六祖壇經自
序品第一）。此是惠能悟法受法之始。這裡一連串說了六句『何期自性』云云，
此可名曰六自性句。這六句是什麼意義呢？（筆者按語：原文「自性」實為五
句，六句應該是手誤而已）我看他于『應無所住生其心』言下大悟的便很不同
于神會之悟解。『自性』即是自己的本性（自本性），即『本來無一物』的空寂
性：『菩提本無樹，明鏡亦非臺，本來無一物，何處惹塵埃？』但此空寂性必
須通過『無所住而生其心』始能如如地呈現。『無所住而生其心』即是不住著
于色聲香味觸法而生其心，即是般若心，清淨心，無念心。般若心呈現，空寂
性始呈現。此仍是實相般若也。實相一相，所謂無相，即是如相。惠能並未就
無住心把它分解成一個靈知真性，如神會之所為。無住心即般若心，非是就之
分體用（空寂之體與靈知之用）而成真心即性。無任何住著之般若心照見空寂
性，即所謂實相般若。空寂性本來無一物，而『般若非般若斯之謂般若』，則
般若亦本來無一物。此之謂智如不二。不二而二，亦可說如如智與如如境。如
如智即心，如如境即性。故五祖謂惠能曰：『不識本心，學法無益。若識自本
心，見自本性，即名丈夫、天人師、佛。』此中所謂『本心』即無所住的般若
心。所謂『本性』即空寂性。『若識自本心，見自本性，即名丈夫、天人師、
佛』，即『直指本心，見性成佛』。必須直就著無念無住著的般若清淨心而無心
始能見『本來無一物』的空寂性而成佛。『不識本心，學法無益』。蓋空言性，
無益也。『無所住而生其心』是體現那空寂性者。于此，仍有心性之分。而性
是綱主，心是緯用。」，《佛性與般若》下冊，臺北：臺灣學生書局，2004年，
頁1049～1050。

是在存有論上的範疇而言的。牟先生的見解以「佛家式的存有論」而言「心」與「性」的存在，在此觀點上可以將「心」「性」分為「二」來說。

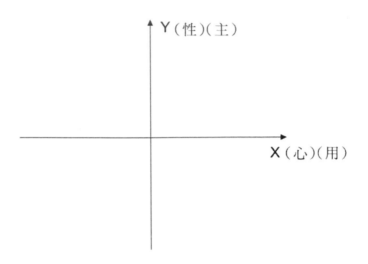

佛家式的存有論（縱貫橫講）

牟先生又言「祖師禪的頓悟方是圓頓悟」〔註19〕，這是從「價值創造論」上說明，此「心性為一」的關係。這「圓頓悟」的「圓」具「圓教」的圓滿性。

〔註19〕 參閱牟宗三：「心即是萬法，即是生滅，即是緣起。于此萬法念念著境即是迷，即是眾生。此是順心造而心迷，即曰此岸。若于此萬法念念不著境，不執有自性，因而不取不捨，亦不染不著，如水常通流，便是無念，便是般若淨心，亦曰智慧心，此是順心造而悟，名為彼岸。一悟，智慧心呈現，則原初所造之萬法便為智慧心所含具，以不取不捨故。不捨即含具萬法而不無，不取即無一法可得而不有。不有即是般若空慧，無相般若。不無即是不壞假名而說諸法實相。此智依自性真空（真如本性）而起，由無念而實際呈現。故若頓悟自己本智慧心原是清淨，即頓見自己真如本性。此即所謂頓悟成佛：直指本心，見性成佛。惠能禪（般若三昧）之精神根本是般若經之精神。他並未就無住心分解成一個靈知真性、真心即性，如神會之說。神會禪是如來禪，惠能禪即是所謂祖師禪。……而惠能禪則是相應圓教的禪，雖然他並無興趣展示于教相。依惠能，『萬法盡在自心』，真正生起萬法的是心，生滅心也。般若含具萬法，因不捨不著故，實無所謂生起也。是即般若之作用的圓具（『用即遍一切處，亦不著一切處』）。『自性含具萬法』正由般若之含具萬法而證見。說『自性生萬法』是漫畫式的方便語。他的法門實仍是心是萬法；萬法無性，以空為性；而般若空慧則是照見此空性者。這只是將般若經與空宗之精神收于自心上來，轉成存在地實踐地『直指本心見性成佛』之頓悟的祖師禪，非以如來藏真心系統為背景而來的如來禪。如來禪雖亦講頓悟，而不必真能圓，蓋預設一超越的分解故。祖師禪的頓悟方是圓頓悟也。」，《佛性與般若》下冊，臺北，臺灣學生書局 2004 年，頁 1056～1057。

而這「圓」必有其中心點而為「圓」。在「頓悟」而見「般若」與「自性」這一對概念時，兩者就在此平面式的「綱主」與「緯用」上的交接點上創造其價值之所在及呈現其永恆的價值性。在此點之上，「心性」為一而為「般若自性」。此中心點為「因地」與「果地」施設而「立心」，由此中心點觀一切法皆具平等性、當中無分別、無次第、無階級、無相對的一切對立概念。在此圖中，加上「因地」與「果地」這兩大領域時，眾生的存在就在「其中」，從平面中而即起變化而為立體。從平面的經緯上而變成立體貫通「因地」與「果地」。從中心點向上而達至「果地」體證先聖所言的境界，從「果地」上以「不取不捨」般若精神回歸「心性」中心點上。又從此中心點開展「禪悟」的大用。「性空」之中而具「非有非無」，此「非有非無」的真理而具足一切法為世間的眾生開展「心性」中「全真」、「全善」與「全美」的全面性，此為六祖惠能所言的「禪悟的大用」：「無念行」與「般若行」。

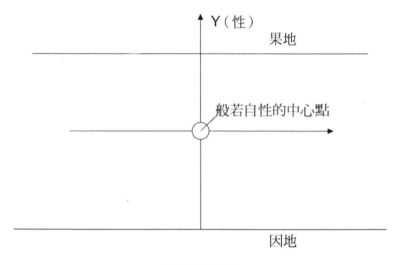

價值創造論

在此中心點而言，此「心」為千古一心，亙古不變的心，「心」、「佛」、「眾生」三者本無分別的「心」。佛教教義所言的「生滅」是對世間的有為法而言，在此中心點的心，所言的是「無為法」，就是「性理」，其所言具不變之理。牟宗三先生所言「性」為綱主，亦是此道理。至於此「性」與「般若智」合為一時，在此中而言「法以心傳心」，離此心無所言者，皆不是如實的「心法」。

據敦煌本《六祖壇經》分析「明心見性」、「定慧相即圓融」的內容，而初見六祖惠能所言「心性」為「非一非異」及為「一」的關係作為論點，再以牟

先生對「佛家式的存有論」、「縱貫橫講」及「心性二分」：以「性」是綱主；「心」是緯用的存有論的立論上，解構其「心」與「性」為「二」的論點。

筆者則以「價值創造論」言「心性為一」〔註20〕作為立論根據，此為「覺者」們不迷於世間的假象而自見「實相」的原因作一立論根據。往聖先賢在世弘法或著書立說，全顯其「心性」的價值性及價值創造的永恆性。就如六祖惠能與現世相距一千三百多年，但其精神仍顯無盡的價值性，可見由此「心性」合一而成「般若自性」的中心點，因其「非有非無」的「緣起性空」特點而創造無限無盡的價值性。從體證「心性」而以無執的般若精神修行，使眾生由迷轉悟而建立其本有的價值，「成佛」亦不離此「圓」而「頓悟」。

第四節　小結

此章主要是分析敦煌本《六祖壇經》中「心」與「性」思想的關係。本章分為四節。第一節「明心見性」的「體用不二論」。第二節為「定慧相即圓融論」。第三節為「心性為一」的「價值創造論」。第四節為小結。

第一節為「明心見性」的「體用不二論」，分析「一念」中的般若智如何證入自性之中而「明心見性」。從「明心見性」的當下而見「體用不二」的「心性」為「非一非異」的關係。

第二節為「定慧相即圓融論」，這是分析「定慧」為同一關係。「定慧為本」的「定慧」是「心性」中的堅定性及般若智。以「定慧為本」的「本」，就是「根本」。人的根本在於「心性」。「慧定別」與「定慧體一不二」就成為「迷」與「悟」的關鍵，亦成為此頓法門中學習的「定慧」作為最根本及最上乘的法門。「定慧體一不二」在同一的關係上引申出「如燈光」具「非一非異」的「體用」關係而不離「相即圓融」「心性」為「一」的關係。

〔註20〕 參閱牟宗三：「而今如來藏之系統不但肯定自性涅槃，而且肯定自性清淨心，不但以真如空性之空理（寂滅）為佛性，而且以超越真心，理與心一，為佛性。是則唯識宗所分別之理佛性事佛性，在此系統內則統于一而為一理事為一之佛性，一起皆本有。此本有之佛性不但是心理不二（智如不二），而且是『色心不二』。在此系統下，似可以說明體用矣。佛性真心為體，由此而生起一切法為用。蓋此時真如空性不只是就緣起無性而說之空性空理，而且提昇一步與真心為一，而心固有力用覺用也。如只是空理，所謂『但理』，自不能生起，但與真心為一，則似可以言生起。在此系統中，不但似乎可以說體用，而且在某契機上似亦可說萬象為虛空（真如清淨之真心）中所見之物。……」，《心體與性體》第一冊，臺北，正中書局，1999年，頁576～577。

　　換言之,「定慧」在「相即圓融」的狀態下與「定慧」在「定慧體一不二」時,就是同一的關係,而當「定慧」在全體顯用時,就是「非一非異」的「體用」關係,但亦是在「相即圓融」的狀態之中。因此,「定慧」與「心性」相即圓融,不論在存有論來說或從價值創造來說,兩者都為「定慧」之本,也就是此「頓法門」最上乘以「心性」為根本的法門。

　　第三節為「心性為一」的「價值創造論」。由牟宗三先生的「佛家式的存有論」、「縱貫橫講」、「心性為二」的論點,而分析在存有論上而言「心」、「性」為「二」的觀點。又從牟先生的「祖師禪的頓悟方是圓頓悟」的觀點上,以「心性為一」而言「價值創造論」。本文以圖表分析「佛家式存有論」上與「價值創造論」上的不同觀點所在。

　　禪宗對「心」與「性」是「一」或是「二」關係,筆者從前賢學者們的觀點上作一論述,又見敦煌本《六祖壇經》中六祖惠能所說「心性為一」的論點,而以「價值創造論」闡述「心性」為「一」的關係,最後亦立論在敦煌本《六祖壇經》的思想中而見「心性為一」的關係為本章的總結。

第六章　敦煌本《六祖壇經》生命境界之提升與心性體證的實踐方法

　　本章分析敦煌本《六祖壇經》中如何處理凡夫從「迷」的生命狀態提升至「悟」的境界的問題，並進而分析從一念「頓悟」之中突破了陷於千年的「無明」，使有限的生命進至無限進程之中的關係性。

　　不論從「迷」轉至「悟」的生命狀態，或是從「有限的現實生命」轉至「無限的生命境界」，從佛教的精神來說，這個修行過程中，不是等待或是期盼，而是在於真實地實踐修行。在因地上的眾生，應如何修行呢？又以甚麼作為修行的目標？在大乘佛教的各宗各派之中，提供了不同的法門作為入路，不論修行者選取任何一法門來實踐修行，皆以「見性成佛」為最終的目標，這就是大乘佛教的修行觀。

　　從實踐修行至「見性成佛」這個過程之中，修行者所有工夫全應對向「心性」而用功，否則就只見「水中月」或「鏡中花」，這些都是從所觀中執取為有，眾生執有此一「水中」的「月」及「鏡中」的「花」。從佛教的教義來看，這些都是「假象」；是「虛幻」的。眾生未悟這「月」與「花」本從「水」與「鏡」中反照而來，正如我們的自性一樣，一切法皆由自性而生起，但眾生因執取而為相，不能自見清淨的本源。眾生與佛的本源皆為「一」，這「一」的內容，就是從實踐中一一體證及了悟其中大意。

　　在現實世界之中，一切法皆存在於分別與對立的概念之中。凡夫在平常生活之中，並非能如佛經所言，能體證如此超凡入聖的境界。凡夫因此而對佛經中所言心起疑惑，就在於修行者沒有真實地實踐修行而未能相應。因此，凡夫

—135—

的生命境界只是停留於分別對立之中，而沒有整體性、全面性、和諧性及統一性。凡夫的生命以執取片斷、零散的一切法而作為存有的根據；覺者則超越相對的局限性而轉至無限性之中。這「轉」就是生命的境界得以提昇至另一更高境界的方法，這提升的過程就在於「實踐」而不離「心性」，只能從「實踐」之中才能體證佛法所言不虛，而成就「頓悟成佛」的可能性，這「實踐」正就是六祖惠能所言的「頓教」工夫。〔註1〕

這「頓教」與「漸教」工夫的分別在於從有限、無自由的現實生命中，突破進入無限的生命進程之中，從中體證「心性」的存在是先於一切經驗而存在的，這是先驗的。至於從實踐上用功，於經驗層轉至理性層上，這一轉為「頓教」法門所預設的「進路」。〔註2〕從這一轉，不只是在理性層見「心性」，並且從「實踐」中體證「心性」的存在，凡夫最終解脫煩惱執著的困擾而為覺者，在世間之中而具出世間的超越精神看一切法。從大乘佛教的教義而言，人的價值性不只建立於實相層上以般若智自見本性，及以「頓悟成佛」為最終的目標，亦同時建立於現實世界之上，從「不取不捨」的般若精神回轉於經驗層中，全顯人的真正的存在的價值。〔註3〕

因此，本章以「無念為宗」、「無相為體」、「無住為本」的「無執實踐論」以「無執」精神為綱領進入「禪悟的進路」之上。在「因地」上的眾生又從「禪悟的進路」之中體證「心性為一」的「般若自性」頓然進入「果地」。又如何從「果地」上回轉至「因地」上以「無念行」與「般若行」作為日常生活中的「心行」，此名之為「禪悟的大用」。

〔註1〕參閱陶國璋：「儒、道、佛三家都肯定人可以從現實上的有限、不自由，經實踐而轉化為無限、自由的本體。為何他們可以如此作肯斷呢？關鍵在於他們所說的『實踐』，涵蘊著頓教工夫。」，〈牟宗三先生對「良知之坎陷」之構想與重構〉，《牟宗三哲學與唐君毅哲學論》，臺北，文津出版社，1997年，頁66。

〔註2〕參閱陶國璋：「一般所言之實踐，都是從漸教入手。即是說，逐漸修持，改過不善而達至完善。如果是漸教工夫，則在理論上有永不能達至完善之可能；因為漸教只能隨罪惡之起，而隨之求克服，總是後天的；而罪惡無限，則克服便變成無窮地追逐，永遠落後於罪惡之起之後。換言之，漸教之實踐，不能有超越之保證，使人從有限昇轉至無限。」，〈牟宗三先生對「良知之坎陷」之構想與重構〉，《牟宗三哲學與唐君毅哲學論》，臺北，文津出版社，1997年，頁66。

〔註3〕參閱陶國璋：「佛家肯定佛的存在，即是從實踐上體證，人類可以從其現實上之有限，最終能修持至自由之本體。因此，東方之傳統，是由存在的體證，肯言人雖有限而可無限。」，〈牟宗三先生對「良知之坎陷」之構想與重構〉，《牟宗三哲學與唐君毅哲學論》，臺北，文津出版社，1997年，頁66。

第一節 「無念為宗」、「無相為體」、「無住為本」的「無執實踐論」〔註4〕

　　在敦煌本《六祖壇經》中，六祖惠能講述如何是「無執實踐論」。了解「無執實踐論」後，就能明白「禪悟的進路」的精粹所在。六祖惠能所言的「無執實踐論」內容如下：

　　善知識，我自法門，從上已來，頓漸皆立，無念無宗，無相無體，無住無為本。何明〔名〕為相？無相於相而離相，無念者，於念而不念；無住者，為人本性，念念不住。前念、念念、後念，念念相讀（續），無有斷絕。若一念斷絕，法身即是離色身；念念時中，於一切法上無住；一念若住，念念即住，名繫縛；於一切法上念念不住，即無縛也，以無住為本。善知識，外離一切相，是無相。但能離相，性體清淨是，是以無相為體，於一切鏡（境）上不染，名為無念。於自念上離鏡（境），不於法上念生。莫百物不思，念盡除卻，一念斷，即無別處受生。學道者用心，莫不息（識）法意。自錯尚可，更勸他人，迷不自見迷，又謗經法。是以立無念為宗，即緣名（迷）人於鏡（境）上有念，念上便去（起）邪見。一切塵勞妄念從此而生。然此教門立無念為宗，世人離見不起於念。若無有念，無念亦不立。無者無何事，念者何物？無者離二相諸塵勞。〔註5〕

　　六祖惠能對弟子們說：「善知識，我自法門，從上已來，頓漸皆立：無念無宗，無相為體，無住為本。」「頓漸」〔註6〕是一種法，不是二法，兩者實踐修行的方法全於在心性的工夫，不假外求。「頓漸」之分只在於世人是否啟動

〔註4〕業師陳沛然於 2008 年 6 月 30 日在香港旺角「甘露鼓佛學會」教授「敦煌古本《六祖壇經》」一課的課堂筆記。

〔註5〕見於《南宗頓教最上大乘摩訶般若波羅蜜經六祖惠能大師於韶州大梵寺施法壇經》，《大正新修大藏經》第 48 卷，T48，NO.2007，日本大正一切經刊行會，1922～1934 年，頁 338 下。

〔註6〕參閱霍韜晦：「六祖告訴大家，本來佛門最高、最正確的教法，無所謂漸教、頓教的分別。一般認為神秀一派屬於漸教，而六祖的法門則屬頓教。乃至過去的禪定理論，強調一級一級的升進，屬於漸教，而禪宗見性成佛則是頓教。六祖指出，漸教與頓教的區分是不恰當的。一切法門所指向的宗旨只有一個，就是開悟見性；教法上的分別都是因為人的生命質素的參差而有的，愚迷鈍根的人先修習漸教，智慧利根者則直入頓教。若能『識自本心，見自本性』，直接體會自心的光明本性，則再無漸教與頓教的差別。所以，頓與漸都是『假名』，意即是方便之說。」，《六祖壇經》，香港，法住出版社，2003 年，頁 255。

自性中本具的智慧來實踐生命的無限性。六祖惠能為了使眾生「頓悟成佛」而先設了這「無念為宗」、「無相為體」、「無住為本」的三而為一的實踐修行路徑，這些工夫全在於「心性」之上，全是不假外求而直了成佛。

一、「無念為宗」

何謂「無念」〔註7〕？就是「無念者，於念而不念」。「無念」的工夫是在於「於念而不念」。這「念」之所以「念而不念」就是在於心念活動不住「於一切境上」而「不染」是為「無念」。又「不於法上念生」，「念生」而「不於法上」，亦是「無念」。由此而知，「念」在「一切境上」而「不染」與「不於法上」而「念生」，這就是「念而不念」的工夫。對於「無念」這概念，牟宗三先生認為是境界語、工夫語，而不是存有論上的「有」與「無」的概念〔註8〕；他還認為「無念」與「無住」的關係，在於後者實現前者為主。〔註9〕

二、「無相為體」

「何名為相？」「相」之所以為相，由於一念住於外境之上，而不離於外

〔註7〕參閱楊惠南：「在『真如是念之體，念是真如之用』的最高預設之下，『無念』一詞，同樣也有本體論上的哲學意義和宗教上的實踐意義。無念一詞在本體論上的哲學意義是：心念既然是真如之用，真如是不可能斷除的，因此，心念也是不可能斷除的。在這種意義之下，所謂『無念』，並不是沒有念頭或不要有念頭，而是讓念頭隨其念念不住（無住）的本性，去活動；這即是宗教上的實踐意義。」，《惠能》，臺北，東大圖書股份有限公司，1993年，頁111。

〔註8〕參閱牟宗三：「此說『無念』是境界語，工夫語，不是存有論上的有無語。無念不是說『百物不思，念盡除卻』。故存有論地說，仍是有念，有思想，不斷念，不斷百思想。若是存有論地『念盡除卻』，這並不是清淨解脫，乃是斷見，邪見。『一念絕即死，別處受生』。此仍在生死中，云何得解脫？是以真無念者，仍是于念而無念。『于念』是存有論地有念也。『而無念』者，是工夫上的無執無著也。即所謂『于諸境上心不染』也，『于自念上常離諸境，不于境上生心』也。『不于境上生心』即是不于色上生心，不于聲香味觸法上生心，而是『無所住而生其心』，『以不住法住般若』。『無所住』即是無念。『而生其心』即是原初所不斷之百思想根本無所有，不可得，而被轉化，轉化而為般若清淨心。念佛而于佛境上生心，即是有所住。有所住即非佛。念佛而不住于佛境，即是無念，即是佛。凡百思想皆是如此。……」，《佛性與般若》下冊，臺北，臺灣學生書局，2004年，頁1063～1064。

〔註9〕參閱牟宗三：「無念是宗旨，無住是所以實現此無念者。案敦煌本《壇經》說無住與此所說字面上有相違處，語意亦模稜。解說無念處亦有不同。」，《佛性與般若》下冊，臺北，臺灣學生書局 2004年，頁1064。

境的境上而為境上的「相」。至於何謂「無相」？「無相」就是「於相而離相」。如何可以「離相」而「無相」呢？「外離一切相」就是「無相」。由此而知，「相」在「外」而不在「內」，「無相」在「內」而不在「外」的一種境界，就是「無相」。這實踐修行「頓悟成佛」的方法，明顯地在「內」而不在「外」。「外離一切相」的「外離」就是「念」不住於「外境」之上，而相不生起，這就是「無相」。

三、「無住為本」

何謂「無住」〔註10〕？「無住」就是「為人本性」。「為人本性」的「本性」就是自性。「念念不住，前念、念（今）念、後念，念念相續，無有斷絕。」自性中的「前念」、「今念」及「後念」的心念不斷地活動，這「念念」保持「相續無有斷絕」為「念念不住」〔註11〕，就是自性的如如狀態，名為「無住」。

現試從「無念」、「無相」與「無住」三者關係性之中，而分析「無執實踐論」的重要性及關鍵性：

何謂「前念」及「後念」〔註12〕？在「今念」之前的為「前念」，在「今念」之後的為「後念」。至於「今念」與「念念」之別，前者為了顯示「今念」

〔註10〕參閱印順法師：「人的『本性』（『性』、『自性』），是念念不住的。在一生中，是從不斷絕的。『性』本來不住，從本來不住的自性，起一切法，所以『維摩經』說：『依無住本，立一切法』。一切法在自性，也是念念不住的（或稱為三世遷流），然眾生不能明了。試引『肇論』的『物不遷論』來解說：一切法是前念，今念，後念──念念相續的。審諦的觀點起來：『昔物自在昔，不從今以至昔；今物自在今，不從昔於至今』。念念相續，而實是『法法不相到』的，『性各住於一世』的；不是萬藤一般的牽連的前後的。因為眾生不了解，『既知往物而不來，而謂今物而可往』，所以就念念住著了。……」，《中國禪宗史：從印度禪到中華禪》，臺北，正聞出版社，1990 年，頁 357～358。

〔註11〕參閱劉斯翰：「從《壇經》觀之，其法可分心法與行法兩方面。心法的核心是『念念不住』。」，〈頓悟說和六祖〉，《六祖慧能思想研究：「慧能與嶺南文化」國際學術研討會論文集》，廣州，學術研究雜誌社，1997 年，頁 126。

〔註12〕參閱霍韜晦：「所謂『前念、今念、後念』者，一念一剎那，便有過去、現在與未來，或前、今、後，名為時間三相。三相是相對而建立的，沒有絕對的過去、絕對的現在、絕對的未來，只是看你取那一點做座標。人的意識活動念念遷流，如果在時間範疇中，念頭一直延續，把已經流逝的過去的景象的念頭拉到現在，心念停留在已經過去的形相上，即是住相，住相便是繫縛。所以，解脫者，就是求脫離此一繫縛。照禪宗的瞭解，就是念念住相的問題，十分清楚，亦很簡易，與傳統的解脫理論很不同。」，《六祖壇經》，香港，法住出版社，2003 年，頁 262。

與「前念」及「後念」的相連性，而假名為「前念」、「今念」及「後念」，其實都是「一念」在不同分際而言的說法。而後者的「念念」正是表示出「一念」都全歸於自性真如之體，而無分別地說「一念」的而說「念念」的活動性及連續性，正表示其用。「無住」就是「心性」中「體用」的關係，人不能離開「心性」而為人，這是「為人本性」就是「以無住為本」。

這是「念念相續，無有斷絕」的心念活動的情況如下圖：

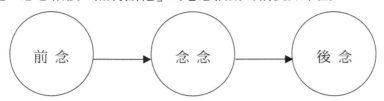

這「人的本性」中的「心念」在無間斷的活動之下，「若一念斷絕法身即是離色身。」何謂「法身」？「法身」就是人的主體精神，這「主體」即是「法身」，與「色身」互為體用，這互為體用的關係，在於「一念」而相續連貫而發，亦依「念念」的相續性之下，人的精神主體以色身的「六根」，透過「六識」對一切法的「六境」作出認知的行為，從而認識客體的現象世界。「法身」在「一念不住」，即「念念相續」的情況下，與「色身」的體用關係是「不離」的相貫相連關係。這「法身」與「色身」的體用關係如下圖所示：

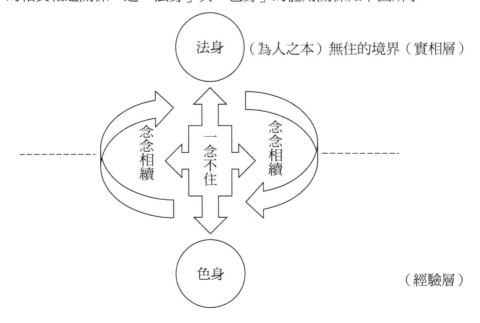

　　「若一念斷絕」，「一念」的生滅在上一剎那生滅，而在當下的一剎那沒有起現，心識活動在上一剎那已滅，沒有「念念」的相續性出現，亦沒有所謂「前念」或「後念」的出現。

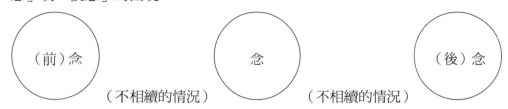

（前）念　　　　　　　　　念　　　　　　　　　（後）念
　　　　　（不相續的情況）　　　　　（不相續的情況）

　　「若一念斷絕」的情況下，「法身」與「色身」不能出現體用關係時，就是「法身即是離色身」。「一念斷絕」「法身」出現「即是」離此「色身」的情況。這「離」表示「法身」與「色身」沒有發揮體用關係，而分別為「法身」及「色身」，就如下圖「法身」離「色身」在於「一於斷絕」所示情況。

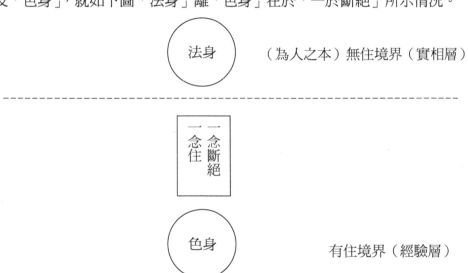

法身　　　　（為人之本）無住境界（實相層）

一念住　一念斷絕

色身　　　　有住境界（經驗層）

　　相反地，「法身」與「色身」於「念念相續」之中，頓悟「為人之本」在「法身」，就是在無住的境界之中，而了知「念念時中」而不離「法身」。

　　「念念時中，於一切法上無住。」此「念念時中」就處於「前念」與「後念」之中而為「中」，這就是「念念」在「時」序而為「中」，顯示出「於一切法」在「無住」的狀態之下。從分析之中，這「中」，就是「當下」的「今念」，沒有「念念」的活動，就不能有「今念」的存在。「念念時中」與「一切法上無住」的承上繼下相連性及活動性，即是「於一切法上，念念不住」即「無縛」的情況，就如「念念」於「一切法上」的活動如下圖所示：

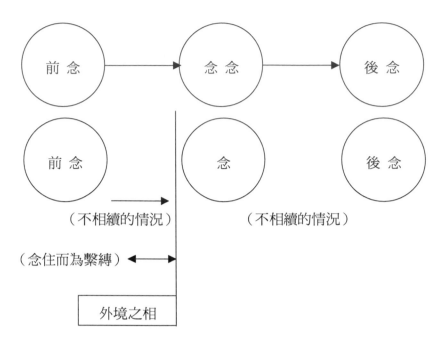

在敦煌本《六祖壇經》中，五祖弘忍與六祖惠能並沒有教人如何誦經，亦不注重於念佛，亦不著重於坐禪，這明顯地不同於我們追求世間的知識，這些知識，就是所謂「人之知」〔註13〕。禪師著重在於生命實踐的工夫之上，亦即是將工夫實踐於生命之上。在此實踐中，主體全彰顯其「心性」而突破形軀的有限生而無限。因此，「見性」的工夫，不在於「人之知」，而是如何啟動人的生命中潛藏的智慧。六祖惠能在磨房八月的鍛鍊，顯示出一種著重實踐的禪修的方法，而這些方式只是因時、因地、因人而各有不同，無論採用千差萬別不同的修行方式，最終這些方法皆不能離開「心性」來修行，即是一切「有為法」為一實踐修行的「入路」而已，最終以「明心見性」為修行目標。

在無相的「禪悟」之中而實踐修行，這就是「禪悟的進路」。這「進路」看似是一條進階修行的路，有法可依，有路可尋，其實這「進路」，六祖惠能打破一切階位與不假外求，無一法可依，以「頓悟」的方式作為一條無相的「成佛之路」。在禪宗來說，「法無頓漸，見有遲疾」。這「頓」就是起了一股了斷的能力，在一剎那間而突破了「前念」的「住」，即從局限性突破出來，而為

〔註13〕參閱唐君毅：「人之知，初乃外照而非內照，即覺他而非自覺。人之知，始于人之生命心靈活動之由內而外，而有所接之客境，此乃始于生命心靈活動之自開其門，而似游出于外，而觀個體之事物之萬殊，如星魚之放其六爪，以著物而執物。」，《生命存在與心靈境界》上冊，臺北，臺灣學生書局，1991年，頁47。

之「頓」。這「頓」的能力來自於「般若自性」中的「般若智」。因此，禪宗所言的「禪悟的進路」，就是以般若智引領凡夫從在分別之中，超越一切相而為覺者。凡夫在平常的生活之中修行，般若智打破一切分別，六祖惠能所言的「無執實踐論」，就是「禪悟的進路」的綱領所在。

六祖惠能提出「無相為體」、「無念為本」、「無住為本」的重要概念，就是關於「佛法」的傳承，三者必有其相關的關係〔註14〕，這是「見性成佛」的「無執實踐論」〔註15〕。現分析如下：

> 外離一切相是無相。但能離相，性體清淨是，是以無相為體，於一切鏡（境）上不染，名為無念。於自念上離境，【不】不於法上念生。莫百物不思，念盡除卻，一念斷，即無別處受生。〔註16〕

〔註14〕　參閱唐君毅：「按在一般語言中，實體之物恆為名詞所表，其相恆為狀詞所表，其用恆為動詞所表。介詞之表關係，即要在表諸體相用之關係，更使之呈一相關係之相，亦使之各有其能關係于他之一用，以合為一相關係之全體。『關係』蓋即吾人之『生命心靈之體之活動之用』之『流行于其所對境相中，其他諸物之體相用間，以由一及他時，所見于其間』之『相』也。」，〈導論〉，《生命存在與心靈境界》上冊，臺北，臺灣學生書局，1991 年，頁 43。

〔註15〕　按語：洪修平對於六祖惠能的「無念」、「無相」、「無住」的「無執實踐論」，認為是「『三無』不僅是惠能南宗的認識論和修行法」，而且是「體現了惠能禪思想理論及其特色。」其原文節錄如下：
參閱洪修平：「從惠能整個禪學思想體系來看，……『三無』不僅是惠能南宗的認識論和修行法，而且也集中體現了惠能禪的思想理論及其特色。它表明：作為惠能禪法之基礎的是念念不斷、念念無住的當下實現之心。這個心既非真心，又非妄心，同時又可說既是真心（無念無住即真）又是妄心（起念有著即妄）。作為真心，它是解脫的主體，作為妄心，它是繫縛的根源。迷悟凡聖，就在自己一念之中。從哲學上看，惠能超越了傳統的本末、體用之二分對立，突出了活潑潑的人之為人的本性，把活生生的人的生命抬到了唯一的至高無上的地位，形成他所特有的唯當下現實之心的本體論思想。從傳統佛教的心性論來看，惠能所言的當下之心又是真心佛性與般若實相相結合的產物。作為真心，它具足一切功德，是一切善惡之法的依持，作為實相，它又不可修，不可守，無可執著。這也就決定了惠能雖然主張人人皆有佛性，卻是從識心見性、自成佛道的解脫論角度提出來的，而不是從緣起論來展開對世界的來源或構成的論述。惠能在解脫論上是一個佛性論者，而在哲學世界觀上卻並不是一個「真如」緣起論者，這正體現了他的禪學理論中國化的一大特點，也體現了惠能關心人類自我拯救的禪師的本色。」，《中國禪學思想史》，臺北，文津出版社，1994 年，頁 182～183。

〔註16〕　見於《南宗頓教最上大乘摩訶般若波羅蜜經六祖惠能大師於韶州大梵寺施法壇經》，《大正新修大藏經》第 48 卷，T48，NO.2007，日本大正一切經刊行會，1922～1934 年，頁 338 下。

「外離一切相是無相」，在相對層來言，「無相」與「有相」相對，若站在相對層而言，必然有一相為之「有相」與「無相」相對。因此，在相對層而言的「無」有相之相，不是六祖惠能所指的「無相」。在層次上來說，既然達不到實相的無相，須翻上一層的實相層來言這「無相」之相。在這一層次，才能明白六祖惠能所指的「但能離相，性體清淨，是以無相為體」的意思所在。〔註17〕

「但能離相，性體清淨」的「離」，亦是指「離」相對層的二「相」而見無相，從無相而自見「性體清淨」。「性體」就是指「自性」的實相理「體」。「是以無相為體」就是以「無相」而所自見的「性體」為實相理體為實「體」。

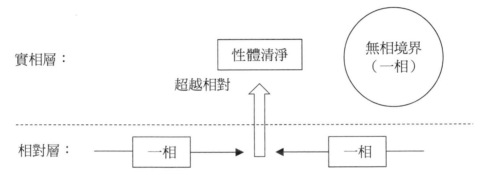

從上而知，「念念時中」的重要性在於「法身」與「色身」相連的體用關係，現在六祖惠能所言的「無念者」是「於念而不念」的境界。上文所提及的「念念時中」是對一切法而言，這是在相對層而言，「今念」與「前念」及「後念」相對而言，而為「念念時中」。現在六祖惠能所言的「無念者」是「於念而不念」、「於一切境上不染」、「離境」與「不於法上念生」，都是超越相對層而言，站在實相層而言「無念」。如何論證「無念」與「念念時中」同時存在而不相違的概念？

首先，從「無」念的「無」來說，何謂「無」？〔註18〕「無者無何事」與

〔註17〕參閱牟宗三：「無念無住即是無相，故復以『無相』為體。『無相者于相而無相』。現行本《壇經》說無相只此一句。敦煌本復有『外離一切相是無相。但能離相，性體清淨，是以無相為體。』《般若經》言『實相一相，所謂無相。』一切法本來空如無相。只因識心染境起執，始有相。故《壇經》說無相懺悔，無相三歸戒。又說：『何名禪定？外離相為禪，內不亂為定。外若著相，內心即亂。外若離相，心即不亂。本性自淨自定，只為見境思境即亂。若見諸境心不亂者，是真定也。』（妙行品第五）。『真定』即是無相禪。」，《佛性與般若》下冊，臺北，臺灣學生書局，2004年，頁1064～1065。

〔註18〕參閱印順法師：「『無念』，一般總以為是沒有念，什麼心念都不起。慧能以為

「無者離二相諸塵勞」，此「無者」的「無」，與經驗層相對的「無」或「有」是不同性質及不同層次而言。在經驗層中的「無」與「有」相對言，就是「無」「有何事」及「有何事」，即時起現「無」「有何事」之相或「有何事」之相。無論站在「無有何事」的一邊來看，或是「有何事」的另一邊看，這仍與互為相對，而出現二相。這二相就等於是「念念時中」相對「前念」及「後念」而分別出二組的法相。

　　六祖惠能所言的「無者無何事」就是超越相對層來說，站在實相層而言這「無」。此「無」沒有一「有」與其相對。在實相層上言，這「無者」就是「無」「無何事」的無相之相。如何能達至無相的境界呢？就是以此「無者離二相諸塵勞」而實踐修行。「離二相」，這「離」就是超越相對層而言，「二相」之為「二」就是有分別相，而為「二」而不是「一」。換言之，「無者」的「無」相之相不是相對層來說，因為「無者無何事」的「無」相之相，是一相，而不是二。這是實相而不是分別相。

　　何謂「念」〔註19〕？「念」是「性起念」。這「性」是「自性」。六祖惠能說：「真如是念之體，念是真如之用。」〔註20〕由此而知，「無念」是以在「念之體」的實相層上而言。在主觀的「心」來說，就是「真心」的心「真如」，這是為「心」之體。客觀來說，這就是「性」，「真如」亦為「性」之體。「無

　　　人的本性，就是念念不斷的，如真的什麼念都沒有，那就是死了。所以勸人『莫百物不思，念盡除卻』。『空心不思』，就是『迷人』。那『無念』是什麼意義呢？『於自念上離境，不於法上念生』，就是無念。念是心，心所對的境（法）。一般人在境上起念，如境美好，於境上起念，起貪。境相惡，就於境上起念，起嗔。一般人的『念』，是依境而起，隨境而轉的。這樣的念，是妄念，終日為境相所役使，不得自在。……」，《中國禪宗史：從印度禪到中華禪》，臺北，正聞出版社，1990 年，頁 359。
　　　又參閱印順法師「『念』，是名詞。『無念』，不是沒有念；沒有的，是『二相諸塵勞』。念是真如的作用，是從『性』而起的。念是眾生『本性』的作用，是『念念相續，無有斷絕的』，斷絕便是死了。……」，《中國禪宗史：從印度禪到中華禪》，臺北，正聞出版社，1990 年，頁 368。
〔註19〕參閱霍韜晦：「『念』，一方面是時間的延續，所以在佛教中經常用作時間的意義：一個剎那，亦即一念，即是一個『moment』。另一方面，念亦是思想活動的基本單位，……」，《六祖壇經》，香港，法住出版社，2003 年，頁 262。
〔註20〕參閱《南宗頓教最上大乘摩訶般若波羅蜜經六祖惠能大師於韶州大梵寺施法壇經》，《大正新修大藏經》第 48 卷，T48，NO.2007，日本大正一切經刊行會，1922～1934 年，頁 338 下。

念於念而不念」在主體而言是「心之體」，而在客體而言這就是「無相」的「性體清淨」的「性體」。

至於「為人之本」的「無住」，就是「無念」從「真如是念之體」「性起念」的「一念」為「用」開始，「念念」而「無住」，顯示「為人之本」在於「一念」「無住」而「法身」與「色身」相連而不斷續的體用關係。

六祖惠能以「直指人心」的頓法門來直截了當使眾生「頓悟成佛」，但眾生根器不一，各有利鈍，因而提醒，所提出的「無念」是在不同的層次上而言，目的是要打破一切相對，而顯實相。在未悟「無念法者」的修行者，「莫百物不思。念盡除卻。一念斷即無別處受生。」這問題就等於「一念斷絕」的「念」於停留於一境一相之中而與「後念」不相續，這樣「法身」與「色身」不相連，而「為人」無以「為本」，「一念斷」即「無別處」而使念「受生」，即是「真如」之用無法顯現，「性起念」，而「念」不起，「真如之體」無法在此處藉「念」以顯其體，只在實相層上的「無住」「無別處」的境界上自證真如本性的存在。

從上而知，「無念為宗」〔註21〕、「無相為體」、「無住為本」所處理的問題就是南禪宗的頓法法門的實踐修行的心法。〔註22〕未悟之時，以為三者為「三」，以為是三種不同的修行實踐的方法。從三方面示現，不論從「無相為體」的方向入路，或是從「無住為本」作為入路，抑或在「無念為宗」作為進

〔註21〕 參閱印順法師：「『無念為宗』，只是本性的，人人現成的念——見聞覺知。從平常心行中，『於自念上離境，不於法上生念』就是。『念是真如之用』，不是聖人才有的，不是悟證了才有的。念是自性的作用，所以『壇經』堅定的反對沒有念……」，《中國禪宗史：從印度禪到中華禪》，臺北，正聞出版社，1990年，頁368。

〔註22〕 參閱洪修平：「南北朝時期的佛性論種種，……他們都有把佛性理解為一種特殊的『存在物』的傾向。惠能則與此有異。在惠能看來，佛性（自性）並不是一個外在於主體的客體，也不是理論思維可以把握的對象，它是凡聖、內外一切法的基礎，只有在宗教實踐中才能體悟或把握它。因此，惠能一般並不從理論上給佛性（自性）下什麼定義或判斷，而強調在念念無著的實際生活中『自識本心，自見本性』，『於自心頓現真如本性』。在敦煌本《壇經》中，惠能大都是用描述性的語言來說明佛性（自性）『如何』或『怎麼樣』，而從不說佛性是『什麼』。……能卻是一個禪學大師，他所關注的不是『理』而是活生生的現實的人；他所關注的不是『境』而是人們現實的當下之心。因此，惠能並沒有停留在以『不二』釋佛性上，而是把『不二』之理與現實的人及人心結合在一起，以『無相無念無住』的本覺之心把眾生與佛『圓融無礙』地融攝為一體，從而突出了人們的當下解脫，並賦予『即心即佛』、『見性成佛』以新的含義，使這些命題主要地不再是從『理』立言，而是就『行』立論、由『果』而說。」，《中國禪學思想史》，臺北，文津出版社，1994年，頁184～185。

路，只要以「真心」實踐修行，頓時發覺三者實為「一」，而不是「三」。我們舉一反三，就能頓悟三者的關係。從三者的關係帶出眾生是以「真如是念之體，念是真如之用」。

現以從上而下的關係圖，來顯示「無念為宗」、「無相為體」及「無住為本」三者與「真如」的關係性。雖然是從上而下來看，但不離實相層而說其中的統屬關係。

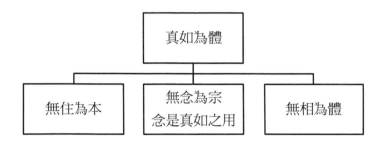

如以平面圖來看，「真如」為體，而「無念為宗」、「無相為體」及「無住為本」為三方面的不同進路，但不是各自獨立而是在「真如為體」的體用關係中，互相關連。

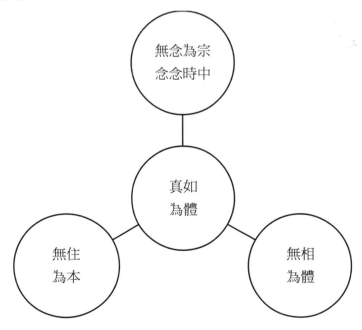

以上圖示，是靜態時「真如」與「無念為宗」、「無住為本」及「無相為體」的關係。

當一念不住，念念時中之時，從動態來看，「真如」與「無念為宗」、「無住為本」及「無相為體」如以下二圖：

其一，為「一念不住，念念時中」。

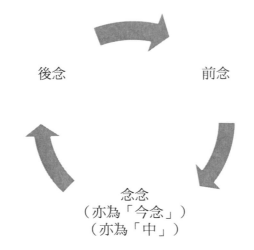

其二，為「無念為宗」、「無相為體」與「無住為本」。這「無念為宗」、「無相為體」、「無住為本」三個不同概念，在一念不住的活動中，出現三者互為表裏的「非一非異」的關係性。在三個概念重疊的存在範圍，就是「真如」為體的心地，這有如同心圓的原理，因其在動態之上，圖上而未能顯示三者的原點為同一點，但其內容非異而為「一」。

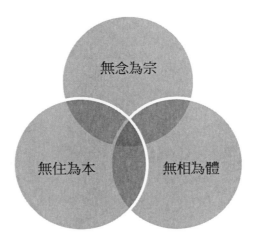

既然「無念為宗」、「無相為體」、「無住為本」三者關係相連，六祖惠能以「悟般若三昧即是無念」作進一步解說如何「頓悟成佛」。

悟般若三昧，即是無念。何名無念？無念法者，見一切法，不著一切法；遍一切處，不著一切處。常淨自性。〔註23〕

悟無念法者，萬法盡通；悟無念法者，見諸佛境界；悟無念頓法者，至佛位地。〔註24〕

六祖惠能說「悟」「般若三昧」即是「無念」，又說「悟」「無念法者」即是「萬法盡通」而「見諸佛境界」之意，亦說「悟」而「無念頓法者」「至佛位地」。此「悟」就是不離「般若」。由於般若是以「不取不捨」的方法，而上下周遍於實相層及相對層之中而具足一切法，不以「般若智」是不能從相對層超越至實相層之中，而達至「見一切法，不著一切法；遍一切處，不著一切處」的自證自性的清淨性而言「常淨自性」。

此圖為「般若三昧」的「無念」境界，這「無念」的境界與「無相」及「無住」的境界內容無異，確立這三者的關係是「非一非異」的「表裏」關係。

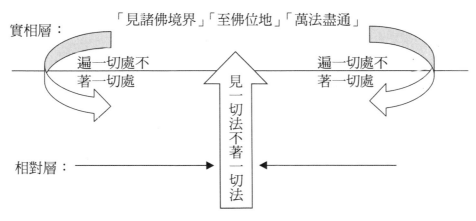

「無念為宗」為修行者定出修道的方向「念念時中」，而使其不會迷失而錯用心。「無相為體」為修行者自證其「性體」清淨。而「無住為本」就是人的本在於「法身」，而「法身」清淨無染，人的本性亦是清淨無染的。

〔註23〕見於《南宗頓教最上大乘摩訶般若波羅蜜經六祖惠能大師於韶州大梵寺施法壇經》，《大正新修大藏經》第48卷，T48，NO.2007，日本大正一切經刊行會，1922～1934年，頁340下。

〔註24〕見於《南宗頓教最上大乘摩訶般若波羅蜜經六祖惠能大師於韶州大梵寺施法壇經》，《大正新修大藏經》第48卷，T48，NO.2007，日本大正一切經刊行會，1922～1934年，頁340下。

在「無念為宗」中以「無念法者」作出指導的方向，而示三者為「一」，就以「無念為宗」作為最高點給求法者來看時，這「無相為體」就為其體作支持點，而以「無住為本」為一切法作根源的說明，而位處最底時，即出現以下的圖示，看出三者另一面的「表裏」關係：

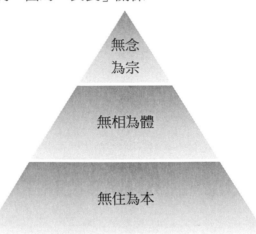

從「無念為宗」、「無相為體」、「無住為本」三者的關係中而顯明般若之妙用，這亦可以說明「般若智」與「無念」、「無相」及「無住」有著必然的相連性及整全性而為「一」。〔註25〕

〔註25〕參閱牟宗三：「然如來藏性雖即具有靈知性或覺性，而覺性之所以為覺性，靈知性之所以為靈知性，要必在『無念、無相、無住』之妙用上見，此即是主觀說的般若，亦即主觀說的寂知真心，即見心之所以為心也。此主觀說的般若，若收于如來藏性上，即是自性般若，此是客觀說的般若。主客觀說的般若（即妙用般若與自性般若）是一，主客觀說的真心（即寂知真心與自性真心）是一。因此，真心與真性是一。主觀說的般若（妙用般若）而可以收于如來藏性上而為自性般若，主觀說的寂知真心而可以收于如來藏性上而為自性真心，則雖心也而亦是性，亦可以說是性化了的心，即客觀化了的心，因此而曰空寂心、或真如心，或法性心。惟性化了的心始可說真心。反之，如來藏性主因主觀說的妙用般若與寂知真心而見其為吾人之真性，則雖性也而亦是心，此亦可說是心化了的性，亦即主觀化了的性，因此而曰心真如（此不是說生滅心其性空，乃是說心即真如，心即性。）惟心化了的性始是具體的真性。結果，心化了的性，此性中之心即是性化了的心。性化了的心，此心中之性即是心化了的性。故『心真如』即『真如心』，心與真如是一也。分別示其相，故有主客觀分際之不同。必須先了解此等分際，然後始了解其所以為一。」《佛性與般若》下冊，臺北，臺灣學生書局，2004 年，頁 1042。
又參閱牟宗三：「如此無念無住無相，于日常生活中即事而真，當下即是，既不須斷絕，亦不須隔絕，所謂不壞世間而證菩提，亦正是《般若經》『不壞假名而說諸法實相』，《維摩詰經》『除病不除法』之精神。推之而言『生死即涅

　　般若學能提升生命的境界，修行人若一旦離開實踐而修行，這只是一戲論而終不能「見性」。六祖惠能為破其病而以「禪悟的進路」作為一「進路」，讓求法者有路可「依」而不致失其方向，但最終亦全歸於心性之中。〔註26〕

第二節　「禪悟的進路」

　　在了解六祖惠能所言的「無執實踐論」的內容後，以「無執」的精神更進一步敦煌本《六祖壇經》所指「禪悟的進路」內容。現分析如下：

一、歸依「自性三身佛」〔註27〕

　　在敦煌本《六祖壇經》中，六祖惠能對歸依「自性」中的「三身佛」與歸依「自性」以外的「三身佛」，有著不同的修行觀。

槃，煩惱即菩提』，『通達惡際即是實際』，『無離文字說解脫』，『無增上慢者，淫怒癡性即是解脫』，則更為警策壯濶。《壇經》簡易平直，未說至此。然實已函蘊此等理境，不待說不說也。後來『作用見性』亦正是『不斷百思想』之意耳。此種頓悟禪函著般若之作用的圓，而亦更恰合于又臺宗一念三千之存有論的圓。此種性具圓教更能保證惠能的頓悟禪。圓必函頓，只言頓不必真能至十圓也。」，《佛性與般若》下冊，臺北，臺灣學生書局，2004年，頁1066。

〔註26〕參閱唐君毅：「然說般若者所遺之經論，赫然在此，則聞者仍不能不念及此中之種種空義，或有未為我知者，而視之為在我之所聞之外，即仍可生一加以執取之心。此即般若學者之一大病痛，而可使其永只「口說般若，而實不知般若義」者也。……夫然，故真善說空，而又意在使學者證般若者，便須先教學者放下一切經卷，亦不須於一時將一學者以後所可有之迷執，前曾有之迷執，一一分類，舉而說之。……此中所需之使人去執，以知般若義而證空之語，只宜當機對學人之當下之特定所執而說。此說之目標，亦只在使學人當下去其所執，以有其當下之般若慧之呈現。……趁就其不在當而觀，即不待破而當下實已是空。人果於此能知其不待破而已是空，則只須此當下之特定所執真能空，亦即可登大王路，立地證一切法之空，一念直趣佛地，以見性成佛矣。是見善說空、善弘般若教者，最後便必須歸至其一切言說，皆只成為當機對執而說，不先作空之類分，亦不作般若之類分者。」，《中國哲學原論・原性篇》，臺北，臺灣學生書局，1991年，頁306。

〔註27〕參閱楊曾文：「慧能在引導信眾歸依三身佛時，讓大家一起跟著他連唱三次：『於自色身歸依清淨法身佛，於自色身歸依千百億化身佛，於自色身歸依當身圓滿報身佛。』用意是叫人們認識：無論是佛的法身、報身還是化身，都在自身本性之中。他解釋說，每人都有『自在法性』，但因為迷妄而認識不到。其實，人生來所具有的清淨法性就是法身，自性的思量善惡的功能就是化身，不斷念善將有善報，此為報身。如果能夠認識自身具備佛的三身，『自悟自修，即名歸依』。」，〈論慧能的識心見性思想〉，《六祖慧能思想研究：「慧能與嶺南文化」國際學術研討會論文集》，廣州，學術研究雜誌社，1997年，頁103。

善知識，總須自體（聽），與受（授）無相戒。一時逐惠能口道，令善知識見自三身佛，於自色身歸衣（依）清淨法身佛，於自色身歸衣（依）千百億化身佛，於自色身歸衣（依）當來圓滿報身佛。（已上三唱）

色身是舍宅，不可言歸。向者三身，在自法性，世人盡有，為名（迷）不見。外覓三〔身〕如來，不見自色身中三性（身）佛。善知識，聽與善知識說，令善知識（於）自色身見自法性有三世（身）佛。此三身佛，從自性上生。何名清淨〔法〕身佛，善知識，世人性本自淨，萬法在自姓（性）。思量一切〔惡〕事，即行衣（於）惡；思量一切善事，便修於善行。知如是，一切法盡在自姓（性）。自姓（性）常清淨，日月常名（明），只為雲覆蓋，上名（明）下暗，不能了見日月西（星）辰，忽遇惠風吹散，卷盡雲霧，萬像（象）參羅，一時皆現。世人性淨，猶如清天，惠（慧）如日，智如月，智惠（慧）常名（明），於外著（看）境，妄念浮雲蓋覆，自姓（性）不能明，故遇善知識開真法，吹卻名（迷）妄，內外名（明）徹，於自姓（性）中萬法皆見。一切法在自姓（性），名為清淨法身。自歸衣（依）者，除不善行，是名歸衣（依）。〔註28〕

「見自三身佛」〔註29〕，六祖對修道者受「無相戒」而開示自見色身中的「三身佛」的內容。色身歸依「清淨法身佛」、歸依「千百億化身佛」及歸依「圓滿報身佛」，但「色身」是五蘊組合而成，只是「舍宅」，而「不可言歸」。

由於「色身」為「舍宅」不言歸，但此「色身」中有法性，而此法性中有

〔註28〕 見於《南宗頓教最上大乘摩訶般若波羅蜜經六祖惠能大師於韶州大梵寺施法壇經》，《大正新修大藏經》第 48 卷，T48，NO.2007，日本大正一切經刊行會，1922～1934 年，頁 339 上至中。

〔註29〕 參閱陳沛然：「『三身』是指『法身』、『報身』及『化身』。『法身』是說明成佛者，以『法』為身，這『法』是真理之意。在佛家哲學之內，其真理當然是指『般若』之觀照下所見之如實之真理，亦即是『實相』。故此，《維摩經》屢言『體法為佛』之觀念——即是，能夠體證真理者，便是佛。進一步來說，佛是以真理為體。看見了佛，便等如看見了真理。故此說『佛是悟理之體』（《維摩經》）——佛之法身就是一悟理之體。」「即是說，悟理才是佛法身所依據之標準。由經驗內容所組成之『色身佛』（肉身之佛），卻不是成佛所依據之標準。不過，若只強調佛是一悟理之體而沒有『色身』（即肉身），那麼，佛便變成了一空空洞洞、抽象之理體，卻不能示現、卻不能向眾生呈現而施以教化。」，《佛家哲理通析》，臺北，東大圖書股份有限公司，1999 年，頁 202。

「三身佛」。此「三身佛」是「從性上生」，然而世人「外覓」身外的「三身佛」，而不見法性中的「三身佛」，「此世人盡有」而不假外求。

何名「清淨法身佛」？就是「世人性本自淨」的自性清淨心〔註30〕。而此「清淨法身佛」能生萬法而說「萬法在自性」。「思量一切（惡）事」即「行衣（於）惡」，但「思量一切善事」時，「便修於善行」。由此而知，「知如是一切法盡在自性。」既然「一切法在自性」而「名為清淨法身」，這「清淨法身」就是「自性」，亦就是「性體」。

「法淨法身」所處理的問題，就是以體顯用，「法身」為「體」，借「化身」顯其「用」。「清淨法身佛」就是「自性」。「自性」是「世人性本自淨」，這是人的本性，亦即是「真如」而言「真如為念之體，念是真如之用」。

至於在敦煌本《六祖壇經》中的六祖惠能開示由「法身」至「化身」〔註31〕的變化過程在於「思量」起念之中。經文如下：

> 何名為千百億化身佛？不思量，性即空寂。思量即是自化。思量惡
> 法化為地獄，思量善法化為天堂，毒害化為畜生，慈悲化為菩薩，
> 智惠（慧）化為上界，愚癡化為下方。〔註32〕

〔註30〕參閱印順法師：「『性』是本來清淨，本來空寂，是超越於現象界的。善與惡，天堂與地獄，都是因『思量』而從自性中化現。一切法的現起，不能離卻自性，如萬物在虛空中一樣。所以，善的，惡的，苦報，樂果，都是自性所起，不離自性。三界，六趣，離自性是不可得的。盡在自性中，所以一切本來清淨，沒有甚麼可取可捨的。然而眾生迷了，一切在自性，不離自性，而不能明見自性。在眾生境界中，色身是舍宅，性（或名法身）是主，自性成為生死中的自我（小我）。從返迷啟悟，求成佛道來說：自性就是法身；自性具足三身佛，眾生迷而不見，向外求佛，這是完全錯了。佛，要向眾生身心去求……」，《中國禪宗史：從印度禪到中華禪》，臺北，正聞出版社，1990年，頁354～355。

〔註31〕參閱陳沛然：「故此，進一步來說，從佛之本懷，佛之慈悲而言，亦是從一圓滿之佛之觀點來說，為了教化眾生，不捨眾生而獨自成佛，便需要一『教化之佛身』之提出，這便是『化身』。佛可通過種種不同的形相，向不同的眾生『對機教化』——針對對方不同的根機或機緣，而施行種種不同的方便而教化之。這便是佛之本懷，否則之佛之慈悲不算圓滿，便不能成一圓滿無缺、圓融無礙之佛。故此，從『化身』之觀念，《法華經》便說佛有『三十二』種相。『三十二』象徵多數，不可執實一定是此數，否則不但不了解佛之性質上之無礙，反而把佛局限了成為一有限能力之佛體。」，《佛家哲理通析》，臺北，東大圖書股份有限公司，1999年，頁202～203。

〔註32〕見於《南宗頓教最上大乘摩訶般若波羅蜜經六祖惠能大師於韶州大梵寺施法壇經》，《大正新修大藏經》第48卷，T48，NO.2007，日本大正一切經刊行會，1922～1934年，頁339中。

何名「千百億化身佛」？就是「不思量，性即空寂。思量即是自化。」「不思量」就只能顯示出「自性清淨心」的空寂性，只顯其體，而未顯其用。而「思量」即「自性起用」，而自化「千百億化身佛」。換言之，「從法身思量，即是化身」，此「化身佛」亦不離自性，從「法身」的體出顯其用，而又從用中顯其體。此「思量」可分為「惡法」與「善法」之別，這「化身佛」以不同的身份示現，「思量惡法化為地獄」即是思量惡法而起惡念，使善念無法起現，而般若智亦無法呈現。「〔思量〕毒害化為畜生」即是思量「嗔」念起現，使人的清淨性被妄念覆蓋，未顯人的本性而為「畜生」。又起「〔思量〕愚癡化為下方」而起愚痴執著之妄念時，即「念住」於相對層之中，而為「下界」。

相反地，「思量善法化為天堂」與「慈悲化為菩薩」即從相對層中超越至實相層而言「天堂」的自在及為「菩薩」而不執取眾生的煩惱而起現慈悲心。因此而言，「智惠化為上界」而為「上界」的實相層。自性具足一切法，當般若智呈現時，「悟者」就自知「自性變化甚多」。

「但迷人自不知」，不知自身中有「化身佛」，將妄念去除，就能自見「化身佛」。「化身佛」所處理的問題，在於「自性」中要「思量」來起心識活動，「化身佛」才能呈現。因此，「化身佛」就是「法身佛」的用，以「法身佛」就是「化身佛」的體，以用顯其體。「化身佛」就是「心念」而具變化性，即是「自性起念」，即是「真如之用」。

> 自姓（性）變化甚名（多），迷人自不知。見一念善，智惠（慧）即生。一燈能除千年闇，一智能滅萬年愚。莫思向前，常思於後。常後念善，名為報身。一念惡報卻千年善心，一念善報卻千年惡滅，無常已來後念善，名為報身；從法身思量，即是化身，念念善即是報身，自悟自修，即名歸衣（依）也。皮肉是色身，是舍宅，不在歸依也。但悟三身，即識大憶（意）。〔註33〕

何名「報身」〔註34〕？「報身」就是在「今念」之中。六祖惠能言：「莫

〔註33〕見於《南宗頓教最上大乘摩訶般若波羅蜜經六祖惠能大師於韶州大梵寺施法壇經》，《大正新修大藏經》第48卷，T48，NO.2007，日本大正一切經刊行會，1922～1934年，頁339中。

〔註34〕參閱陳沛然：「而『報身』則表明成佛之後，與眾生不同──有其自身一獨特的佛身，一切最好的形容詞，都可用來描述此佛身之性質，這是佛之『正身』。這『正身』亦用以交代修行者（即眾生）與成佛者的關係，說明二者在存有上是統一的，只不過在存在的性質與狀態上改變了而已。未成佛之前的眾生，其性質是有煩惱的、污染的；而成佛後之正身，則是莊嚴壯麗、清

思向前，常思於後，常後念善，名為報身」、「滅無常已來後念善名為報身」、「念念善即是報身」。簡言之，「念善」即是「圓滿報身佛」。此「報身」從自性起現，但要與般若智觀照才能自見此「報身」，而「般若智」只與「正智」相應，即與「善念」相應，「念善」即「報身佛」。「惡念」不能證入真如自性之中所起的只為「妄念」。「報身」所處理的問題是使自性常起善念，使般若智時常呈現。因此，修道人要知「報身」的重要性，即是「一念」的轉化報在此身，在於「一念惡報卻千年善心」與「一念善報卻千年惡」之別，而使報身常現，亦即般若智常現。就是「心性」中的般若智，將「自性」中的「如如」德性實踐於生活之中。

　　六祖惠能所指的「歸依」不在於身外的「三身佛」，而在於自歸於「心性」中的「三身佛」，「自歸依者」於「心性」之上「自悟自修即名歸依」，而「除不善行」，才體證「歸依」的真正意義。世俗上的歸依身外的「三身佛」，但不是改為「歸依」色身此皮肉之軀，此只為舍宅。其實歸依「自性三身佛」，就在於「悟三身」的關係及重要性，而重點不在於歸依「自身佛」或「他身佛」。

　　化身報身及淨（法）身，三身元本是一身。〔註35〕

　　若向身（心）中覓自見，即是佛菩提因。〔註36〕

　　本從花（化）身生淨性，淨性常在花（化）身中。〔註37〕

　　「化身報身及淨（法）身，三身元本是一身」此「三身佛」的關係〔註38〕，在於「三身」本無而實為一身而已。此「一身」亦不是我們的色身，而是指色

　　　　淨無染。」，《佛家哲理通析》，臺北，東大圖書股份有限公司，1999 年，頁203。

〔註35〕見於《南宗頓教最上大乘摩訶般若波羅蜜經六祖惠能大師於韶州大梵寺施法壇經》，《大正新修大藏經》第 48 卷，T48，NO.2007，日本大正一切經刊行會，1922～1934 年，頁 345 上。

〔註36〕見於《南宗頓教最上大乘摩訶般若波羅蜜經六祖惠能大師於韶州大梵寺施法壇經》，《大正新修大藏經》第 48 卷，T48，NO.2007，日本大正一切經刊行會，1922～1934 年，頁 345 上。

〔註37〕見於《南宗頓教最上大乘摩訶般若波羅蜜經六祖惠能大師於韶州大梵寺施法壇經》，《大正新修大藏經》第 48 卷，T48，NO.2007，日本大正一切經刊行會，1922～1934 年，頁 345 上。

〔註38〕參閱霍韜晦：「至於三身之間的關係，『法身』是佛的生命的本質，沒有形相，是其餘二身的根據；其餘二身則是法身在形相上的展現（manifestation）、變化（incarnation）；報身著重圓滿果報的表現，化身則著重對眾生的承擔。」，《六祖壇經》，香港，法住出版社，2003 年，頁 391～392。

身中隱藏的「法身」。這「法身」生「三身」而有此「三身佛」。「清淨法身佛」是「性」，亦是「體」。「千億化身佛」是「心」，亦是「用」。「圓滿報身佛」在於「心性」體用而實踐於生活之中，就是「圓滿報身佛」。簡言之，「性」、「心」、「身」三者為「一」，皆以自性而生。

「若向身（心）中覓自見，即是佛菩提因」從身內自見自性中的「三身佛」，此覺性就能顯現「如來藏自性清淨心」，這就是成佛的「菩提因」。因為「本從化身生淨性，淨性常在化身中」，「化身佛」以「清淨法身佛」為體，能生起清淨性。換言之，「清淨法身佛」亦在「千百億化身佛」之中，而顯其清淨性。「報身佛」以此「清淨法身佛」與「千百億化身佛」的本質實踐出來，而顯出其大用。

總言之，歸依「自性三身佛」，就是自證自性所本具的清淨性，而為內在超越的成佛根據。

二、「發四弘願」

敦煌本《六祖壇經》六祖惠能在開示「歸依自性三身佛」之後，進一步向信眾說「四弘誓願」對生命境界的提升與「心性」體證的真正意義。經文如下：

> 已與善知識發四弘大願。善知識，一時逐惠能道：「眾生無邊誓願度；煩惱無邊誓願斷；法門無邊誓願學；無上佛道誓願成。（三唱）。善知識，眾生無邊誓願度，不是惠能度。善知識，心中眾生，各於自身自姓（性）自度。何名自姓（性）自度？自色身中邪見、煩惱、愚癡、名（迷）妄，自有本覺性，將正見度。既悟正見，般若之智，除卻愚癡迷妄。眾生各各自度。邪見正度，迷來悟度，愚來智度，惡來善度，煩惱來菩薩（提）度。如是度者，是名真度。煩惱無邊誓願斷，自心除虛妄。法門無邊誓願學，學無上正法。無上佛道誓願成，常下心行，恭敬一切，遠離迷執，覺知（智）生。般若除卻迷妄，即自悟佛道成，行誓願力。〔註39〕

「四弘誓願」為求法者，以成佛為最終目標。「誓願」是立志求成佛道，亦就是代表意志，意志為一切實踐的動力。求法者以此意志力，即願力來互

〔註39〕見於《南宗頓教最上大乘摩訶般若波羅蜜經六祖惠能大師於韶州大梵寺施法壇經》，《大正新修大藏經》第48卷，T48，NO.2007，日本大正一切經刊行會，1922～1934年，頁339中。

證互行。六祖惠能所言的「四弘誓願」是修行者的總願，而所指的「四弘誓大願」，是以般若無分別智作為綱領貫穿此「四願」。

從文字上而言，「眾生無邊誓願度」，「眾生」是指世俗上的凡夫，都是外求佛道，不求自心的佛。而六祖惠能所說的「自性自度」就是由凡夫本身自證本有佛性，不是惠能所度，亦不是身外的佛所度，而是自證心中的真佛而使其呈現。所謂「度者」，就是以般若智才能度心中愚痴、邪見、煩惱的妄念，起了斷的作用，這才是「正度」。

再者，眾生迷於執相，著「我」、「人」、「眾生」及「壽者」四相，般若智呈現才能破相而顯實理。若無般若智呈現無法使眾生由迷轉覺，一念迷成眾生，一念悟即成佛，眾生如能轉一念而成般若智呈現，即是眾生「自性自度」。《金剛經》云：「實無有眾生如來度者，若有眾生如來度者，如來則有人我眾生壽者。」〔註40〕

「煩惱無邊誓願斷，自心除虛妄」，煩惱是虛妄不實的，煩惱生起，須能斷煩惱。煩惱只與邪智相應，般若智呈現能斷貪嗔癡三毒，心中無罪緣，煩惱無處可起。煩惱障自性真如於見思二惑，心存昏煩，所障、事障、理障等在般若無分智呈現時，泯滅無寄，自性清淨心朗現。般若法本來就是「中道」，無斷無常，但言「斷」而顯自性清淨之意。

至於「法門無邊誓願學」，修道者上求無上真正之法，下則饒益一切眾生。所求的法是「無上法」，是「平等法」，亦是「無為法」。《金剛經》云：「所謂佛法者，即非佛法。」〔註41〕這「法門」即非「法門」，是名「法門」。這「法門」是一施設來引導眾生將一切法收攝於自性之中，此為學「最上乘之法」，當為自覺自度，亦為他人說法。學最上乘法，就是求頓法門以「見性」，這頓法門是心地上的門，為「心法」之門，要進入心地，必須由此法門，「開」、「示」、「悟」、「入」而「見性」，此開是「開佛知見」。六祖惠能所言的頓法門為以般若無分別智的平等觀，以無有高下的「中道」法門來「見性成佛」。

換言之，「自性能生萬法」即是言所有一切法門，皆不離於自性之中。若眾生以分別相來觀法門，可知世間的法門，多至無邊無盡，要是以立誓學盡世間的所有法門為目標，則是本末倒置，終不能「見性」。

〔註40〕參閱《金剛般若波羅蜜經》，《大正新修大藏經》第 8 卷，T08，NO.235，日本大正一切經刊行會，1922～1934 年，頁 752 上。

〔註41〕參閱《金剛般若波羅蜜經》，《大正新修大藏經》第 8 卷，T08，NO.235，日本大正一切經刊行會，1922～1934 年，頁 749 中。

「無上佛道誓願成」，六祖惠能言：「常下心行，恭敬一切，遠離迷執，覺智生般若，除卻迷妄，即自悟佛道成，行誓願力。」就是不離自性而言，自性即佛性，不假外求，任何法門不能超越其上而言而為「無上」。從般若觀照一切法，無分別、無對待、無形無相，言「四弘誓願」都以「無邊」、「無盡」、「無上」來顯自性的實相，即是無相，無相的「四弘誓願」以般若智貫通而以「心行」相配。依此法門，成佛的目的可達。學道者「行誓願力」，此表明自性中具有無動搖的堅定性，此心中的意志亦具堅定不移的性質，「常下心行」、「恭敬一切」、「遠離迷執」以「心行」達至般若無分別的圓融無礙的境界，此境界必須「自悟」而即成「佛道」。

「四弘誓願」是以般若觀照自性具有「自性自度」能「斷煩惱」的清淨性。「無盡法門」自性具足，亦能生萬法。若能體證自性具清淨性、具足一切法，這即表明「成佛」的「正因」、「了因」及「緣因」三者皆具足，而「頓悟成佛」。六祖惠能以「入世法」的「四弘誓願」來顯「出世法」的「佛道成」，兩者都是從自性而生，這就是不離世間而成就「出世間」之法。一以「四弘誓願」的實踐方法，從客體入路以顯主體所本具的成佛功能。另一面以體證「心性」以攝「四弘誓願」，從主體入路而顯一切眾生皆有成佛的超越根據，「人人皆可成佛」。

三、「無相懺悔」

今既發四弘誓願訖，與善知識無相懺悔三世罪障。大師言：「善知識，前念後念及今念，念〔念〕不被愚迷染；從前惡行一時〔除〕自姓（性）若除，即是懺悔。前念後念及今念，念念〔不〕被愚癡染；除卻從前矯誑心承（永）斷，名為自性懺。前念後念及〔今念〕，念念不〔被〕疽疾（疾妒）染；除卻從前疾垢（嫉妒）心，自性若除即是懺。（已上三唱）善知識，何名懺悔？〔懺〕者終身不作，悔者知於前非。惡業恒不離心，諸佛前口說無益。我此法門中，永斷不作，名為懺悔。」〔註42〕

若將修福欲滅罪，後世得福罪無造（元在）。

若解向心除罪緣，各自世（性）中真懺悔。

〔註42〕見於《南宗頓教最上大乘摩訶般若波羅蜜經六祖惠能大師於韶州大梵寺施法壇經》，《大正新修大藏經》第48卷，T48，NO.2007，日本大正一切經刊行會，1922～1934年，頁339中至下。

　　若悟大乘真懺海（悔），除邪行正造（即）無罪。

　　學道之人能自觀，即與悟人同一例。

　　大師令傳此頓教，願學之人同一體。〔註43〕

　　「懺悔」〔註44〕念念不被愚痴染，這就是悟。悟就是除卻「從前惡行」、「諂誑心」、「疾垢心」〔註45〕。「自性懺悔」就是從「自性」上而言「懺」。「懺」就是終身不為，這是將來的事。「悔」就是反省而「知於前非惡業」。「無相懺悔」是「理懺」，為「上根利器」的修行者以般若空觀，觀自性中的罪性。〔註46〕

　　大乘真懺悔，在於理上懺悔，不在於事上懺悔。此理即是從「心性」上懺

〔註43〕　見於《南宗頓教最上大乘摩訶般若波羅蜜經六祖惠能大師於韶州大梵寺施法壇經》，《大正新修大藏經》第48卷，T48，NO.2007，日本大正一切經刊行會，1922～1934年，頁341上。

〔註44〕　參閱霍韜晦：「為甚麼《壇經》要討論『懺悔』？這是有深意的。佛教一直認為修行實踐的起點，應從懺悔開始。雖然禪宗教人識自本心，見自本性，法門極高，而懺悔則給人佛學初基的感覺，學禪好像不必學懺悔。其實，這是錯會，也是好高之論。蓋從實踐的立場看，生命成長，必須如實踐履，理想無論多高，都是由心出發；禪宗識自本心的教法，有智慧根器一如六祖者，可以直達見性，畢竟只是少數，對大部份人來說，仍是必須按步就班的，某些層次的鍛鍊，仍然必要。從這個角度看，懺悔之教作為入道之門，仍是十分重要；而且，見性是人在自心上開悟之事，在入道之初，起步之始，要在自心上先作好準備，把習氣洗擦，把身心扭轉，對真心的顯露是十分必要的。（宗寶本）《壇經》繼上兩品討論完『禪』的真義之後，接下來便要行動，行動從心出發，所以學禪必先懺悔。」，《六祖壇經》，香港，法住出版社，2003年，頁291。

又參閱霍韜晦：「懺悔必須真誠纔有決心、有動力；有決心、動力的人纔會成長。所以，能真誠懺悔的人必然會起誓願，世間沒有任何人、也沒有任何困難可以阻擋一個人真誠的求道心。」，《六祖壇經》，香港，法住出版社，2003年，頁308。

〔註45〕　參閱楊曾文：「慧能帶領信眾進行的無相懺悔也叫『自性懺』，是通過懺悔清除一切污染自性的『愚迷』、『矯誑』、『嫉妒』等雜心、惡業，發誓永遠不再有惡的行為。」〈論慧能的識心見性思想〉，《六祖慧能思想研究：「慧能與嶺南文化」國際學術研討會論文集》，廣州，學術研究雜誌社，1997年，頁103。

〔註46〕　參閱湛如：「而唐代的道宣在行事鈔中則將懺悔分為三類，即：『理懺：利根—空觀—般若—無境—滅罪—招福。事懺：鈍根（道俗）—行儀（懺法）—方等—律典—伏罪—除罪。律懺：道眾—行懺（羯摩）—律典—現相—伏罪—僧寶久住。』理懺不分出家在家，凡屬上根利器之人，均為理懺的範圍之內。理懺的思想核心為般若的空觀，觀罪性本空，罪性了不可得。這一點與壇經中無相懺悔有關。……」〈論《六祖壇經》的無相懺悔——兼談唐代禪宗懺法體系的形成〉，《六祖慧能思想研究：「慧能與嶺南文化」國際學術研討會論文集》，廣州，學術研究雜誌社，1997年，頁270～271。

悔，「前念後念及今念」皆「不被愚迷染」、「不被愚痴染」及「不被疽疾（疾妒）染」。「念」是從「真如」而起，當中念有分為「正念」與「妄念」，「正念」與「正智」相應，而「妄念」與「煩惱」相應，稱之為「染」。「愚迷」、「愚痴」與「疽疾（疾妒）」內容性質相同，主因在「迷執」。「外迷」於「相」而起「根本煩惱」：「貪」、「嗔」、「痴」、「慢」、「疑」、「惡見」等妄念。一念於自性上懺悔後，從前的「惡行」、「驕狂心」、「嫉妒心」即時從自性上消除之前的迷執，這是大乘教義上的「懺」。「從前」的「前念」與「當下」的「今念」作一對照時，「前念」迷而「今念」當下即悟時，就是「頓悟」。

「迷來經累劫」與「悟則剎那間」〔註47〕，就是說明若不從頓見真如本性的自清淨心，就是不知道「前非惡業」，罪性「恒不離心」，即是「煩惱」仍然覆蓋真如本性。「諸佛前口說無益」，眾生在因地上，口說懺悔而自心不起覺性，就如惠能所說「口說善心中不善」、「定惠不一」的「迷人」的生命狀態。這樣的懺悔對於成佛的進程，沒有絲毫幫助而說「無益」。若依六祖惠能所教導的「無相懺悔」，從「心性」上作功夫，即是作「無念」的「於念而無念」工夫，才能與「自性懺」。從自性上作「無念」的工夫，才能「永斷不作」。否則，只是心口不一「定惠不等」的空話，無寸進的實踐修行。若能真正改惡向善，生命的境界才能得以提升至無限之中。

再者，六祖惠能的「無相懺悔」是與般若空觀的思想，為「上上根利器」者所說。如凡夫在事上懺悔，終日口述是非對錯，後悔不已，但不「見性」，而不斷染著於一切法。求自身以外的佛來除罪，這為鈍根人所作的功夫。這與「無相頌」，亦名「滅罪頌」中「若解向心除罪緣，各自性中真懺悔」，而「願學之人同一體」。這「同一體」，當眾生自證本性時，頓悟「自性」清淨無染，罪性本無，無分別，無對待，無相而自性中觀照「同一體」，無二無三，而只是「一」。在此，六祖惠能強調「自己」的自性與「學人」的自性本無差別，這亦是「同一體」之意。換言之，「心」、「佛」、「眾生」三者無差別，在悟時觀照「三者」同「一體」，迷時「一體」而分為「三」。悟時無相而無分別故「三者」而為「一」，迷時有相故「一」者而為「三」。

在存有論上來看，「三者」是為「一」，就是「佛即眾生」、「眾生即佛」與

〔註47〕參閱《南宗頓教最上大乘摩訶般若波羅蜜經六祖惠能大師於韶州大梵寺施法壇經》，《大正新修大藏經》第 48 卷，T48，NO.2007，日本大正一切經刊行會，1922～1934 年，頁 342 上。

「佛即心，心即佛」的同一關係。從價值實踐論上來說，「一者」而為「三」，因為「迷者」與「悟者」所實踐出來的行為不同，引申出來的價值意義亦有所不同。這就是說，「同一體」為覺者而說，亦是在悟時而說，自性是絕「一」無「二」的。在迷時一切法皆具分別相，眾生在事相上懺悔，這是有為的懺悔。在「心性」上的懺悔為「理懺」，這是「無相的懺悔」，能觀照自性的空寂性，罪性皆空，永不復起。

四、歸依「自性三寶」〔註48〕

今既懺悔已，與善知識受（授）無相三歸依戒。

大師言：「善智識，歸衣（依）覺，兩足尊；歸衣（依）正，離欲〔尊〕；歸衣（依）淨，眾中尊。從今已後，稱佛為師，更不歸衣（依）餘邪名外道，願自三寶慈悲燈名（明）。善知識，惠能勸善知識，歸衣（依）三寶。佛者覺也，法者正也，僧者淨也。〔註49〕

自心歸依覺，邪名（迷）不生，少欲知足，離財離色，名兩足尊。

〔註50〕

〔註48〕參閱楊曾文：「無相戒是慧能自己的提法。按照唐代道宣的戒律學說，戒有四科：戒法（泛指一切戒律）、戒體（通過受戒在心中產生的持戒的意志和信念）、戒行（遵循戒律的言行）、戒相（持戒表現，也指五戒、十戒、具足戒等戒條內容）。慧能所授的無相戒不授任何具體的戒相，只是引導信徒認識自性（可理解為戒體），所以稱無相戒。『無相』常用來指心，因為心無形無相，如《六祖壇經》中將神秀的傳法偈稱『心偈』，又稱『無相偈』。『無相戒』的全名應是『無相心地戒』。『心地』即『心』，也就是佛性。實際上，慧能的無相戒是借用漢地傳授大乘戒時普遍依用的《梵網經》中的思想成份。《梵網經》也稱《菩薩戒經》，其中說：佛『為此地上一切眾生、凡夫、痴暗之人，說我本盧舍那佛心地中，初發心中常誦一戒：光明金剛寶戒，是一切佛本源，一切菩薩本源，佛性種子。一切眾生，皆有佛性。一切意識色心，是情是心，皆入佛性戒中』；『是一切眾生戒，本源自性清淨』。在《六祖壇經》中兩次引用的是最後一句的省略句：『戒本源自性清淨』。」〈論慧能的識心見性思想〉，《六祖慧能思想研究：「慧能與嶺南文化」國際學術研討會論文集》，廣州，學術研究雜誌社，1997 年，頁 102～103。

〔註49〕見於《南宗頓教最上大乘摩訶般若波羅蜜經六祖惠能大師於韶州大梵寺施法壇經》，《大正新修大藏經》第 48 卷，T48，NO.2007，日本大正一切經刊行會，1922～1934 年，頁 339 下。

〔註50〕見於《南宗頓教最上大乘摩訶般若波羅蜜經六祖惠能大師於韶州大梵寺施法壇經》，《大正新修大藏經》第 48 卷，T48，NO.2007，日本大正一切經刊行會，1922～1934 年，頁 339 下。

自心歸依正念，念無邪故，即無愛著，以無愛著，名離欲尊。〔註51〕
自心歸淨，一切塵勞妄念，雖在自姓（性），自姓（性）不染著，名
眾中尊。〔註52〕

凡夫解〔脫〕，從日至日，受三歸衣（依）戒。若言歸佛，佛在何處？
若不見佛，即無所歸。既無所歸，言卻是妄。善知識，各自觀察，
莫錯用意。經中只即言自歸依佛，不言歸他佛；自姓（性）不歸，
無所〔歸〕處。〔註53〕

　　六祖惠能開示眾生成佛不假外求，不歸依心性以外的「佛」、「法」及「僧」
〔註54〕。眾生在修行上，若反其道而行，終不能成佛，歸依自心的「佛」而頓
悟，本自具足。「知足」就是不缺少一切法，不生起妄念妄求。因此，「離財離
色」代表功德上包含福德，具一切法而顯其圓滿性。反觀自照之時，一切法不
離自性，一切法亦已包含在自性中，心不染於外境，「財」、「色」的外境，亦
歸於自性中。「福足」與「慧足」皆具足而示現出圓滿性而名「兩足尊」。「尊」
者「至」也，就是圓滿的境界。

　　再者，「自心歸於正念」，就是歸依「法」，而「法者正也」。「正」的狀態，

〔註51〕見於《南宗頓教最上大乘摩訶般若波羅蜜經六祖惠能大師於韶州大梵寺施法
壇經》，《大正新修大藏經》第48卷，T48，NO.2007，日本大正一切經刊行會，
1922～1934年，頁339下。

〔註52〕見於《南宗頓教最上大乘摩訶般若波羅蜜經六祖惠能大師於韶州大梵寺施法
壇經》，《大正新修大藏經》第48卷，T48，NO.2007，日本大正一切經刊行會，
1922～1934年，頁339下。

〔註53〕見於《南宗頓教最上大乘摩訶般若波羅蜜經六祖惠能大師於韶州大梵寺施法
壇經》，《大正新修大藏經》第48卷，T48，NO.2007，日本大正一切經刊行會，
1922～1934年，頁339下。

〔註54〕參閱楊曾文：「最後是授無相三歸依戒。本來佛教有歸依象徵佛教的『三寶』
戒，即信徒入教或在重要的法會鄭重表示『歸依法，歸依佛，歸依僧』。但慧
能在『三歸依』之前特別加上『無相』二字，表示心性，即為心性的三歸依戒。
他在解釋中說：『歸依覺兩足尊，歸依正離欲尊，歸依淨眾中尊。』其中的『覺』
代表佛，用自心的覺悟代替具有理想人格的佛；『正』代表『法』，用自心的正
念代替三藏佛法；『淨』代表『僧』，用自心的清淨代替弘布佛法的僧。這樣，
外在的三寶變成了『自性三寶』：『佛者，覺也；法者，正也；僧者，淨也』。
要求信眾從『自心』歸依『自性三寶』，做到少欲知足，離財離色；念念無邪，
斷除愛著；不生妄念，自性清淨。他批評有的人日日受三歸依戒，但卻不知道
應當歸依自性的三寶。他說：『自性不歸，無歸依處。』」〈論慧能的識心見性
思想〉，《六祖慧能思想研究：「慧能與嶺南文化」國際學術研討會論文集》，廣
州，學術研究雜誌社，1997年，頁103～104。

就是不偏不倚，不上不下，四平八穩，亦同時與「定」的義相通，「即（正）定之時，慧在定。即慧之時，定在慧」、「定慧體一不二」的本然狀態。「慧」與「正智」與「正見」相應，即是不與「邪見」、「根本煩惱」等不相應。因此，「無念」於「念而無念」，自性中是無邪的，性相中無分別相，沒有愛取執著的煩惱。換言之，從「自性所起」的「念」全是「正」的，這就是「自心歸於正念」，亦就是歸依「法」，心定而般若智呈現，假名此為「離欲尊」。

至於「自心歸依淨」，即是「僧者淨也」。「世人性淨」，自性本自清淨而言「一切塵勞妄念，雖在自性而不染著」。「一切塵勞妄念」只緣若取於外境之上，而造成內心紛亂。倘若自心的一念收攝於自性之中，體證自性本來清淨的本質，眾生以心中的「淨性」而為歸依處，故名「眾中尊」。

眾生只言歸依身外的「佛」、「法」、「僧」，而不知「佛在何處」，如此實踐修行為生命的向度，與道相違背。六祖惠能打破傳統歸依「佛」、「法」、「僧」的三歸依戒，突破性地歸依自性中的三寶「佛」、「法」、「僧」，即歸依自性中「覺、正、淨」的本質。「自性不歸無所處」不假外求，完全徹底地將實踐修行的方向收攝於「心性」體證之中，而提升生命境界由迷而達至悟的境界；亦從有限的生命而至無限的生命之中。

五、修「一行三昧」〔註55〕

何謂「一行三昧」？就是「於一切時中行住坐臥，常行直心是」。簡言之，就是以「直心」對應一切法。六祖惠能所謂「真心」與「直心」之義相通。「真心」與「直心」不離自性本心。當體證自性時，就是「悟」。「悟」者，就是「吾」與「心」的複合字，「悟」就是吾的直心，就是真心，就是本心的本來面目。在〈真假動淨偈〉：「一切無有真，不以見於真」；「若見於真者，是見盡非真」，「若能自有真，離假即心真」；「自心不離假，無真何處真？」〔註56〕。「自心

〔註55〕參閱楊曾文：「四祖道信依據《楞伽經》提倡修心第一，又據《文殊說般若經》提倡『一行三昧』。所謂『一行』是連續修持的意思；『三昧』是禪定。『一行三昧』是要求在連續修持禪定中從念佛觀佛開始到觀『法界一相』。慧能雖也提倡一行三昧，但在解釋中有新的發揮。他依據《維摩經》『佛國品』中的『直心是菩薩淨土』；『菩薩品』的『直心是道場』的經文，提出只要『常行直心』，那麼在任何時候，進行任何活動，都可以說是在修持一行三昧。……」，〈論慧能的識心見性思想〉，《六祖慧能思想研究：「慧能與嶺南文化」國際學術研討會論文集》，廣州，學術研究雜誌社 1997 年，頁 109。

〔註56〕參閱《南宗頓教最上大乘摩訶般若波羅蜜經六祖惠能大師於韶州大梵寺施法

離假」即成真，此為真心，即離一切假相而顯其本來面貌。

　　一行三昧者，於一切時中行住座臥常真，真心是。〔註57〕

　　但行真心，於一切法上無有執著，名一行三昧。〔註58〕

　　《淨名經》云：「真心是道場，真心是淨土。」〔註59〕

　　莫心行諂曲，口說法直，口說一行三昧，不行真心，非佛弟子。

〔註60〕

　　除惡即行十萬，無八邪即過八千，但行真心，到如禪（彈）指。

〔註61〕

　　禪宗的修行功夫實踐於生活之上，六祖惠能說：「於一切時中行住座臥，常行直心是。」主體與客體相應時，心的本性如如流露著清淨心與客境一一相應，而不起分別執著，就是直心。「行直心」就是以心的本性心行實踐，「於一切時中以不取不捨」的方法來實踐生活。眾生迷時，執「色法」與「心法」，六祖開示眾生以覺性即般若無分別來實踐生活，踏實地實踐修行，不執取於一切法，亦同時不捨一切法，目的在於「頓悟」之後，「行直心」於生活之中，而達至真正的解脫。如果不以「不取不捨」的方法來作修行實踐，般若智則無法呈現，而眾生的心著於外境而被客塵覆蓋，自心的本性不能呈現。因此，「但行直心」，「於一切法上無有執著」，就是「一行三昧」。修行者以「直心」與「般若智」實踐於生活之中，就是六祖惠能所說的「一行三昧」。

壇經》，《大正新修大藏經》第 48 卷，T48，NO.2007，日本大正一切經刊行會，1922～1934 年，頁 343 下至 344 上。

〔註57〕見於《南宗頓教最上大乘摩訶般若波羅蜜經六祖惠能大師於韶州大梵寺施法壇經》，《大正新修大藏經》第 48 卷，T48，NO.2007，日本大正一切經刊行會，1922～1934 年，頁 338 中。

〔註58〕見於《南宗頓教最上大乘摩訶般若波羅蜜經六祖惠能大師於韶州大梵寺施法壇經》，《大正新修大藏經》第 48 卷，T48，NO.2007，日本大正一切經刊行會，1922～1934 年，頁 338 中。

〔註59〕見於《南宗頓教最上大乘摩訶般若波羅蜜經六祖惠能大師於韶州大梵寺施法壇經》，《大正新修大藏經》第 48 卷，T48，NO.2007，日本大正一切經刊行會，1922～1934 年，頁 338 中。

〔註60〕見於《南宗頓教最上大乘摩訶般若波羅蜜經六祖惠能大師於韶州大梵寺施法壇經》，《大正新修大藏經》第 48 卷，T48，NO.2007，日本大正一切經刊行會，1922～1934 年，頁 338 中。

〔註61〕見於《南宗頓教最上大乘摩訶般若波羅蜜經六祖惠能大師於韶州大梵寺施法壇經》，《大正新修大藏經》第 48 卷，T48，NO.2007，日本大正一切經刊行會，1922～1934 年，頁 341 中。

　　《淨名經》：「真心是道場，真心是淨土。」〔註62〕「真心」等同「直心」來看時，「直心」、「道場」與「淨土」三者無有別異。於一切法無有分別執，何處不是道場，何處不是淨土。而真心內有反省自己的錯誤時，這就是一處「道場」，即是六祖惠能說的「吾亦見常見自過患故。云亦見亦不見者。不見天地人過罪。所以亦見亦不見也。」〔註63〕。當「不取不捨」於一切法時，真心內的自性清淨性如如呈現，這亦是一「淨土」。「真心」、「道場」、「淨土」三者無異無別，「三者」而「一」，「一」者而「三」。

　　「莫心行諂曲」、「口說法直」與「口說一行三昧」即是「不行真心」，當「心行」不是「直心」而生起不正的念頭時，般若智無分呈現，心中的自性亦未能如如流露。這就是「口說」而「心不行」的意思。在「心不行」的狀態之下，這就是眾生未悟而在迷的狀態中。在禪路的修行上，沒有實踐而行，這非先聖所教的道理，與道違背，「非佛弟子」的原因在此。一念覺悟，就「行真心」，即「一行三昧」。這就是六祖惠能所教的以「心性」體證實踐方法。如果不以此「不捨不著」一切法的方法來實修行，亦「非佛弟子」，原因在於離道而非在佛的道上的「同一」軌跡上而未悟「佛之知見」。

　　在修行的過程中，修道者以各種不同的方法作為實踐修行，其中一種就是「坐禪」，而坐禪就成為一種手段，而借此來「明心見性」。在敦煌本《六祖壇經》中，六祖惠能對「坐禪」有其不同的觀點。

　　　迷人著法相，執一行三昧。真心座不動，除妄不起心，即是一行三昧，若如是，此法同無情，卻是障道因緣。〔註64〕

　　　道順通流，何以卻滯？心〔不〕住在，即通流；住即彼（被）縛。若座不動，是維摩詰不合，呵舍利弗宴坐林中。〔註65〕

〔註62〕見於《南宗頓教最上大乘摩訶般若波羅蜜經六祖惠能大師於韶州大梵寺施法壇經》，《大正新修大藏經》第48卷，T48，NO.2007，日本大正一切經刊行會，1922～1934年，頁338中。

〔註63〕見於《南宗頓教最上大乘摩訶般若波羅蜜經六祖惠能大師於韶州大梵寺施法壇經》，《大正新修大藏經》第48卷，T48，NO.2007，日本大正一切經刊行會，1922～1934年，頁343上。

〔註64〕見於《南宗頓教最上大乘摩訶般若波羅蜜經六祖惠能大師於韶州大梵寺施法壇經》，《大正新修大藏經》第48卷，T48，NO.2007，日本大正一切經刊行會，1922～1934年，頁338中。

〔註65〕見於《南宗頓教最上大乘摩訶般若波羅蜜經六祖惠能大師於韶州大梵寺施法壇經》，《大正新修大藏經》第48卷，T48，NO.2007，日本大正一切經刊行會，1922～1934年，頁338中。

　　「迷人」與「覺者」的分別在於「執」與「不執」，前著「執一行三昧」，後者以智慧作為修行實踐的「眼目」，以直心「於一切時中行住坐臥」。「迷人著法相」，「行住坐臥」皆執著一切法，就是所謂的「執一行三昧」。「迷人」以為借坐禪來顯本性的真心，就是「直心座（坐）不動」，這「直心」與「座（坐）不動」實不相應，原因在於「執」，以為「不動」是能顯「真心」之本性的清淨性。

　　相反地，「真心」中有般若智在心識活動中呈現，而般若智亦在一剎那的念轉中而起現。因此，「真心」具活動性，般若智是活智，而不是不動的狀態。「不動」與「動」就是相對的狀態。至於「坐」與「行」亦是在相對的狀態之中，「坐」就是以身待念，「行」在「心行」與「行住坐臥」皆在不同方位上將真心般若自性全體顯現。「一行三昧」與「執一行三昧」分別在於「不住」與「住」而言。同時，亦是反映「覺者」與「迷人」之別。

　　「真心」與「妄心」是相對的性質。「真心」代表覺者的心識活動，自性中的般若智呈現。而「妄心」是「迷人」的狀態，與此「妄心」相應而起現的是煩惱妄念。這樣，「妄念故蓋覆真如」，「迷人」看不見自性本具清淨性，以用此心，能夠直了成佛。《楞伽師資記》：「《楞伽經》云：『諸佛心第一。教授法時，心不起處是也。此法超度三乘，越過十地。究竟佛果處，只可默心自知，無心養神，無念安身，閑居淨坐，守本歸真。』」〔註66〕

　　「執一行三昧」〔註67〕與「即是一行三昧」分別在於「迷人著法相」與「除妄不起心」。「執」是有分別的心，就是取於一法而著於法相，而「執」與「不執」相對，「不執」就是無分別圓融一切法，以「不捨不取」方法來展現生命的智慧及生活的活力，這樣生命狀態，就是「一行三昧」，當中無有虛妄不實的心念，自性的清淨性全幅起現而無有分別、無有執著，無有掛慮的精神世界。在實踐中，這就是禪悟「一行三昧」的生活態度。

〔註66〕參閱《楞伽師資記》，《大正新修大藏經》第85卷，T85，NO.2837，日本大正一切經刊行會，1922～1934年，頁1284上。

〔註67〕參閱唐君毅：「故〈定慧品〉又曰：『迷人著法相，執一行三昧，直言常坐不動，妄不起，……作此解者，即同無情，卻是障道因緣。……道須通流，何以卻滯。心不住法，道即通流。心若住法，名為自縛。』此道之通流，即工夫之通流。工夫之通流，唯賴心之不住於內外之法。此道之通流而心不住法，亦可概惠能之言工夫之要旨也。」，《中國哲學原論 原性篇》，臺北，臺灣學生書局，1991年，頁316。

　　若「執一行三昧」來作修行實踐，這就是法執，等同於「無情」的眾生而為「障道因緣」。換言之，「執一行三昧」來修行，即如以「直心座不動」來說，這方法就如同草木石頭一樣的無情識的眾生。無情識的眾生，沒有心識活動。有情識的眾生，如「人」，卻不運用其本有的心識活動而呈現般若智來「見性成佛」，以為「座（坐）不動」的「坐禪」就是禪修的生活，六祖惠能卻直指這正是「障道」的原因所在。成佛除了「正因佛性」的「自性清淨心」之外，還要有「了因佛性」及「緣因佛性」，三者相互配合。

　　六祖惠能進一步說「道順道流」與「道滯不通流」的分別，在於「心住」，由於心住於一處，「住」即執著於一門一法之上，「不住」即「念念」無滯。「無滯」即是通流，即順暢。相反地，即是「滯」，即是「不通流」。「若座（坐）不動」或言「真心座（坐）不動」就等同於「是維摩詰不合呵舍利弗宴座（坐）林中」〔註68〕。這「宴坐」與「坐禪」兩者皆為一施設的方便法門，使眾生作為入路之門，此門是通向「心性」之中，而不在於任何固定的形式。如了解覺悟此意就「道順通流」，不然就滯於「坐」一相一法之中，這是「障道因緣」，而沒有突破性的修行進路。

六、修「摩訶般若波羅蜜法」

　　由敦煌本的《六祖壇經》的經文，可了解為何「摩訶般若波羅蜜法」〔註69〕

〔註68〕參閱《維摩詰所說經弟子品第三》曰：「夫宴坐者，不於三界現身意，是為宴坐。不起滅定而現威儀，是為宴坐。不捨道法而現凡夫事，是為宴坐。心不住內亦不在外，是為宴坐。於諸見不動而修，行三十七品，是為宴坐。不斷煩惱而入涅槃，是為宴坐。若能如是坐者，佛所印可。」《維摩詰所說經》卷上，《大正新修大藏經》第14卷，T14，NO.475，日本大正一切經刊行會，1922～1934年，頁539下。

〔註69〕參閱楊曾文：「慧能說般若波羅蜜法也與一般人的說法不同。『般若波羅蜜』意為借助智慧的力量從世俗世界的此岸到達覺悟解脫的彼岸。所依基本經典是《般若經》，主要是講一切皆空和不生不滅的中道。但慧能講般若之法是側重講心性問題。他說，『心量廣大，猶如虛空』，『性含萬法是大，萬法盡在自性』。這是從心性是世界本源的角度講的。同時又講，心性雖不捨萬法，不捨一切善惡諸法，但又『不可染著』，做到念念不愚，『常行智慧，即名般若行』。勸人修般若之行，說『一念修行，法身等佛』；『前念迷即凡，後念悟即佛』；人人的本性都有般若之智，應當經常『用智慧觀照，於一切法不取不捨，即見性成佛道。』」，〈論慧能的識心見性思想〉，《六祖慧能思想研究：「慧能與嶺南文化」國際學術研討會論文集》，廣州，學術研究雜誌社，1997年，頁104。

為六祖惠能首要開示的道理。頓悟此「心法」，即全頓悟「直指人心，見性成佛」的道理。

> 惠能大師於大梵寺講堂中，昇高座，說《摩訶般若波羅蜜法》，受（授）無相戒。其時座下僧尼道俗一萬餘人，韶州刺史等據及諸官寮三十餘人、儒士餘人，同請大師說《摩訶般若波羅蜜法》。刺史遂令門人僧法海集記，流行後代，與學道者承此宗旨，遞相傳授，有所於約，以為稟承。說此《壇經》。能大師言：「善知識，淨心念《摩訶般若波羅蜜法》。」〔註70〕

> 今既自歸衣（依）三寶，總各各至心，與善知識說摩訶般若波羅蜜法。善知識雖念不解，惠能與說，各各聽……〔註71〕

> 何名摩訶？摩訶者是大，心量廣大，猶如虛空。〔註72〕

> 摩訶般若波羅蜜者，西國梵語，唐言大智惠（慧）彼岸到。此法須行，不在口〔念〕，口念不行，如〔幻〕如化。〔註73〕

> 何名波羅蜜？此是西國梵音，言彼岸到，解義離生滅。著竟（境）生滅起。如水有波浪，即是於此岸。離境無生滅，如水承（永）長流，故即名到彼岸，故名波羅蜜。〔註74〕

般若智與成佛的關係，在「摩訶般若波羅蜜法」的「般若行」上得以成就「頓悟成佛」。六祖惠能在大梵寺說法，就是說「般若行」之法，經文上以「摩訶」為「大」，此「大」與「心量」一起而言。而「般若」就是「大智慧」，亦

〔註70〕見於《南宗頓教最上大乘摩訶般若波羅蜜經六祖惠能大師於韶州大梵寺施法壇經》，《大正新修大藏經》第48卷，T48，NO.2007，日本大正一切經刊行會，1922～1934年，頁337上。

〔註71〕見於《南宗頓教最上大乘摩訶般若波羅蜜經六祖惠能大師於韶州大梵寺施法壇經》，《大正新修大藏經》第48卷，T48，NO.2007，日本大正一切經刊行會，1922～1934年，頁339下。

〔註72〕見於《南宗頓教最上大乘摩訶般若波羅蜜經六祖惠能大師於韶州大梵寺施法壇經》，《大正新修大藏經第48卷，T48，NO.2007，日本大正一切經刊行會，1922～1934年，頁339下。

〔註73〕見於《南宗頓教最上大乘摩訶般若波羅蜜經六祖惠能大師於韶州大梵寺施法壇經》，《大正新修大藏經》第48卷，T48，NO.2007，日本大正一切經刊行會，1922～1934年，頁339下。

〔註74〕見於《南宗頓教最上大乘摩訶般若波羅蜜經六祖惠能大師於韶州大梵寺施法壇經》，《大正新修大藏經》第48卷，T48，NO.2007，日本大正一切經刊行會，1922～1934年，頁340上。

不離心，即是不離自性，而「波羅蜜」就是「彼岸」，故此「彼岸」不在外而在心之內。「法」的傳承「以心傳心，當令自悟」。〔註75〕代代祖師相傳的法，就是此「心法」，離開此「心法」不能「頓悟成佛」。

> 合座官寮道俗，禮拜和尚，無不嗟嘆：「善哉大悟！昔所未問。嶺南有福，生佛在此，誰能得知！一時盡散。
>
> 大師往漕溪山，韶、廣二州行化四十餘年。若論門人，僧之與俗，三五千人，說不盡；若論宗指（旨）。傳授《壇經》，以此為（衣）依約。若不得《壇經》，即無稟受。須知法處年月日、性（姓）名，遍（遞）相付囑，無《壇經》稟承，非南宗定（弟）子也。未得稟承者，雖說頓教法，未知根本，修不免諍。但得法者，只勸修行，諍是勝負之心，與道違背。〔註76〕
>
> 世人盡傳南宗能、比（北）〔宗〕秀，未知根本事由。旦（且）秀禪師於南荊府堂（當）陽縣玉泉寺住時（持）修行，惠能大師於韶州城東三十五里漕溪山住，法即一宗，人有南北，因此便立南北。何以漸頓？法即一種，見有遲疾，見遲即漸，見疾即頓。法無漸頓，人有利鈍，故名漸頓。神秀師常見人說惠能法疾，直旨（指）見路。秀師遂換（喚）門人僧志誠曰：「汝聰明多智，汝與吾至漕溪山，到惠能所禮拜，但聽莫言吾使汝來。所聽意旨記取，卻來與吾說。看惠能見解，與吾誰疾遲。汝弟一早來，勿令吾怪。」〔註77〕
>
> 志誠奉使歡喜，遂半月中間，即至漕溪山，見惠能和尚禮拜，即聽不言來處。志城聞法，言下便悟，即契本心，起立即禮拜，自言：「和尚，弟子從玉泉寺來。秀師處不德（得）契悟。聞和尚說，便契本心。和尚慈悲，願當（常）散（教）示。」〔註78〕

〔註75〕見於《南宗頓教最上大乘摩訶般若波羅蜜經六祖惠能大師於韶州大梵寺施法壇經》，《大正新修大藏經》第48卷，T48，NO.2007，日本大正一切經刊行會，1922～1934年，頁338上。

〔註76〕見於《南宗頓教最上大乘摩訶般若波羅蜜經六祖惠能大師於韶州大梵寺施法壇經》，《大正新修大藏經》第48卷，T48，NO.2007，日本大正一切經刊行會，1922～1934年，頁342上。

〔註77〕見於《南宗頓教最上大乘摩訶般若波羅蜜經六祖惠能大師於韶州大梵寺施法壇經》，《大正新修大藏經》第48卷，T48，NO.2007，日本大正一切經刊行會，1922～1934年，頁342上。

〔註78〕見於《南宗頓教最上大乘摩訶般若波羅蜜經六祖惠能大師於韶州大梵寺施法

使君禮拜又問:「弟子見僧道俗,常念阿彌大(陀)佛,願往生西方,請和尚說,德(得)生彼否?望為破疑。」

大師言:「使君,聽惠能與說。世尊在舍衛國說西方引化,經文分明。去此不遠,只為下根;說近說遠,只緣上智,人自兩重(種),法無不名。悟有殊,見有遲疾。迷人念佛生彼,悟者自淨其心。」〔註79〕

六祖惠能所言「法即一宗」及「法即一種」。「法」即是「一宗」,亦只有「一種」。「法」的施設是基於一宗旨,此宗旨在於「直指人心,見性成佛」。在此宗旨之下,「法」只是一種,即是本於佛的本懷,而「開佛知見」的「一佛乘」法。

「法無頓漸」是在於「見」有「遲疾」。西方淨土的「說」有「近遠」。「遲」、「疾」與「近」、「遠」都是形容「迷人」與「悟人」對「見」轉念中一剎那的形容詞。「只緣上智」中不等於「法」有二種,悟解此道理者,在於般若智呈現,而沒有分別的覺者而言「只緣上智」。「只為下根」者而說的,「去此不遠」,目的在除其執取一邊而為偏見或邊見,而說「不遠」。

其實,在「開佛知見」的層次上而言,「法」只有一種。「人自兩種」,但世人根器各有不同,才施設「頓漸」、「遲疾」、「西方淨土」、「遠近」來成就不同根器的眾生「開佛知見」。因此,「法無不明」,只是世人未「開佛知見」而不悟而已。「迷悟有殊,見有遲疾」,「見遲」即是「漸」。「見疾」即是「頓」。這「見」就是「開佛知見」的「見」。在「頓悟」中「見性」,沒有分「漸」與「頓」,而只有「見」。在未見性之時,就是待心轉念時,就有分為「見」與「不見」之別。而頓見「真如本性」的剎那,無法頓漸遠近之別。「頓」、「漸」、「遠近」只是一手段,目的只在於「頓悟成佛」。

若遇大乘頓教法,虔誠合掌志心求。〔註80〕

壇經》,《大正新修大藏經》第48卷,T48,NO.2007,日本大正一切經刊行會,1922~1934年,頁342上至中。

〔註79〕見於《南宗頓教最上大乘摩訶般若波羅蜜經六祖惠能大師於韶州大梵寺施法壇經》,《大正新修大藏經》第48卷,T48,NO.2007,日本大正一切經刊行會,1922~1934年,頁341中。

〔註80〕見於《南宗頓教最上大乘摩訶般若波羅蜜經六祖惠能大師於韶州大梵寺施法壇經》,《大正新修大藏經》第48卷,T48,NO.2007,日本大正一切經刊行會,1922~1934年,頁341上。

善知識，將此頓教法門，同見同行，發願受持，如是佛故，終身受
持而不退者，欲入聖位，然須縛（傳）受持。從上已來，默然而付
於法，發大誓願。不退菩提，即須分付。若不同見解，無有志願，
在在處處，勿妄宣傳，損彼前人，究竟無益。若遇人不解，謗此法
門，百劫萬劫，千生斷佛種性。〔註81〕

世人「求法」的方式分為二種。一是向外求有形的法門，以為「心法」，
此為「迷人」。另一者為向內求心而不求外佛，「虔誠合掌志心求」，此為「悟
人」。未悟之時，不信此頓法門。一旦機緣成熟，「若遇大乘頓教法」時，「志
心求」是向內啟發智慧，即是「同見同行，發願受持」，就是「大根器者」自
見佛在心內，而不是求佛於心之外。

「終身受持而不退者，欲入聖位」，就是在「心性」上實踐生活而不斷提
升內在的生命境界，而以「見性成佛」為目標。「從上已來，默然而付於法」，
這是說從古以來代代祖師傳法，皆是「默然」而「付於法」。「默然」是超越一
切名言概念的對偶性來傳法，傳法是傳「心法」。「發大誓願，不退菩提。」兩
者皆是從「心性」而發出的志願，其成就必從心地上而成就佛果。

「若不同見解，無有志願。」即不是「上上利根器」者，亦即不是從「心
性」上作為修行實踐，其生命的度向不是以「明心見性」為目標，即不是同
路人。「在在處處，勿妄宣傳」，以免讓眾生生起我慢之心，而產生「愚人不
解，謗此法門」的問題。為免讓眾生繼續向外求佛，不信自心有佛，而執取
邊見，執死於一念一見，對前人心法的傳承，加以損毀其信念。此對如何能
成就佛果的問題，未能出現突破性的回轉，最終對此眾生來說「究竟無益」。
反而使其不能以般若活智，證入真如自性，使此眾生「百劫千生，斷佛種性」，
成一重大問題。「信」是學道者最基本的條件，此「信」為自信此一生能自證
成佛。

「立大悲心」就是立大慈悲的願力，願從心發，力從心出。這力量才是實
在的，穩妥的。「持此經」是指「心正定」，這就是「持經」真正意思，有般若
智才能解惑，此為「解」。「修」與「行」是一種意志，此種意志須從心發，這
力量推動修行而證入成佛的果位。「信解行證」為學道者不能缺少的成佛因

〔註81〕見於《南宗頓教最上大乘摩訶般若波羅蜜經六祖惠能大師於韶州大梵寺施法
壇經》，《大正新修大藏經》第48卷，T48，NO.2007，日本大正一切經刊行會，
1922～1934年，頁340下至341。

緣。這些全是內在心的動力而使般若活智起現。在此心識活動之中而顯自性清淨，清淨本性是動之體，動是清淨自性之用。

使君問和〔尚〕:「在家如何修？願為指授。」

大師言:「善智（知）識，惠能與道俗作《無相頌》，盡誦取，衣（依）此修行，常與惠能說一處無別。」

頌曰:「……若真修道人，不見世間愚（過），

若見世間非，自非卻是左，

他非我有罪，我非自有罪，

但自去非心，打破煩惱碎。

若欲化愚人，是須有方便。

勿令破彼疑，即是菩提見。

法無在世間，於世出世間。

勿離世間上，外求出世間，

邪見出世間，正見出世間，……」〔註82〕

從眾生的角度來說，此法應如何修？此法應如何解？在家如何修？六祖惠能隨機開示來「直指人心，見性成佛」。

「真修道人」、「不見世間愚」、「若見世間非」三者的關係在於「見」與「不見」，「不見世間愚」的「不見」在於「開佛知見」的「見」而「不見愚」。而「若見世間非」的「見」在於「開眾生知見」的「見」而「見非」。「自非卻是左」的「自非」與「他非」成為對列的格局，當「他非」在右邊時，而「自非」卻是在左邊。這樣的左右對列格局，而出現「邊見」，這就是「自非卻是左」而「他非卻是右」的不合「中道」。

「他非我有罪」與「我非自有罪」中的「他非」與「我非」，從經驗層來說，就是對列格局，但「他」相生起，正由於「我」與「他」對立，而執「我」的存在，亦同時是執「法」的存在。「我有罪」是於「我執」，有「我執」的出現，即起分別四相，以修道人來說這就是起「我執」而「我有罪」。「我非」是以智慧觀照而「自見」前念「我執」的分別相，一念回轉的當下而自知「我非」而知道「自有罪」。若從實相層來說，「他非」與「我非」在般若智觀照時而消

_____

〔註82〕見於《南宗頓教最上大乘摩訶般若波羅蜜經六祖惠能大師於韶州大梵寺施法壇經》，《大正新修大藏經》第48卷，T48，NO.2007，日本大正一切經刊行會，1922～1934年，頁341至342上。

融一切相，根本無所謂「他非」與「我非」的二相，而自見自性的「一相」，即是「無相」。

「但自去非心」與「打破煩惱碎」在般若空智呈現時，「去非心」或「煩惱碎」皆是一種「方便法」的漫畫式語言來「化愚人」的「執法」與「執我」的修行問題。在此種修行問題上，要使眾生開佛知見，「勿令破彼疑」，要破疑而不讓眾生生起「我法」二執的見惑。在「見」上不起「我法」二執的惑，「即是菩提見」。「菩提見」即是「開佛知見」。「菩提」即是「覺性」。「佛」是「大覺者」。「菩提見」，即是達至「頓悟見性」的境界。

從上而知，「真修道人」、「不見世間愚」、「若見世間非」三者的關係中所處理的問題，是「如何真修」而達至「見性成佛」的問題。「真修道人」要針對「執法」與「執我」的修行問題，在面對此修行問題上，以不同的法門作為手段，以成佛做目標，以一念回轉即是以「中道」觀以「不捨不取」的般若智慧呈現，觀照一切相而破一切相，而自證真如本性，此才是真正的「真修道人」。

「法」〔註83〕無分在世間的所謂「世間法」與出世間的所謂「出世法」。「正見」就是無分別的般若智呈現，就是「無相」。「邪見」就是眾生欲「離世間」而起的分別相。這分別相，在於眾生以為「離」世間，是以「外求」一種出世間的法門。這種知見，就是「邪見」。眾生不明白「離」的真正意義，在於解脫此世間，因「無明」而生起的一切煩惱妄執，而不是以此色身脫離此世

〔註83〕　參閱牟宗三：「佛教說明法的存在是通過業感緣起，它是從緣起說明，有四步，四個階段：一、業感緣起，二、阿賴耶緣起，三、如來藏緣起，四、法界緣起。」，《四因說演講錄》，上海，上海古籍出版社，1998 年，頁 118。
　　　　　又參閱牟宗三：「《維摩詰經》有這麼一句話；『去病不去法』這句話很重要，這是佛教的一個基本原則。盡管開始說明法的來源是從「無明」來，但來了以後，我們要修行成佛的時候，要去無明，不去無明，不能說修行。不能說修行，不能成佛。所以成佛一定要去無明。去掉無明，不是去掉法，到這個地方，無明跟法分開了，開始的時候是合在一起的，分不開的。分不開，你就可以問，既然法從無明來，去掉無明，法還有沒有呢？到成佛的時候，法跟無明分開了，這個時候就可以說『去病不去法』，『法』就可以保得住。佛教的解答也很合邏輯，因為無明緣行，有一切法，這只是說有了無明，就有一切法，但這並未說：沒有了無明，就沒有一切法。所以，佛說法要一層一層說，業感緣起是最基本的，最開頭的。到可以解答『去病不去法』這個問題時，『法』若必然保得住，永遠保得住，這樣才可以講佛教式的存有論（buddhistic ontology）。」，《四因說演講錄》，上海，上海古籍出版社，1998 年，頁 125。

間的塵囂而出家或在家與世隔絕來修行。因此,「世間法」與「出世間」為一種法,與「頓法」與「漸法」亦是一種。總言之,「法」即一種,只在於「見」。此「見」就是「開佛知見」。六祖惠能所說的道理,就是在家修行或出家修行都不離自性,亦不是以地域或身份或世間的名言概念而區分修行的方式或途徑。

在敦煌本《六祖壇經》中,六祖惠能以「禪悟的進路」作為生命境界的提升與「心性」體證的實踐方法,這是對「上上利根人」所說的最上乘實踐方法〔註84〕。以無分別的般若智作來引領而實踐,最後得以「見性」。六祖惠能所施設「無相」的實踐方法,全建基在於「學人」的信心,自覺自悟,直接契入而自見本性。

第三節 「禪悟的大用」〔註85〕

六祖惠能在敦煌本《六祖壇經》中開示眾生,以「修摩訶般若波羅蜜」的智慧觀實踐修行方法,目的在於使「迷人」而轉念成為「悟者」,「悟者」由「禪悟的進路」而修行實踐在生活中,這就是生命「念念時中」以「真如為體」進入「禪悟的大用」〔註86〕之中,生命的價值從實踐中完全地表現出來。

〔註84〕 參閱唐君毅:「惠能自謂其教是為上上利根人說之頓悟頓修之教,即必須上上利根人,乃能受此教之謂。蓋世俗人,唯溺於染,其心恆外馳而不知返。修道者初唯見染,其所懇懇從事者,亦唯在觀一切染,而一一去之,如在小乘;必再進一步,乃能知向於一切善法。然於此人又或不免自執其所行之善;遂當更上求般若之教,或上探能具染淨成染淨之本心淨心,以超拔於一般所執善惡染淨之上。此中,人之上探此本心淨心,又或視之為超乎吾人現有之心上者。人於此,如只自下望上,能所相隔,即仍尚在沉迷,如上文所說。今人若欲自見其塵勞萬種之心,即此本淨之心,則非此心能直下頓超其塵勞萬種不可。人欲有此頓超,自又須自超其「自下望上,能所相隔,以自觀此淨心態度」而後可。大約當時之神秀一派,即以觀心之如明鏡之淨為教法。據神秀下之普寂所傳之禪法,亦即以『起心看淨』為宗……然依惠能之教,則此起心看淨,亦還須超拔,因有淨可看,即落能所二邊,亦如前說。故必再邁過此一看淨之修持工夫,而直不見有如此如明鏡之心,亦不見有染淨善惡等。此即非上上利根者,不能一步越過此層層之一般之修道工夫、與其中之意見執著,以直契此最上一層之工夫也。」,《中國哲學原論 原性篇》,臺北,臺灣學生書局,1991年,頁302~303。

〔註85〕 「禪悟的大用」的概念依李潤生老師在2009年2月在香港新亞研究所的「禪宗公案」課堂上筆記為大綱。

〔註86〕 參閱陶國璋:「……現象與物自身的區分是同一對象的兩種不同表象,所以這

「禪悟的大用」正是反映生命中的智慧完全地啟動，這亦代表「般若」的大用。六祖惠能在實踐生命的價值及意義之中，而全面展現「心性」中的般若智，將「心性」最美好的本質完全呈現於生活之中，實現「西方淨土」，「人間佛教」就在當下的生活之中。六祖惠能對「心性」的體證突破了印度佛教教義中將「心性」處於「隱」的狀態，即「如來藏」或具有「染污」的內涵，完全提升至全顯全用，具光明及積極義的「全真面目」。六祖惠能將「心性」全顯全用的「般若自性」思想，開創了「直超於染淨善惡之對待之上，直契其心之淨，亦不自見其心之淨，以自證其心之非染非淨、非善非惡」〔註87〕的禪宗法門。

種區分是主觀的。這主觀性更帶附一價值意含（即是說現象是負價值，而物自身則是正價值）。佛家的『轉識成智』的觀念，正好表達這重意境。佛家認為識心的執定，下陷其自己於生死流轉法之中；經修行實踐將識心轉化為般若智，則將生死流轉法還滅為清淨的真如實相。其思路不正就是將同一對象表現為兩種不同的表象嗎？只不過，剛才我們是從一種知識論的角度對比出現象與物自身的區分；而佛家則是從價值判斷上分別識心之執與般若玄智的功能；識心之執是生命的坎陷狀態，生命失去其明靈，自執自持而停住於現象領域，以致牽起種種法的差別相，就成就了現象的執見。因此對佛家而言，現象的知識其實就是污染法，即使高度技巧的科學知識亦不外執著。佛家的心態不在成就科學知識，其目標是解決煩惱進入涅槃，因此它們概括現象的知識是煩惱執著，其鵠的是轉識成智，生命經過實踐而進入無染的物自身世界。依這種傳統的轉化，現象與物自身的區分就變成價值上的區分。」〈牟宗三先生對「良知之坎陷」之構想與重構〉，《牟宗三哲學與唐君毅哲學論》，臺北，文津出版社，1997 年，頁 75～76。

〔註87〕 參閱唐君毅：「此空法空相，乃尅就諸法之空相以言其相，而即此相，以言其性，此乃印度般若宗所謂性相之原義。此初與法相唯識宗所謂性，乃由一一法之現行而分類之，並溯其究竟之因等，所立之性，固不同其義；亦與尅就人之修道歷程中，直接內省其所以能修道而成聖成佛之根據之心性，初不同其義。此後一義之心性，如所謂佛性、如來藏、淨心等，皆有其正面之善的意義。此乃因在一般之修道歷程中之人，初重在自去其染與惡，故必須有對其佛性如來藏等之善之正面的肯定與自信，乃能自勵其捨染取淨、為善去惡之志之故。然在惠能之禪宗，則蓋先承此涅槃經言佛性之思想，又進而知人之另有一「直超於染淨善惡之對待之上，直契其心之淨，亦不自見其心之淨，以自證其心之非染非淨、非善非惡」之一法門。於是對此所謂本心本性，亦直下本般若宗之旨，以言其乃「非善非惡、非淨非染、自性真空」，以為其本性。見此本心本性之自性真空者，乃是般若，于是般若亦本心本性或自性所固有，故名口本性般若，亦名自性菩提；而般若之見本心本性或自性，亦同于此本心本性之自見，亦即是此本心本性之自呈現。……」，《中國哲學原論 原性篇》，臺北，臺灣學生書局，1991 年，頁 308～309。

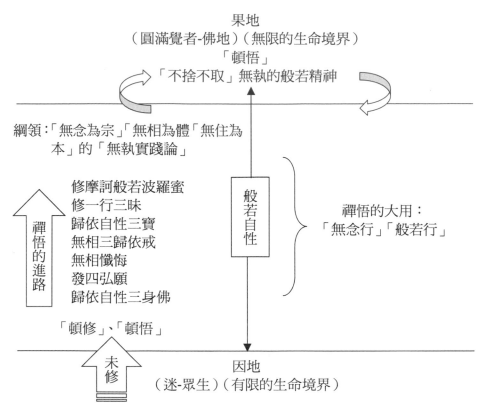

此圖綜合地分析如何將眾生「迷」的生命狀態，提升至「悟」的生命境界之上，還展現了凡夫如何突破「有限的生命」進入至「無限的生命」佛的境地。「般若自性」貫穿「因地」與「果地」的領域，當中施設「禪悟的進路」，這「進路」的內容以「無執實踐論」為綱領，將因地的眾生從「迷」中轉至「禪悟」的領域之中。眾生的心念具突破性的「一轉」，這「一轉」從「未修」轉為「頓修」、「頓悟」的「禪悟」領域之中，如圖中所示的（1）位置。從「頓修」而步進「禪悟」實踐修行之路上，又在「一機」的「頓悟」中而突破至果地，如圖中所示的（2）位置。這時從「有限的生命境界」突破提升至「無限的生命境界」之中。

以「般若自性」為主軸貫穿「因地」與「果地」的領域，「般若」的「不捨不取」精神，又從果地回轉至因地之中而實踐修行為「禪悟的大用」，此為圖中所示的（3）位置，內容為「般若行」與「無念行」。因地的眾生在經驗層中不與煩惱一一相應，而以「禪悟的進路」的實踐修行而不離「般若自性」。從圖中所顯示的二次「頓悟」中，可見「成佛之路」在於「頓悟」而具突破性

的轉變，這是「質」與「層次」的轉變。這「進路」與「大用」就是「質」與「層次」上的提升，而融會於生活之中，把生命中最好的本質呈現，並與一切法相感應而不住於境上。

「凡夫之路」與「成佛之路」之別，在於未悟之時的眾生選擇何種生命度向？如果眾生選擇了「凡夫之路」的生命度向，「心」向外馳散，與「性」不相合，眾生的生命在「生死」之中不斷輪迴，心念在「煩惱」之中一一被纏擾著而不能自拔。至於選擇了「成佛之路」的眾生，他們的生命度向，當「心」對「境」時，「心」必然返照於內，而不住於一切境之上，其「心」與「性」合為「一」，無有分別而超越一切相對之中，而顯其超越性。

在「頓修」、「頓悟」之時「心性」為「一」，這時才能體證「心性」的存在，此時才能掌握真正實踐修行的方法。從修行中體證「心性」為「人之本」，從中而發揮「禪悟的大用」。否則，在千差萬別之相中，無法體證「心性」的存在，更無從實踐修行，「無念行」與「般若行」亦無從顯其大用於生活之中，這「成佛之路」最重要為「心行」，否則「心量大，不行是少」〔註88〕，最終這條「成佛之路」成為一條隱曲而不顯的小徑〔註89〕而已。

第四節　小結

此章分析敦煌本《六祖壇經》中的六祖惠能，對「心性」思想的開展，從覺悟自性本自具足一切法，將生命境界由「迷」提升至「悟」，亦從有限的生命進至無限的生命之中。換言之，從一切虛妄不實的假象之中，走進一個實相的真理世界。六祖惠能所提出的禪法修行，不論以在家或出家的修行形式，都能突破傳統的修行方式，轉而以「直指人心」為實踐修行的形式。

在「禪悟的進路」中，以「般若自性」的中軸上貫穿「因地」與「果地」，眾生施設的「進路」，以「無念為宗」、「無相為體」、「無住為本」的「無執實踐論」的無執精神為綱領，而「歸依自性三身佛」、「發四弘願」、「無相懺悔」、

〔註88〕見於《南宗頓教最上大乘摩訶般若波羅蜜經六祖惠能大師於韶州大梵寺施法壇經》，《大正新修大藏經》第48卷，T48，NO.2007，日本大正一切經刊行會，1922～1934年，頁340上。

〔註89〕參閱「孟子謂高子曰：『山徑之蹊間，介然用之而成路。為間不用，則茅塞之矣。今茅塞子之心矣。』」，《孟子·盡心篇第七》，香港，廣智書局，1964年，頁346。

「歸依自性三寶」、「修一行三昧」及「修摩訶般若波羅蜜」作為「心性」體證的實踐方法。一旦「識心見性」之後，自證一切法皆由「心性」中的「定慧」而起心識活動。這就是禪宗「不假外求」、「不設階位」及「直指人心，見性成佛」般若無分別的無相精神。

從實踐修行而體證「禪悟的大用」，這正是人覺悟真理之後，當下的生活就是禪悟的生活，就是所謂「般若行」與「無念行」的一切生活形式，不拘於「行、住、坐、臥」而體證「心性」的存在，這就是「禪悟」的生活，也是「心性」的全體大用的呈現。

第七章　敦煌本《六祖壇經》之心性思想的特質及貢獻

　　本章在「承傳」及「創新」二方面，論述六祖惠能的「心性」思想的特質及其貢獻。在「承傳」方面，敦煌本《六祖壇經》中六祖惠能的「心性」思想的根據，如何以「心性」開展出來，可從經文中分析分為三方面作出論述。第一，印度佛教的「道統方面」；第二，禪宗的「宗脈思想」；第三，經文中所引述佛教大乘不同宗派的經典的內容與相關的精神來說。至於在「創新」方面，六祖惠能對於佛教「傳統」的各項概念給予新的詮釋，並融會貫通大乘佛教各宗各派思想在其思想之中，此為其「心性」思想的重要特質及貢獻。

第一節　「承傳」方面

　　在於敦煌本《六祖壇經》中，六祖惠能的思想，如何以「心性」的存在而開展，這可從「道統」、「宗脈思想」及「引述經典內容及精神」三方面來說。現分析這三方面的內容如下：

一、承傳「道統」

　　敦煌本《六祖壇經》，記載了從印度佛教至禪宗第六代惠能的「道統」，六祖惠能的思想，「承傳」印度佛教而開展於中國東土。經文引述如下：

> 六祖後至八月三日，食後，大師言：「汝等善（著）位座，五（吾）今共汝等別。」

法海聞言：「此頓教法傳受，從上已來至今幾代？」六祖言：「初傳
受七佛，釋迦牟尼佛第七，大迦葉第八，阿難第九，末因（田）地
第十，商那和修第十一，優婆鞠多第十二，提多迦第十三，佛陀難
提第十四，佛陀密（蜜）多第十五，脇比丘第十六，富那奢第十七，
馬鳴第十八，毘羅長者第十九，龍樹第二十，迦那提婆第二十一，
羅睺羅第二十二，僧伽那提第二十三，僧伽那（耶）舍第二十四，
鳩摩羅馱第二十五，闍耶多第二十六，婆修盤多第二十七，摩拏羅
第二十八，鶴勒那第二十九，師子比丘第三十，舍那婆斯第三十一，
優婆堀第三十二，僧伽羅第三十三，須婆蜜多第三十四，南天竺國
王子第三子菩提達摩第三十五，唐國僧惠可第三十六，僧璨第三十
七，道信第三十八，弘忍第三十九，惠能自身當今受法第十四（四
十）。」大師言：「今日已後。迎（遞）相傳受。須有依約。莫失宗
旨。〔註1〕

六祖惠能的「心性」思想，根源在於「承傳」印度佛教的「道統」，而在
中國融合中國東土的心性思想，繼續發展佛教的教義。

二、承傳「《楞伽經》」

在敦煌本《六祖壇經》中，可見六祖惠能「承傳」禪宗的宗脈，由初祖達
摩至五祖弘忍的思想而歸於《楞伽經》的「如來藏自性清淨心」，亦由五祖弘
忍而傳《金剛經》的般若思想。

衣不合轉（傳）。汝不信，吾與誦先代《五祖傳衣付法誦（頌）》。若
據第一祖達摩頌意，即不合傳衣。聽五（吾）與汝頌。頌曰：

第一祖達摩和尚頌曰：

吾大來唐國，傳教救名（迷）情；

一花開五葉，結果自然成。

第二祖惠可和尚頌曰：

本來緣有地，從地種花生；

當本願（元）無地，花從何處生？

〔註1〕見於《南宗頓教最上大乘摩訶般若波羅蜜經六祖惠能大師於韶州大梵寺施法
壇經》，《大正新修大藏經》第 48 卷，T48，NO.2007，日本大正一切經刊行會，
1922～1934 年，頁 344 下。

第三祖僧璨和尚頌曰：

花種雖（須）因地，地上種化（花）生；

花種無性生，於地亦無生。

第四祖道信和尚頌曰：

花種有生性，因地種花生；

先緣不和合，一切盡無生。

第五祖弘忍和尚頌曰：

有情來下種，無情花即生，

無情又無種，心地亦無生。

第六祖惠能和尚頌曰：

心地含情種，法雨即花（化）生；

自（吾）悟花情種，菩提菓自成。

能大師言：「汝等聽吾作二頌，取達摩和尚頌意，汝迷人依此頌修行，

必當見性。第一頌曰：

心地邪花放，五葉逐根隨；

共造無明葉（業），見被葉（業）風吹。

第二頌曰

心地正花放，五葉逐根隨；

共修般若惠（慧），當來佛菩提。」〔註2〕

　　敦煌本《六祖壇經》中六祖惠能的思想，亦是跟隨著禪宗初祖、二祖、三祖、四祖至五祖弘忍而無間斷，以「如來藏自性清淨心」中所隱藏的佛性，以《金剛經》的般若智來使此隱藏的佛性顯現，最終「共修般若惠，當來佛菩提」。

三、引述其他經典內容展現其「心性」思想的根據

　　從敦煌本《六祖壇經》所記述的經文來看，六祖惠能的思想是根源於《淨名經》（即《維摩經》）、《金剛般若波羅蜜經》、《菩薩戒經》（即《梵網經》）、《法華經》（即《妙法蓮花經》），現分列有關經文作為內證。

〔註2〕見於《南宗頓教最上大乘摩訶般若波羅蜜經六祖惠能大師於韶州大梵寺施法
　　　壇經》，《大正新修大藏經》第48卷，T48，NO.2007，日本大正一切經刊行會，
　　　1922～1934年，頁344上至中。

（一）《淨名經》（即《維摩經》）

《淨名經》云：「真心是道場，真心是淨土。」〔註3〕

《維摩經》云：「若座（坐）不動，是維摩詰不合呵舍利弗宴座（坐）林中。」〔註4〕

《維摩經》云：「外能善分別諸相，內於第一義而不動。」〔註5〕

《維摩經》云：「即是豁然，還得本心。」〔註6〕

（二）《金剛般若波羅蜜經》

惠能慈父，本官范陽。左降遷流南新州百姓。惠能幼小，父小早亡，老母孤遺，移來南海，艱辛貧乏，於市賣柴。忽有一客買柴，遂領惠能至於官店。客將柴去。惠能得錢，卻向門前。忽見一客讀《金剛經》。惠能一聞，心名（明）便悟。乃聞客曰：「從何處來持此經典？」客答曰：「我於蘄州黃梅縣東憑墓山，禮拜五祖弘忍和尚，見今在彼門人有千餘眾。我於彼聽，見大師勸道俗，但持《金剛經》一卷，即得見性，直了成佛。」〔註7〕

五褐（祖）忽見惠能偈，但即善知識大意。恐眾人知，五祖乃謂眾人曰：「此亦未得了。」

五祖夜知三更，喚惠能堂內，說《金剛經》。惠能一聞，言下便伍（悟）。其夜受法，人盡不知，便傳頓法及衣，汝（以）為六代祖。祖衣將

〔註3〕見於《南宗頓教最上大乘摩訶般若波羅蜜經六祖惠能大師於韶州大梵寺施法壇經》，《大正新修大藏經》第48卷，T48，NO.2007，日本大正一切經刊行會，1922～1934年，頁338中。

〔註4〕見於《南宗頓教最上大乘摩訶般若波羅蜜經六祖惠能大師於韶州大梵寺施法壇經》，《大正新修大藏經》第48卷，T48，NO.2007，日本大正一切經刊行會，1922～1934年，頁338中。

〔註5〕見於《南宗頓教最上大乘摩訶般若波羅蜜經六祖惠能大師於韶州大梵寺施法壇經》，《大正新修大藏經》第48卷，T48，NO.2007，日本大正一切經刊行會，1922～1934年，頁338下。

〔註6〕見於《南宗頓教最上大乘摩訶般若波羅蜜經六祖惠能大師於韶州大梵寺施法壇經》，《大正新修大藏經》第48卷，T48，NO.2007，日本大正一切經刊行會，1922～1934年，頁339上。

〔註7〕見於《南宗頓教最上大乘摩訶般若波羅蜜經六祖惠能大師於韶州大梵寺施法壇經》，《大正新修大藏經》第48卷，T48，NO.2007，日本大正一切經刊行會，1922～1934年，頁337上。

為信，稟代代相傳法，以心傳心。當令自悟。〔註8〕

但持《金剛般若波羅蜜經》一卷，即得見性，入般若三昧。〔註9〕

若大乘者，聞說《金剛經》，心開悟解。故知本性自有般若之智，自用知（智）惠（慧）觀照，不假文字。〔註10〕

內外不住，來去自由。能除執心，通達無礙。心修此行，即與《般若波羅蜜經》本無差別。〔註11〕

　　六祖惠能說法的內容，不離「摩訶般若波羅蜜經」。從此經全名《南宗頓教最上大乘摩訶般若波羅蜜經六祖惠能大師於韶州大梵寺施法壇經》，可了解六祖惠能的思想在於「般若自性」。他開示說法，仍不離此根本核心主旨。

惠能大師於大梵寺講堂中，昇高座，說《摩訶般若波羅蜜法》，受（授）無相戒。其時座下僧尼道俗一萬餘人，韶州刺史等據及諸官寮三十餘人、儒士餘人，同請大師說《摩訶般若波羅蜜法》。刺史遂令門人僧法海集記，流行後代，與學道者承此宗旨，遞相傳授，有所於約，以為稟承，說此《壇經》。

能大師言：「善知識淨心念《摩訶般若波羅蜜法（經）》。」〔註12〕

今既自歸衣（依）三寶，總各各至心，與善知識說摩訶般若波羅蜜法。善知識，雖念不解，惠能與說，各各聽：摩訶般若波羅蜜者，西國梵語，唐言大智惠（慧）彼岸到。此法須行，不在口〔念〕，口

〔註 8〕見於《南宗頓教最上大乘摩訶般若波羅蜜經六祖惠能大師於韶州大梵寺施法壇經》，《大正新修大藏經》第 48 卷，T48，NO.2007，日本大正一切經刊行會，1922～1934 年，頁 338 上。

〔註 9〕見於《南宗頓教最上大乘摩訶般若波羅蜜經六祖惠能大師於韶州大梵寺施法壇經》，《大正新修大藏經》第 48 卷，T48，NO.2007，日本大正一切經刊行會，1922～1934 年，頁 340 上。

〔註10〕見於《南宗頓教最上大乘摩訶般若波羅蜜經六祖惠能大師於韶州大梵寺施法壇經》，《大正新修大藏經》第 48 卷，T48，NO.2007，日本大正一切經刊行會，1922～1934 年，頁 340 中。

〔註11〕見於《南宗頓教最上大乘摩訶般若波羅蜜經六祖惠能大師於韶州大梵寺施法壇經》，《大正新修大藏經》第 48 卷，T48，NO.2007，日本大正一切經刊行會，1922～1934 年，頁 340 中。

〔註12〕見於《南宗頓教最上大乘摩訶般若波羅蜜經六祖惠能大師於韶州大梵寺施法壇經》，《大正新修大藏經》第 48 卷，T48，NO.2007，日本大正一切經刊行會，1922～1934 年，頁 337 上。

念不行，如〔幻〕如化。修行者法身，與佛等也。何名摩訶？摩訶者是大，心量廣大，猶如虛空。莫定心座，即落無既（記）空，能含日月星辰、大地山河、一切草木、惡人善人、惡法善法、天堂地獄，盡在空中。世人性空，亦復如是。性含萬法是大，萬法盡是自姓（性）。見一切人及非人、惡知（之）與善、惡法善法，盡皆不捨，不可染著，由如虛空，名之為大。此是摩訶行。〔註13〕

若識本心，即是解脫。既得解脫，即是般若三昧。悟般若三昧，即是無念。〔註14〕

（三）《菩薩戒經》（即《梵網經》）

《菩薩戒（經）》云：「本須（原）自姓（性）清淨。」〔註15〕

《菩薩戒經》云：「我本源自姓（性）清淨。」識心見性，自成佛道，即時豁然還得本心。〔註16〕

（四）《妙法蓮華經》

又有一僧，名法達，常誦《法華經》七年，心迷不知正法之處。經上有疑。大師智惠（慧）廣大，願為時除疑。」

大師言：「法達，法即甚達，汝心不達，經上無癡（疑），汝心自邪，而求正法。吾心正定，即是持經。吾一生已來，不識文字。汝將《法華經》來，對吾讀一遍，吾問即之（知）。」

法達取經到，對大師讀一遍。六祖問（聞）已，即識佛意，便汝（與）法達說《法華經》。

〔註13〕見於《南宗頓教最上大乘摩訶般若波羅蜜經六祖惠能大師於韶州大梵寺施法壇經》，《大正新修大藏經》第48卷，T48，NO.2007，日本大正一切經刊行會，1922～1934年，頁339下至340上。

〔註14〕見於《南宗頓教最上大乘摩訶般若波羅蜜經六祖惠能大師於韶州大梵寺施法壇經》，《大正新修大藏經》第48卷，T48，NO.2007，日本大正一切經刊行會，1922～1934年，頁340下。

〔註15〕見於《南宗頓教最上大乘摩訶般若波羅蜜經六祖惠能大師於韶州大梵寺施法壇經》，《大正新修大藏經》第48卷，T48，NO.2007，日本大正一切經刊行會，1922～1934年，頁339上。

〔註16〕見於《南宗頓教最上大乘摩訶般若波羅蜜經六祖惠能大師於韶州大梵寺施法壇經》，《大正新修大藏經》第48卷，T48，NO.2007，日本大正一切經刊行會，1922～1934年，頁340下。

六祖言：「法達，《法華經》無多語，七卷盡是譬喻內緣。如來廣說三乘，只為世人根鈍；經聞分明，無有餘乘，唯一佛乘。」

大師〔言〕：「法達，汝聽一佛乘，莫求二佛乘，迷卻汝聖（性）。經中何處是一佛乘？汝與說。經云：『諸佛世尊，唯汝（以）一大事因緣故，出現於世。』（已上十六家（字）是正法）〔此〕法如何解？此法如何修？汝聽吾說，人心不思，本源空寂，離卻邪見，即一大是（事）因緣。內外不迷，即離兩邊。外迷看相，內迷著空，於相離相，於空離空，即是不空。迷吾（悟）此法，一念心開。出現於世，心開何物？開佛知見。佛猶如覺也，分為四門，開覺知見，示覺知見，悟覺知見，入覺知見。開、示、悟、入，上一處入，即覺知見。見自本性，即得出世。」

大師言：「法達，悟（吾）常願一切世人，心地常自開佛知見，莫開眾生知見。世人心愚迷造惡，自開眾生知見；世人心正，起智惠（慧）觀照。自開佛智見。莫開眾生知見，開佛知見，即出世。」

大師言：「法達，此是《法達（華）經》一乘法。向下分三，為名（迷）人故，汝但依一佛乘。」

大師言：「法達，心行轉《法華》，不行《法華》轉。心正轉《法華》。心耶（邪）《法華》轉。開佛智（知）見轉《法華》。開眾生智（知）見被《法華》轉。」

大師言：「努力依法修行，即是轉經。」

法達一聞，言下大悟，涕淚悲泣，自言「和尚，實未僧轉《法華》，七年被《法華》轉。已（以）後轉《法華》。念念修行佛行。」

大師言：「即佛行是佛。」其時聽入無不悟者。〔註17〕

時有一僧，名智常，來漕溪山禮拜和尚，聞（問）四乘法義。智常聞和尚曰：「佛說三乘，又言最上乘，弟子不解，望為敬（教）示。」

惠能大師曰：「汝自身心見，莫著外法相，元無四乘法。人心不量四等。法有四乘，見聞讀誦是小乘，悟〔法〕解義是中乘，衣（依）法

〔註17〕見於《南宗頓教最上大乘摩訶般若波羅蜜經六祖惠能大師於韶州大梵寺施法壇經》，《大正新修大藏經》第48卷，T48，NO.2007，日本大正一切經刊行會，1922～1934年，頁342下至343上。

修行是大乘。萬法盡通，萬幸（行）俱備，一切無離，但離法相，作無所德（得），是最上乘，乘是最上行。義不在口諍，汝須自修，莫問悟（吾）也。」〔註18〕

僧人法達因為心迷而不知《法華經》的核心精神。六祖惠能開示法達，以「心行轉《法華》，不行《法華》轉，心正轉《法華》，心邪《法華》轉，開佛智見轉《法華》，開眾生之見被《法華》轉」為說，使主體回復自主性，不著於外境的一切法相之上。至於志常「聞四乘法義」而不解其意，誤以為「法」有四乘，請六祖惠能開示。六祖深悟「佛的本懷」，這是「會三歸一」的涵意。由此而知，六祖惠能全部掌握《法華經》的根本義，並且以其中內容，開示心迷的眾生，以開他們本有的「佛之知見」。

在敦煌本《六祖壇經》中，六祖惠能將以上所列佛教的「道統」、禪宗的「宗脈思想」及「大乘經典的精神」全收歸主體而言「體」與「用」。從中以「如來藏自性清淨心」為「體」，而以「般若自性」為「用」。「開示悟入」以「般若」為核心內容來說法，並以「禪機」式的公案來開示如何以「不捨不著」的方法論運用般若智，目的在於「明心見性」。

六祖惠能的思想就是以「直指人心，見性成佛」來說法。至於經典上的「文字」，只是一種工具來「見性」。當自證自悟之後，「文字」當然是可以「不立」，但對於未見性的眾生來說，經典就是眾生所依的「性相」，可以借經典中引證自性本具一切法的道理。

六祖惠能初聞《金剛經》而有所悟，後得法於五祖弘忍之時，五祖弘忍亦以《金剛經》來開示六祖惠能，目的只在於引證自性中本具般若智。由此顯示《金剛經》前後二次的出現，除了經中所記的般若空宗的內容外，就是引證未受「心法」前的「凡夫」所見《金剛經》的內容與受法之後的「覺者」，其「心性」的境界是否如經中所言一樣。《金剛經》前後二次的出現，經文的內容並未因時、因地、因人而有所改變，但「悟者」心內的境界已經提升了，這是「質」的改變及「層次」上的突破。從「迷」提升至「悟」的方法，就是眾生懂得如何運用這「不捨不取」的方法論。為何要以「心偈」形式來選出禪宗第六代祖師，目的只在於自取自性中的般若智，證明這位繼承者能具

〔註18〕見於《南宗頓教最上大乘摩訶般若波羅蜜經六祖惠能大師於韶州大梵寺施法壇經》，《大正新修大藏經》第48卷，T48，NO.2007，日本大正一切經刊行會，1922～1934年，頁343上。

「見性」的能力。

　　還有，這位繼承者懂得如何掌握這「不取不捨」的方法論作為「傳法」的使者，不論對禪宗或是對眾生來說，是非常重要的。神秀在作「心偈」時，就是敗於不懂得掌握這「不取不捨」的方法論，不能「自證」亦不能作為「傳承」的使者，這並不表示他的修持實踐次於六祖惠能，只時他當時未悟此方法論而已。五祖弘忍仍對眾弟子說，盡誦神秀的〈無相偈〉可以不墮惡道。這證明神秀的「心偈」具有佛教傳統及禪宗「楞伽心法」修行實踐的內涵。

　　由於六祖惠能深悟此「不取不捨」的方法論後，在「自古傳法，氣如懸絲，若住此間，有人害汝」的情況下而逃命，對於追來的惠順僧人即時受法於山嶺之上，而惠順得法後即時，可以「向北化人」。由此而知，第一，惠順得法「心開」之後，即時可以「向北化人」，就是他以這「不取不捨」的方法論來「化人」，因為得法實無所得，而只要懂此自取自性中的般若智而「見性成佛」的方法論而已。

　　第二，惠順在山嶺上得法，而證明領受得法不在於其身份與地位，或是受法者身處於那一個地域界限之上，甚至以任何形式或儀式來得法。「得法」的目的，只在於「見性成佛」。這正是引證了六祖惠能當日初遇時五祖弘忍的對話，「大師遂責惠能曰，汝是嶺南人，又是獦獠，若為堪作佛！」惠能答曰：「人即有南北，佛姓（性）即無南北；獦獠身與和尚不同，佛姓（性）有何差別？」〔註19〕他的佛性平等觀思想具有一貫性。

　　第三，六祖惠能說法，提到他所說的「法」是從「先聖」所「承傳」下來，並不是六祖惠能所「自知」。「教是先性（聖）所傳，不是惠能自知，願聞先性行（聖）教者，各須淨心聞了，願自餘（除）迷，於先代悟。（下是法）」〔註20〕從中顯示這「不取不捨」的「見性」方法論，並不是六祖惠能所創造的，他只是懂得如何掌握運用，並且再「傳承」下去而已。世人若懂此法，就是如五祖弘忍與六祖惠能分別之時，五祖對六祖所說的「若得心開，汝悟無別」的情境一樣。

〔註19〕見於《南宗頓教最上大乘摩訶般若波羅蜜經六祖惠能大師於韶州大梵寺施法壇經》，《大正新修大藏經》第 48 卷，T48，NO.2007，日本大正一切經刊行會，1922～1934 年，頁 337 中。

〔註20〕見於《南宗頓教最上大乘摩訶般若波羅蜜經六祖惠能大師於韶州大梵寺施法壇經》，《大正新修大藏經》第 48 卷，T48，NO.2007，日本大正一切經刊行會，1922～1934 年，頁 338 中。

　　因此，六祖惠能所「承傳」的不只有印度佛教的「道統」、禪宗的「宗脈精神」、佛教「大乘經典」中所代表的涵義及其精神，還有「心法」如何「傳承」的方法論。各宗各派祖師之位置只得一「虛位」，但未悟的眾生卻有無數，只是世人多著眼於《壇經》中神秀與惠能的「心偈」，兩者如何互較高下而最後得六祖這一「虛位」的內容，反而忽略了背後極其重要的「承傳」方法論。

　　在佛教大乘教義來說，目的只在於「見性」中自見一切法的「實相」。「虛位」與「實相」之中，何者為作「心偈」的最終目的，不妨在此深入地反思一下。或從另一角度看，如何「承傳」此「心法」而「見」其重要性，這就是敦煌本《六祖壇經》六祖惠能「心性」思想的核心所在。筆者以上各章的論述，主要是說明在「傳承」中「見性」「心法」的重要性。

　　人的價值可以從不同的價值觀來衡量，但在佛教「緣起性空」教義之下，就是要說明一切法都是「無自性」的。若從「價值創造論」來說，生命的意義就是創造生命的真正意義及無盡的價值性，把穩藏的「佛性」呈現，把「佛性」的本質全顯全用，才能體證「價值創造論」的真諦。當佛性全顯時，亦同時是主體性全用之時，眾生的生命就從凡夫的境，而頓然進入一圓滿的境界，這境界包含「十法界」而成佛。人生在「成佛」的境界上而圓滿一切法的價值性。禪宗六祖惠能的「心性」思想，就是以「不捨不著」的般若智方法論來了解，此為最直截的方法來明白六祖的「心性」思想與一切眾生的「心」「性」無有差別。

第二節　「創新」方面

　　在敦煌本《六祖壇經》中，六祖惠能以般若智融合「心性」，對各項佛教傳統的教義上的概念加上新的詮釋〔註21〕，如「功德」與「福德」之別，「自

〔註21〕參閱唐君毅：「吾人今若再就印度及中國之佛家之傳統的教法之觀點以觀，便見惠能實開出一佛家施教之新方式。此中關鍵，在惠能既能本般若之觀點，以說其前之佛學所重之本心本性，而謂人不當於此見有淨心，以超拔於染淨善惡之外；同時亦用此本心本性自性之名言，將『印度傳來之般若宗之一往遍觀法空之態度，與諸宗對法界八識三身四智所說之種種義諦，以及種種工夫』，一齊收攝於此『自明本心，自見本性、即心即佛』之教中，使人可於言下頓悟，而不待外求。由是而惠能之教所表現之精神，即無異一般若宗之精神與中國以前之重本心性淨之教之一新綜合，其所以能為後之中國佛學之主流者，其故蓋亦在此。」《中國哲學原論・原性篇》，臺北，臺灣學生書局，1991年，頁303～304。

性戒定惠」、「定惠體一不二」、「心地性王」、「法無頓漸」、「心迷《法華》轉，心悟轉《法華》」、「西方淨土」、「歸依自性三身佛」、「大乘真懺悔」、「發四弘誓願」、「歸依無相戒」、「歸依自性三寶」、「修一行三昧」、「修摩訶般若波羅蜜」、「煩惱即菩提」及「坐禪」與「禪定」等等。

六祖惠能強調對般若智的運用方法，分別以「三十六對」——「單面否定法」來破執；又以「公案」作為「對偶否定法」來破執；並且運用「心偈」作為「不取不捨」分析般若智的方法論。在存有論而言，六祖惠能肯定「佛性無南北」之別，使「人人皆可成佛」。從般若智證入自性之後，而自證本性具有「常」、「樂」、「我」、「定」、「淨」的本質。

至於在「心性」實踐方面，六祖惠能以「無念為宗」、「無相為體」及「無住為本」絕對的「無執實踐論」及「定惠體一不二」的「相即圓融論」來貫通「般若智」與「自性」的關係，解決了「定慧」體用關係、「四相」、「坐禪」與「禪定」等問題。

在「禪悟的進路」上，六祖惠能以不離般若自性而施設這「歸依自性三身佛」、「大乘真懺悔」、「發四弘誓願」、「歸依無相戒」、「歸依自性三寶」、「修一行三昧」及「修摩訶般若波羅蜜」的實踐進路，作為「禪悟的大用」。

六祖惠能的修禪頓法不離「心性」的工夫，而自悟自證亦不假外求，能在「般若自性」的全顯全用之下，對各項概念作一新的詮釋，這是他的「創新」方面的成就，亦是他的思想特質及貢獻。六祖惠能對以下的概念加了新的詮釋內容，合共二十二個。現分列如下：

　　1.「般若自性」〔註22〕：「般若智」與「清淨自性」相即圓融

〔註22〕　參閱唐君毅：「⋯⋯此即惠能之承般若經之精神，而變其分類而次序說空之方式，所開之一『無類可分，以及無次序可定』之直下教人空一切善惡染淨之種種迷執之施教之方式也。在此施教方式下，一切般若經論，以及無量經論之言，皆可由說者之就其當機之所宜，加以自由運用。於是一切經論其立論樹義之方以智者，到此皆可在一自由運用之圓而神之最高般若慧之下；而其中一一之言之意義，亦皆自其在經論之系統中之原來之地位，超拔而出，而可隨不同之機，以顯其無窮之妙用者矣。此則昔之言般若者所未及，而為由惠能所開之禪宗所達之境。然此又亦正為順般若宗之精神，至乎其極者，所必至之境也。」「⋯⋯至如一般般若學者之只知分析種種之空義；以自溺於對有對空之種種知見，而自陷於其高級之執取之中。禪宗於此，乃用其前之中國佛學之心性之名言，以為此收攝心思，以回歸以內，以便實見此般若之用。由此而有自性般若，自性菩提之名，及明心見性，自見佛性，自悟成佛，即心即佛之言。然此中所謂性，自性，則又與印度般若經之言法性實性實相者，初不原自同一

2.「三十六對」：以「般若智」運用單面否定法

3.「禪宗公案」：以「般若智」運用對偶否定法

4.「不取不捨」的精神為運用「般若智」的方法論

5.「功德」與「福德」之別：釐清凡夫所作的行為與「因果」或是與「心性」對應，同時對禪宗初祖達摩的思想重新作一次圓滿的詮釋。

6.「佛性無南北」：確立「佛性平等觀」，使「人人皆可成佛」的論點再得以肯定。

7.「無念為宗」、「無相為體」、「無住為本」為「般若行」與「無念行」的「無執實踐論」。

8.「自性戒定慧」：從「心性」本具「戒」、「定」、「慧」的本質而言，不立身外的「戒」、「定」、「慧」。

9.「定慧體一不二」：釐清「定」與「慧」為同一關係而不具別異關係。

10.「歸依自性三身佛」：從固有的「求身外之佛」概念中，突破地與「自性」中的「三身佛」相應，而顯自性的本質。

11.「大乘真懺悔」：釐清大乘教義的「懺悔」是「理懺」而不是「事懺」。

12.「發四弘誓願」：從「心性」發出的「四弘誓願」，「願願」皆「見性」。

13.「歸依無相戒」：「無相」與「心性」相應，而不假外求。

14.「歸依自性三寶」：歸依「心性」中的「佛」、「法」、「僧」相應，而不假外求的外相。

15.「修一行三昧」：這概念從實踐中而自證「心性」，當中不設階位。

16.「修摩訶般若波羅蜜」：六祖惠能施設為最直接與「心性」相應的修行方法。

17.「心地性王」：從傳統的概念上「心王」一轉而為「心地性王」。

18.「法無頓漸」：破世人之所執，重新釐清「法」這個概念及內容。

19.「心迷《法華》轉，心悟轉《法華》」：從「禪機」中以一念「轉」作「開示悟入」之例證。

20.「煩惱即菩提」：以般若智「見」其「體一不二」的關係。

21.「西方淨土」：從佛教傳統的「西方淨土」以「心性」思想重新詮釋。

之思維方式而來，亦初不同其義。惠能之禪宗，本其所承其前中國佛學所言心性之義，乃更加以融通，而攝入于其新造之用語之中。及至禪宗之用語，為後世之所習知，此諸名言之原義，乃反為中國人所忘矣。」《中國哲學原論・原性篇》，臺北，臺灣學生書局，1991 年，頁 307。

22.「坐禪」與「禪定」：從佛教傳統的修行方法中，重新釐定的「禪修觀」。

由以上各項內容，可了解六祖惠能在「承傳」及「開創」兩方面以般若智全顯「心性」的全面全真精神面貌。六祖惠能的精神面貌，亦等同於禪宗的「直指人心，見性成佛」的承傳精神。他以「心性」的般若智開展而實踐宗教的「見性成佛」的目的。

六祖惠能的「心性」思想的特質，就是從佛教雜多的法門中，開出一條最直截「見性成佛」的修行之路。由此證明六祖惠能以般若智融通於大乘佛教的各宗各派之中，消融了不同的概念，而不失其背後的解脫及般若精神，當中不但緊扣著佛教的根本義理，並以最簡易的修行方法，使眾生不論在家或出家，以「無念行」與「般若行」於平常日用之中而體證「心性」的存在，而「念念時中」不離「心性」，貫徹「三無」的「無執論」。六祖惠能的精神不離此「頓悟」法門而使眾生由迷轉悟而「見性」，此為其般若思想的特質。

換言之，大乘佛教思想以「般若」圓融通達地貫穿各宗派思想，六祖惠能以「般若自性」融會貫通各宗派的思想運轉於他的思想，而詮釋每一個概念作為「頓悟成佛」的手段。禪宗六祖惠能的思想緊扣大乘佛教每一宗派的精神，又加入新的詮釋在其中，而成為禪宗的思想特質之一。

「禪宗公案」的教學方式，是透過「禪機」接引不同根器的眾生，成就他們「頓悟成佛」。這種特殊教學方式，亦是禪宗思想的特質之二。從中反映出禪宗獨特「直指人心，見性成佛」的「心性論」，是為禪宗思想的特質之三。

除了「承傳」的貢獻外，六祖惠能的思想開展禪宗「五家七宗」的宗脈。當中分別為「南岳懷讓」與「青原行思」這兩大派系。又由「南岳懷讓」再開展出「溈仰」與「臨濟」兩派。至於「青原系」則開展為「曹洞」、「雲門」及「法眼」三派，稱為「五家」。在宋代之時，「臨濟宗」又分出「黃龍」與「楊岐」二派，合稱「五家七宗」。六祖惠能成就了禪宗的「五家七宗」在中國的全面發展為其「心性思想」貢獻之一。

六祖惠能的「心性思想」，豐富了中國「心性論」的內容，如極具思辨性的「禪宗公案」，又開展不同形式表達「禪」的精神，如「禪詩」、「禪詞」、「禪畫」等等，使禪宗的思想進入平常百姓之家，此亦為其「心性思想」貢獻之二。

從六祖惠能開展出來的「心性論」，深遠地影響著日後以專研「性理之學」的「宋明理學」思想，此為敦煌本《六祖壇經》心性思想的貢獻之三。

第三節　小結

此章分析敦煌本《六祖壇經》中六祖惠能，對「心性」思想「承傳」及「創新」的特質及其貢獻。在「承傳」方面，可分為三方面作出論述。第一，印度佛教的「道統方面」；第二，禪宗的「宗脈思想」；第三，經文中所引述佛教大乘不同宗派的經典的內容與相關的精神來說。至於在「創新」方面，六祖惠能對於佛教「傳統」的各項概念給予新的詮釋，並融會貫通大乘佛教各宗各派思想在其思想之中，此為其「心性」思想的重要特質及貢獻。

在敦煌本《六祖壇經》中，六祖惠能將以上所列佛教的「道統」、禪宗的「宗脈思想」及「大乘經典的精神」全收歸主體而言「體」與「用」。敦煌本《六祖壇經》，記載了從印度佛教至禪宗第六代惠能的「道統」，六祖惠能的思想，「承傳」印度佛教而開展於中國東土。又見六祖惠能「承傳」禪宗的宗脈，由初祖達摩至五祖弘忍的思想而歸於《楞伽經》的「如來藏自性清淨心」，亦由五祖弘忍而傳《金剛經》的般若思想。

六祖惠能說法的內容，不離「摩訶般若波羅蜜經」，深悟「不取不捨」的方法論，並且以此來接引學人。還有，六祖惠能全部掌握《法華經》的根本義，開示心迷的眾生，他們本有的「佛之知見」。

至於「創新」方面，六祖惠能的修禪頓法不離「心性」的工夫，而自悟自證亦不假外求，能在「般若自性」的全顯全用之下，加了新的詮釋內容，合共二十二個。

從「承傳」及「創新」二方面，六祖惠能的思想具「般若」妙用、圓融的特質及深遠的貢獻。

第八章 結 論

　　全篇論文分為八章，分析及研究敦煌本《六祖壇經》中的「心性思想」。此為第八章作為本論文的一個「總論」，概括地分述各章的「內容」、「思想進路」及「重點」所在。

　　從敦煌本《六祖壇經》「心性」思想作為研究的進路。在層層解構「心性」的概念中，分析六祖惠能的整體般若精神。本論文以敦煌本《六祖壇經》中的經文分別論述「生命現象」、「心智思想」、「自性思想」、「心性思想的關係」、「提升生命境界及體證心性的實踐方法」，最後從分析而知敦煌本《六祖壇經》中「心性思想的特質及其貢獻」。

　　本論文的第二章為「生命現象與心性存在的展現」。當中分析大乘佛教如何觀世人「迷」與「悟」的生命現象。如何在「迷」、「悟」之中而證「心性」的存在。凡夫「迷」而不知「其迷」之所在，以「執」其「知」而以為「智慧」，而為「迷者」。「悟者」知其「迷者」因何而「迷」而「不迷」而為「悟者」。禪宗又如何以「禪機」來開展其「心性論」。「禪機」是為個別的眾生而施設，使眾生在「一機」之中的「一機」中而「頓悟成佛」，這是第一章的重點所在。

　　本論文的第三章為「心智思想的剖析」。以「如來藏自性清淨心」為「思想前題」此章分為「甲」與「乙」二部分。甲部為「心論」。「心論」以「心之體」與「心之相」分析「迷者」因何於「一念」而「迷」於「相」，而「覺者」又何以「一念」轉「不迷」的原因。乙部為「智論」。其中內容包括「菩提般若本有論」及「心之用」的「般若活智實踐論」。此「智論」讓筆者初見「般若智」無執的精神；及其後在「禪機」的「公案」中再見六祖惠能如何活用自性中的般若智。六祖惠能運用「般若智」的方法，可分為「單面否定法」、「對

偶否定法」及惠能如何以「不取不捨」的方法作其二首「心偈」而得「心法」而為禪宗的第六祖。從中可見「般若智」的活用，不但能破執、解惑及證悟，亦反映其「無相」的「無執」精神具全面性、突破性及包容性。筆者從「智論」的「說了即不是」公案中而有所領會，而改變研究的思維方式。從分析不同的概念上轉而至以無執的「般若」精神作為主線貫穿全篇論文。沿此路而進，筆者在此進路之上而感心安，因自覺不背離六祖惠能的整體精神。

　　本論文的第四章為「自性思想」的研究，第一節以「如來藏自性清淨心」為「思想前題」。六祖惠能所言的「自性論的內容」為第二節。此節的內容包括「般若自性」及「自性的本質」為「常」、「樂」、「我」、「定」、「淨」。「般若自性」為六祖惠能的思想中重要概念。「自性的本質」的「我」這概念，不能以一實有的「我」作為詮釋，因為這與佛教的「緣起性空」的概念「無自性」相違。特別一提，分析「心地性王」這一概念時，筆者頓時發覺分析禪宗的思想不能離開「唯識」架構來詮釋。第三節為「佛性平等觀」。第四節為「見性成佛論」。第五節為「成佛的根據」——「三因佛性」。第六節為「成佛的狀態」——「三身佛」。

　　本論文的第五章為研究「心性思想的關係」。由於李潤生教授曾提及「在學術研究上，對於南禪宗的『心性』思想為『一』或為『二』的關係，至今仍未有定論」。因此，此章在學術研究方面來說，甚具研究的價值性。筆者在此章第一節以「明心見性」的「體用不二」具「非一非異」的關係來開展討論。再以第二節的「定惠相即圓融論」而分析「心性」為「同一」的關係。此章當中以簡圖作為分析，回應牟宗三先生對「性」為「主」；而「心」為「緯」的佛教式存有論的「心性二分」的思想。筆者並以「心性為一」的「價值創造論」來立論「心性」為「一」的關係。

　　本論文的第六章為「生命境界之提升與心性體證的實踐方法」。第一節以「無念為宗」、「無相為體」、「無住為本」的「無執實踐論」。第二節為「禪悟的進路」為一施設的「成佛之路」。當中以「般若自性」貫穿「因地」與「果地」而言眾生以「禪悟的進路」由迷轉悟，並且從有限的生命進至無限的生命之中。第三為「禪悟的大用」。由於般若智具無執的「不取不捨」精神，「悟者」從「頓悟」而至實相層的境界之上，再以「不取不捨」的精神而回轉於「因地」。在「因地」上的眾生以「禪悟的大用」，在「心行」而實踐「無念行」與「般若行」的精神，以此為禪悟的生活，不離日用平常之中。

　　本論文的第七章為「敦煌本《六祖壇經》心性思想的特質及貢獻」。其中以「承傳」與「創新」表述六祖惠能的「心性」思想的特質及貢獻。在「承傳」方面，六祖惠能對佛教的「道統」、禪宗的「宗脈」與般若的「心法」都具有「承傳」的精神。至於在「創新」方面，六祖惠能以圓融的「心性」思想在傳統佛教的二十二項概念上加上新的詮釋。

　　在研究敦煌本《六祖壇經》中，筆者認為六祖惠能所言的「見」、「不見」、「轉」、「無」這些為關鍵字而了解「般若智」的呈現所在，作為了解經文的重要概念如「識心見性」、「不見天地人過罪」、「心悟轉《法華》」及「無念為宗」、「無相為體」及「無住為本」等為非常重要的詞彙。

　　本論文以不同形式的圖表加在內文上，輔助詮釋相關內容及更容易深入分析相關內容的核心所在。「文以載道」從「文字」中能了解知識及不同的思想內容，這實是千古不移的事實。可是，有時碰上一些固有的概念時，往往主觀地「執」此概念或思想作為如此這般的理解之時，而未能知其全貌。因此，從圖表中則能見其全貌，亦能巨細無漏地闡述相關的內容，將文字與圖表合併一起詮釋相關的概念是建構本論文的特點。

　　以上為本論文全文的總結，其中有錯漏及未能圓滿之處，期盼指正。

參考資料

一、古籍

1.《大正新修大藏經》（簡稱大正藏），日本大正一切經刊行會，1922～1934年。

  （1）《大般若波羅蜜多經》，T05，No. 220。

  （2）《金剛般若波羅蜜經》，T08，No. 235。

  （3）《般若波羅蜜多心經》，T08，No. 251。

  （4）《妙法蓮花經》，T09，No. 262。

  （5）《勝鬘師子吼一乘大方便方廣經》，T12，No. 353。

  （6）《大般涅槃經》，T12，No. 374。

  （7）《維摩詰所說經》，T14，No. 415。

  （8）《不增不減經》，T16，No. 668。

  （9）《楞伽經》，T16，No. 672。

  （10）《究竟一乘寶性論》，T31，No. 1611。

  （11）《維摩經玄疏》，《大正藏》T38，No. 1777。

  （12）《佛果圜悟禪師碧巖錄卷第一》，T48，No.2003。

  （13）《南宗頓教最上大乘摩訶般若波羅蜜經六祖惠能大師於韶州大梵寺施法壇經》一卷 兼受無相戒弘法弟子法海集記，T48，No.2007。

  （14）《六祖大師法寶壇經》，T48，No. 2008。

  （15）《宗鏡錄》，T48，No. 2016。

  （16）《歷代法寶記》，T51，No.2075。

（17）《景德傳燈錄》，T51，No. 2076。

（18）《鐔津文集》，T52，No. 2115。

（19）《楞伽師資記》，T85，No. 2837。

2.《孟子》，香港，廣智書局，1964 年。

3.〔宋〕朱熹：《四書章句集注》，上海，商務印書館發行，1935 年。

4.〔清〕戴震：《孟子字義疏證》，北京，中華書局，1961 年。

二、學術叢刊

1.《大正大藏經題》（下）大藏經的成立與變遷／〔大藏會編〕·大正大藏經解題／〔大藏經學術研究會編；本書譯者「世界佛學名著譯叢」編譯委員會〕，臺北，中和市，華宇出版社，1984 年。

2.《六祖慧能思想研究：「慧能與嶺南文化」國際學術研討會論文集》，廣州，學術研究雜誌社，1997 年。

3.《牟宗三哲學與唐君毅哲學論》江日新主編；蔡仁厚等著，臺北，文津出版社，1997 年。

4.《現代佛教學術叢刊》，張曼濤主編，臺北，大乘文化出版社，1976～1980 年。

（1）《六祖壇經研究論集》，1976 年。

（2）《禪學論文集》第一冊，1976 年。

（3）《禪學論文集》第二冊，1977 年。

（4）《禪宗史實考辨》，1977 年。

（5）《禪宗典籍研究》，1977 年。

（6）《禪宗思想與歷史》，1978 年。

（7）《目錄·索引──暨作者簡介》，1980 年。

三、專書（按編著者姓名筆劃序）

1. 尤惠貞：《天臺宗性具圓教之研究》，臺北，文津出版社，1993 年。

2. 印順法師：《如來藏之研究》，臺北，正聞出版社，1981 年。

3. 印順法師：《中國禪宗史：從印度禪到中華禪》，臺北，正聞出版社，1990 年。

4. 牟宗三：《中國哲學的特質》，臺北，臺灣學生書局，1987 年。

5. 牟宗三：《圓善論》，臺北，臺灣學生書局，1996 年。

6. 牟宗三：《中國哲學十九講》，臺北，臺灣學生書局，1997 年。

7. 牟宗三：《四因說演講錄》，上海，上海古籍出版社，1998 年。

8. 牟宗三：《心體與性體》第一冊，臺北，正中書局，1999 年。

9. 牟宗三：《智的直覺與中國哲學》，臺北，臺灣商務書局，2000 年。

10. 牟宗三：《道德的理想主義》，臺北，臺灣學生書局，2000 年。

11. 牟宗三：《才性與玄理》，臺北，臺灣學生書局，2002 年。

12. 牟宗三：《佛性與般若》上／下冊，臺北，臺灣學生書局，2004 年。

13. 李潤生：《中論導讀》，香港，佛教志蓮圖書館：羅時憲弘法基金有限公司，1999 年。

14. 李潤生：《唯識三十頌導讀》，臺北，全佛文化，1999 年。

15. 李潤生：《佛學論文集》Ontario，Canada：加拿大安省，佛教法相學會，2001 年。

16. 李潤生：《中論析義》，北京，中國書店，2007 年。

17. 李慶餘：《大乘佛學的發展與圓滿——牟宗三先生對佛家思想的詮釋》，臺北，臺灣學生書局，2003 年。

18. 李中華：《新譯六祖壇經》，臺北，三民書局，1997 年。

19. 杜繼文、魏道儒：《中國禪宗通史》，南京，江蘇人民出版社，2007 年。

20. 何國銓：《中國禪學思想研究：宗密禪教一致理論與判攝問題之探討》，臺北，文津出版社，1987 年。

21. 吳汝鈞：《游戲三昧：禪的實踐與終極關懷》，臺北，臺灣學生書局，1993 年。

22. 邢東風：《禪悟之道：南宗禪學研究》，北京，中國人民大學出版社，1992 年。

23. 周紹良：《敦煌寫本《壇經》原本》，北京，文物出版社，1997 年。

24. 〈日〉忽滑谷快天：《中國禪宗思想史》，上海，上海古籍出版社，1994 年。

25. 胡適：《神會和尚遺集／胡適校敦煌唐寫本》，臺北，胡適紀念館，1970 年。

26. 洪修平：《中國禪學思想史》，臺北，文津出版社，1994 年。

27. 洪修平：《禪宗思想的形成與發展》，南京，江蘇古籍出版社，2000 年。

28. 唐君毅：《中國哲學原論 導論篇》，臺北，臺灣學生書局，1991 年。

29. 唐君毅：《中國哲學原論 原性篇》，臺北，臺灣學生書局，1991 年。

30. 唐君毅：《中國哲學原論 原道篇（三)》，臺北，臺灣學生書局，1991 年。

31. 唐君毅：《中國哲學原論 原教篇》，臺北，臺灣學生書局，1991 年。

32. 唐君毅：《哲學論集》，臺北，臺灣學生書局，1991 年。

33. 唐君毅：《哲學概論》〈上下冊〉，臺北，臺灣學生書局，1991 年。

34. 唐君毅：《生命存在與心靈境界》上／下冊，臺北，臺灣學生書局，1991 年。

35. 郭朋：《壇經對勘》，濟南，齊魯書社，1981 年。

36. 郭朋：《壇經校釋》，北京，中華書局，1983 年。

37. 郭朋：《壇經導讀》，成都，巴蜀書社，1987 年。

38. 陳沛然：《竺道生》，臺北，東大圖書股份有限公司，1988 年。

39. 陳沛然：《佛家哲理通析》，臺北，東大圖書股份有限公司，1999 年。

40. 陳沛然：《禪到橋頭自然直》，香港，經要文化出版有限公司，2005 年。

41. 陳沛然：《刁禪：破解刁鑽禪公案》，香港，經要文化出版有限公司，2006 年。

42. 陳沛然、黎耀祖：《佛家邏輯通析：圖解因明學》，香港，佛教慈慧服務中心，2007 年。

43. 張國一：《唐代禪宗心性思想》，臺北，法鼓文化事業股份有限公司，2004 年。

44. 湯用彤：《漢魏兩晉南北朝佛教史》，上海，上海書店，1991 年。

45. 湯用彤：《隋唐佛教史稿》，北京，中華書局，1982 年。

46. 湯一介：《佛教與中國文化》，北京，宗教文化出版社，1999 年。

47. 許鶴齡：《六祖壇經導讀》，宜蘭縣礁溪鄉，佛光人文社會學院，2003 年。

48. 麻天祥：《中國禪宗思想史略》，北京，中國人民大學出版社，2007 年。

49. 麻天祥：《禪宗文化大學講稿》，北京，中國人民大學出版社，2007 年。

50. 黃連忠：《敦博本六祖壇經校釋》，臺北，萬卷樓圖書股份有限公司，2006 年。

51. 黃連忠：《禪宗公案體相用思想之研究》，臺北，臺灣學生書局，2002 年。

52. 董群：《祖師禪》，杭州，浙江人民出版社，1997 年。

53. 董群：《禪宗倫理》，杭州，浙江人民出版社，2000 年。

54. 董群：《慧能與中國文化》，貴陽，貴州人民出版社，2001 年。

55. 董群:《禪與創新》,臺北,東大圖書股份有限公司,2007 年。

56. 董群:《佛教倫理與中國禪學》,北京,宗教文化出版社,2007 年。

57. 楊惠南:《惠能》,臺北,東大圖書股份有限公司,1993 年。

58. 楊惠南:《六祖壇經:佛學的革命》,臺北,時報文化出版公司,1996 年。

59. 楊曾文:《敦煌新本·六祖壇經》,上海,上海古籍出版社,1993 年。

60. 楊曾文:《唐五代禪宗史》,北京,中國社會科學出版社,1999 年。

61. 蔣維喬:《佛教概論》,上海,中華書局印行,1940 年。

62. 潘重規:《敦煌壇經新書及附冊》,臺北,佛陀教育基金會,2005 年。

63. 演培法師:《六祖壇經講記》,臺北,財團法人佛陀教育基金會,2005 年。

64. 蔡日新:《中國禪宗的形成》,臺北,雲龍出版社,2000 年。

65. 賴永海:《中國佛性論》,上海,上海人民出版社,1988 年。

66. 霍韜晦:《六祖壇經》,香港,法住出版社,2003 年。

67. 羅時憲:《學術論文集》,香港,佛教志蓮圖書館:羅時憲弘法基金有限公司 1998 年。

68. 羅時憲:《能斷金剛般若波羅蜜多經纂釋:般若波羅蜜多心經講錄》,香港,佛教志蓮圖書館:羅時憲弘法基金有限公司,1998 年。

四、學術論文（按出版年代排序）

1. 牟宗三:〈佛家的存有論〉,《鵝湖月刊》,臺灣,新北市,6-1975/12,頁 15～19。

2. 吳怡:〈《六祖壇經》疏義〉(中國哲學原典研讀),《鵝湖月刊》,臺灣,新北市,6-1975/12,頁 39～42。

3. 牟宗三:〈如來禪與祖師禪〉(上),《鵝湖月刊》,臺灣,新北市,8-1976/02,頁 3～6。

4. 牟宗三:〈如來禪與祖師禪〉(下),《鵝湖月刊》,臺灣,新北市,8-1976/03,頁 3～10。

5. 牟宗三:〈分別說與非分別說〉(上),《鵝湖月刊》,臺灣,新北市,11-1976/05,頁 3～9。

6. 牟宗三:〈分別說與非分別說〉(下),《鵝湖月刊》,臺灣,新北市,12-1976/06,頁 3～6。

7. 吳怡:〈禪宗公案問答的十個模式〉,《鵝湖月刊》,臺灣,新北市,69-1981/03,頁 6～9。